Handbuch für den neuen Muslim

Vereinfachte Vorschriften und wichtige Erläuterungen zu den islamischen Regelungen, die neue Muslime in allen Bereichen des Lebens benötigen

Fahd Salem Bahammam

بسم الله الرحمن الرحيم

1. Auflage

2013 n. Chr. / 1434 nach der Hiğra

Wohltätige Menschen und Organisationen, die dieses Buch kostenlos drucken und verteilen möchten, können diesbezüglich den Verlag Modern Guide wie folgt kontaktieren:

Modern Guide

Birmingham UK
B11 1A
Tel: + 441214399144

Vorwort des Herausgebers

Alle Statistiken sind sich einig, dass der Islam die Religion ist, die sich im Vergleich zu allen existierenden Religionen am schnellsten verbreitet. Auf dem Entwicklungsdiagramm ist das deutlich zu beobachten: Auf der horizontalen Ebene, welche die Anzahl der täglich neu zum Islam konvertierenden Menschen angibt, ist der Wert am höchsten. Ebenso ist er am höchsten auf der vertikalen Ebene, welche die Art und Weise anzeigt, wie stark die neuen Muslime von ihrer Religion überzeugt sind und wie sehr der Islam das Leben der Menschen verändert hat, die neu zum Islam rechtgeleitet wurden.

Der Grund für diese Entwicklung ist natürlich darauf zurückzuführen, dass der Islam die einzig wahre Religion Allahs ist und dass der Islam mit Vernunft und Verstand im Einklang steht, sowie mit dem Geist und der natürlichen Veranlagung des Menschen vereinbar ist.

Nicht zu vergessen sind ebenfalls die gewaltigen und von Allah gesegneten Anstrengungen der islamischen Zentren und der Aufrufer zu Allah, die es sich zur Aufgabe gemacht haben, Nichtmuslime auf der ganzen Welt mit den verschiedensten Mitteln, einschließlich moderner Technik und qualifiziertem Know-how, zum Islam einzuladen.

Jedoch konzentrieren sich die meisten dieser gesegneten Anstrengungen nur darauf, die Menschen zum Islam einzuladen, ohne ihnen ein Produkt zu liefern, das klare Rahmen und Ziele für diejenigen bietet, die die Rechtleitung gefunden haben und neu zum Islam konvertiert sind. Ich meine ein Buch, das für einen Konvertierten wirklich hilfreich ist und das ihn auf dem Weg seiner Rechtleitung begleitet. Jener Rechtleitung, die er durch das Aussprechen des Glaubensbezeugnisses (šahādah) zu folgen begonnen hat. Denn einem neuen Muslim stehen viele religiöse Angelegenheiten bevor, die er lernen, an die er fest glauben und die er praktizieren sollte – und zwar in allen Bereichen des Lebens. Auf diese Weise gewinnt er die Rechtleitung Allahs in seinem gesamten Leben.

Es ist dem Verlagshaus samāʾ al-kutub eine Ehre, dir das Buch „Handbuch für den neuen Muslim" zu präsentieren. Dieses Werk gilt als Pionier einer Reihe von qualitativen Produkten, in denen fundiertes Wissen und professionelle Buchpublikation miteinander vereint sind. Es wurde für neue Muslime aus allen Ländern der Welt verfasst und ist auf allen modernen Sprachen erhältlich.

Dieses Buch, das wir unserem ehrenwerten Leser vorlegen, ist der Grundstein, auf dem alle Begleitprodukte – wie etwa Internetseiten, Netzwerke, kurze Lernvideos, interaktive Anwendungen und Apps für Handys und Smartphones – aufbauen. All diese Dienstleitungen sind jedem neuen Muslim gewidmet, der sich Allahs Religion zuwenden möchte – ganz gleich, wo er sich auf der ganzen Welt befinden mag.

Wir bitten Allah um Aufrichtigkeit und Richtigkeit in unseren Worten und Taten...

Der Herausgeber

Das Inhaltsverzeichnis

Vorworte

1 Dein Glaube

2 Deine rituelle Reinheit

3 Dein Gebet

4 Dein Fasten

5 Deine Zakāh

6 Deine Pilgerfahrt

7 Deine finanziellen Geschäfte

8 Dein Essen und Trinken

9 Deine Kleidung

10 Deine Familie

11 Deine vorbildlichen Charaktereigenschaften im Islam

12 Dein neues Leben

Vorwort

Ich beglückwünsche dich zum Erfolg, den Allah dir gewährte und zur großen Gnadengabe, die Er dir durch Seine Rechtleitung erwies. Denn Er war es, Der dich aus den Finsternissen heraus ins Licht brachte und Der dich zum Islam, dieser wunderschönen Religion leitete.

Auch beglückwünsche ich dich zu deinem Mut und zu deiner Objektivität bei der Suche nach der Wahrheit. Sie führten dich dazu, die wichtigste Entscheidung deines Lebens zu treffen und diese wunderschöne Religion anzunehmen.

Wer ein neues Gerät gekauft hat oder einem Verein, einem Team oder einer Organisation beigetreten ist, der wird sich sicherlich darum bemühen, viel darüber zu lesen und sich ausführlich zu informieren, welche Rechte und Pflichten er nun hat und wie er mit der neuen Situation umgehen soll.

Wie ist es dann erst mit jemandem, dem Allah die Gnadengabe erwies, indem Er ihn aus den Finsternissen heraus ins Licht brachte und ihm den Erfolg bescherte, der Rechtleitung zu folgen und den Islam anzunehmen? Ohne Zweifel wartet dieser Mensch mit größter Sehnsucht darauf, die Vorschriften seiner Religion zu lernen, damit er Allah aufgrund von einsichtbringenden Beweisen und mit Wissen anbeten kann und damit er in der Lage ist, mit Veränderungen um ihn umzugehen und passende Antworten parat zu haben, die gemäß dem wahren und gnädigen islamischen Gesetz korrekt sind.

Es gibt eine erfreuliche Nachricht, die uns der Prophet mitgeteilt hat und an die du während des Lernens denken solltest. Sie lautet: Denke daran, dass es sich bei diesem edlen Wissen, das du dir aneignest, um das Erbe der Propheten und Gesandten handelt! Denn die Propheten hinterließen weder Geld noch materielle Güter, sondern sie hinterließen das Wissen. Wer dieses Wissen erwirbt, der hat etwas Hochwertiges und einen hohen Vorzug vom Erben des Prophetentums bekommen. (Abū Dāwūd Hadith Nr. 88)

Dieses illustrierte Handbuch ermöglicht dir, verehrter neuer Muslim, den ersten Schritt und ist zugleich die Grundstufe bei der Erlernung dieser schönen Religion, welche die größte Gnadengabe für den Menschen ist. Ebenfalls hilft dir das Buch bei fast allen Lebensbereichen, die du tagtäglich erlebst und auch brauchst. Außerdem liefert es dir Antworten auf dringende Fragen und berät dich in einfachen und klaren Worten, wie du mit Geschehnissen um dich herum richtig umgehen kannst. Zudem ist das im Buch vermittelte Wissen kompakt, authentisch, zuverlässig und geprüft. Es basiert auf dem Koran und der Lebensweise des Propheten (Allahs Segen und Friede auf ihm).

Obwohl es sich um ein detailliertes Handbuch handelt, das gleichzeitig ein angenehmes Lese- und Lehrbuch ist, kann es ebenso als Nachschlagewerk benutzt werden, auf das man zurückgreift, um auf eine einfache Weise ausführliche Informationen zu erhalten, wann immer sich etwas Neues ereignet oder man wissen will, welches islamische Urteil eine bestimmte Angelegenheit hat.

Wir bitten Allah, dir noch mehr Erfolg und Rechtleitung zu schenken dein Herz in Seinem Gehorsam und in Seiner Religion zu festigen und dich segensreich sein zu lassen, wo immer du dich befindest. Auch bitten wir Allah, uns alle im Paradies zusammenzubringen, dem Ort Seiner unendlichen Großzügigkeit, gemeinsam mit den Propheten und den Wahrheitsliebenden.

Der Autor

Vorworte

Inhaltsverzeichnis der Vorworte:

> Die größte Gnadengabe überhaupt

Allah, der Erhabene hat den Menschen so viele Gnadengaben erwiesen, die so zahlreich sind, dass man sie nicht erfassen oder zählen kann. Und jeder von uns befindet sich ständig im Genuss von Allahs Gnadengaben und Seiner Güte. Allah ist es, Preis sei Ihm, Der uns die Gnadengaben des Gehörs und des Augenlichts gewährte, während sie vielen Menschen vorenthalten wurden. Er schenkte uns Verstand und Gesundheit, Vermögen und Familie. Ja, sogar das ganze Universum, einschließlich Himmel, Sonne, Erde und den gesamten Geschöpfen – alles wurde für uns dienstbar gemacht.

Und wenn ihr die Gnadengaben Allahs aufzählen wolltet, könntet ihr sie nicht erfassen. (Sure 16 an-Naḥl 18)

Jedoch sind all diese Gnadengaben nicht von Ewigkeit, sondern nehmen ein Ende, sobald unsere kurze Lebenszeit endet. Die einzige Gunsterweisung, die wirklich Glückseligkeit und innere Ruhe im Diesseits bringt, und deren Folgen bis zum Jenseits anhalten, ist die Gnadengabe des Islams. Der Islam ist die größte Gnadengabe überhaupt, die Allah Seinen Dienern bescherte.

Aus diesem Grund hat Allah, Preis sei Ihm, diese Gnadengabe im folgenden Vers hervorgehoben, indem Er sie als Ihm zugehörig beschrieb und sie „Meine Gnadengabe" nannte. Hierdurch verdeutlichte Er ihre ehrenvolle Stellung und ihren Vorzug über alle anderen Gnaden. Allah, der Vollkommene sprach:

Heute habe Ich euch eure Religion vervollkommnet und Meine Gnadengabe an euch vollendet, und Ich bin mit dem Islam als Religion für euch zufrieden. (Sure 5 al-Mā'ida Vers 3)

> Der Islam ist die größte Gnadengabe, die es überhaupt gibt.

Es ist wirklich erstaunlich, wie groß Allahs Gnadengabe für den Menschen gewesen ist, als Er ihn aus den Finsternissen heraus ins Licht brachte und zur Religion leitete, mit deren Annahme Allah zufrieden ist. Durch die Hingabe zu Allahs Religion erfüllt der Mensch den Sinn und Zweck, weswegen er erschaffen wurde, und das ist die Anbetung Allahs. Und er erlangt hierdurch die Glückseligkeit im Diesseits und die schöne Belohnung des Jenseits.

Es ist ebenso unbeschreiblich, wie groß Allahs Wohltat und Güte uns gegenüber waren, als Er uns auserwählte, damit wir zur besten Gemeinschaft gehören, die jemals für die Menschen hervorgebracht worden ist. Durch Seine Rechtleitung dürfen wir den Grundsatz des Eingottglaubens „lā ilāha illallāh" (es gibt keinen zu Recht anbetungswürdigen Gott außer Allah) in unseren Herzen tragen. Es ist derselbe Grundsatz, mit dem Allah all Seine Propheten (Allahs Segen und Friede auf ihnen allen) erweckte und beauftragte.

Einige unwissende Menschen dachten eines Tages, dass man ihnen dankbar sein müsste, weil sie Muslime geworden sind. Sie gingen zum Propheten (Allahs Segen und Friede auf ihm) und hielten es ihm als eine Gnade vor, dass sie sich zum Islam bekannt haben. Doch dann kam die Antwort von Allah, dem Segensreichen und Erhabenen, Der ihnen deutlich machte, dass sie Ihm eigentlich dankbar sein müssten und Er ihnen die Wohltat vorhält. Denn Er war es, Der ihnen den Weg der Rechtleitung erleichterte und sie zum Islam rechtleitete.

Allah, der Erhabene sagte:

Sie halten es dir als Wohltat vor, dass sie Muslime geworden sind. Sag: Haltet mir nicht eure (Annahme des) Islams als Wohltat vor! Nein! Vielmehr hält Allah euch die Wohltat vor, dass Er euch zum Glauben geleitet hat, wenn ihr wahrhaftig seid. (Sure 49 al-Ḥuǧurāt Vers 17)

Obwohl Allahs Gnadengaben so zahlreich sind, war die einzige Gnadengabe, die Allah erwähnte und uns als Seine Wohltat verwies, die Gnadengabe des Islams und der Rechtleitung, Ihn anzubeten und nur an Ihn als einzigen anbetungswürdigen Gott zu glauben.

Für diese Gnadengabe muss man jedoch dankbar sein, damit sie weiterhin bestehen bleibt und noch weiter gefestigt wird. So sagte Allah, der Erhabene:

Wenn ihr dankbar seid, werde Ich euch ganz gewiss noch mehr (Gunst) erweisen. (Sure 14 Ibrāhīm Vers 7)

Wie können wir Allah für diese Gnadengabe danken?

Durch zwei Dinge:

1. Durch das Festhalten an der Religion, einschließlich des Ertragens von Erschwernissen, die hierbei entstehen könnten.

2. Durch das Informieren über den Islam sowie das Aufrufen der Menschen zum Islam, und zwar mit Weisheit und Geduld.

> Der Sinn unserer Existenz

Viele Intellektuelle und auch einfach denkende Menschen wissen gleichermaßen keine Antwort auf die wichtigsten Fragen ihres Lebens:

Warum existieren wir?

Was ist das Ziel unseres Lebens?

Der edle Koran bietet auf die Frage, welchen Sinn und Zweck hinter der Existenz des Menschen in diesem Leben stecken, eine klare und präzise Antwort. Allah, der Erhabene sagt:

Und Ich habe die Dschinn und die Menschen nur (dazu) erschaffen, damit sie (einzig und allein) Mir dienen. (Sure 51 aḏ-Ḏāriyāt Vers 56)

Der Sinn unserer Existenz auf dieser Erde ist also, gottesdienstliche Handlungen für Allah zu verrichten. Alle anderen Ziele und Handlungen auf der Erde sind nur Mittel zum Zweck. Es handelt sich um Angelegenheiten, die diesem noblen Ziel untergeordnet sind, oder um ergänzende Güter des diesseitigen Lebens.

Gottesdienst im islamischen Sinne bedeutet aber nicht, wie ein Mönch zu leben, sich von der Welt abzukehren und den Schönheiten des Lebens sowie den weltlichen Genüssen gänzlich zu entsagen. Nein! Im Islam umfasst der Gottesdienst nicht nur das Gebet, das Fasten und die soziale Pflichtabgabe (Zakāh), sondern ebenso jede gottgefällige Tat des Menschen, seine Worte und Taten, seine Erfindungen, die er der Menschheit hervorbringt, und sein gutmütiges Verhalten allen Geschöpfen gegenüber. Ja, im Islam kann man sogar, wenn man eine gute und rechtschaffene Absicht hat, für das Spielen und Spaßen mit seinen Mitmenschen und für das sexuelle Vergnügen mit seinem Ehepartner von Allah belohnt werden.

Der Prophet (Allahs Segen und Friede auf ihm) sagte: „... und der (eheliche) Geschlechtsverkehr eines jeden von euch ist ein Almosen." (Muslim Hadith Nr. 1006)

Das heißt: Der Muslim wird sogar von Allah belohnt, wenn er mit seinem Ehepartner Geschlechtsverkehr hat.

Mit diesem umfassenden Verständnis wird der Gottesdienst im Islam, obwohl er das Ziel des Lebens ist, zum Alltag eines Muslims. Das gesamte Leben eines Muslims ist somit ständig mit vielerlei Arten von Gottesdiensten geschmückt. Allah, der Erhabene sprach:

Sag: Gewiss, mein Gebet und mein (Schlacht) opfer, mein Leben und mein Sterben gehören Allah, dem Herrn der Weltenbewohner. (Sure 6 al-An'ām Vers 162)

> Der Islam ist eine völkerumfassende Religion

Der Islam ist als Barmherzigkeit und Rechtleitung für alle Menschen und Völker gekommen - ganz gleich, welche unterschiedliche Kultur, Abstammung, Bräuche und Ursprungsländer sie haben. Allah, der Erhabene sagte:

Und Wir haben dich nur als Barmherzigkeit für die Weltenbewohner gesandt. (Sure 21 al-Anbiyā' Vers 107)

Der Islam respektiert die Bräuche und Traditionen aller Völker. So muss ein neuer Muslim nicht zwangsweise seine Sitten und Traditionen aufgeben, außer natürlich, etwas davon steht im Widerspruch zu einer islamischen Vorschrift. Wenn eine Tradition dem Islam widerspricht, muss diese geändert werden, sodass sie mit dem Islam in Übereinstimmung steht. Der Grund hierfür ist die Tatsache, dass Allah, Der etwas gebietet oder verbietet, der Allweise und der Allkundige ist. Und unser Glaube an Allah erfordert, dass wir uns an Seine Gebote halten.

Es ist darauf hinzuweisen, dass es für neue Muslime nicht verpflichtend ist, Traditionen und Bräuche zu übernehmen und sich daran zu halten, wenn diese nichts mit dem Islam und seinen Vorschriften zu tun haben, sondern nur traditionell von manchen Muslimen praktiziert werden. Vielmehr handelt es sich hierbei um erlaubte Gewohnheiten und Umgangsformen von Menschen.

Die gesamte Erde ist ein Ort der Anbetung Allahs

Nach islamischer Auffassung ist die ganze Erde ein Ort, an dem man bedenkenlos leben und gottesdienstliche Handlungen für Allah ausführen kann. Es gibt also kein spezifisches Land und keinen speziellen Ort, zu dem alle Muslime auswandern und sich niederlassen müssten. Das einzig Wichtige, worauf es hierbei ankommt, ist, dass an jenem Ort die Möglichkeit bestehen muss, frei und ungehindert Gottesdienste für Allah zu verrichten.

Es ist somit für einen Muslim nicht zwingend notwendig, dass er aus seiner Heimat in ein anderes Land auswandert, außer wenn er an der Ausübung seines Gottesdienstes für Allah gehindert wird. In diesem Fall müsste er diesen Ort verlassen und zu einem anderen ziehen, wo er die Möglichkeit hat, Allah uneingeschränkt anzubeten.

Allah, der Erhabene sprach:

O Meine Diener, die ihr glaubt, gewiss, Meine Erde ist weit. So dient allein Mir. (Sure 29 al-'Ankabūt Vers 56)

> Im Islam gibt es keinen Vermittler zwischen dem Menschen und seinem Herrn

Viele Religionen haben manchen Personen religiöse Sonderprivilegien zugestanden und diese Personen über andere erhoben. Auch wurden die Gottesdienste und der Glaube der Menschen von der Zufriedenheit und Zustimmung dieser „Sondermenschen“ abhängig gemacht. Diese Menschen waren, nach Auffassung dieser Religionen, die Vermittler zwischen den Menschen und Gott. Und sie würden, so ihr Irrglaube, auch die Sünden vergeben und das Verborgene kennen. Wer sich ihnen widersetzt, der hat für immer und ewig verloren.

Der Islam erwies den Menschen große Ehre und Wertschätzung. Er schaffte den Irrglauben ab, dass menschliche Glückseligkeit, Reue und Gottesdienste von bestimmten Personen abhängig seien – ganz gleich, wie vorzüglich und fromm diese auch sein mögen.

So ist der Gottesdienst, den ein Muslim verrichtet, eine Angelegenheit, die nur zwischen ihm und Allah stattfindet. Nichts und niemand darf sich dazwischen stellen und einen Vorzug oder eine Vermittlerrolle für sich beanspruchen. Denn Allah, Preis sei Ihm, ist Seinen Dienern nahe. Er hört und erhört ihre Bittgebete. Er sieht und beobachtet, wie sie ihre Gottesdienste und Gebete ausführen. Dafür wird Er sie reichlich belohnen. Kein Mensch hat das Recht, Vergebung zu gewähren oder Reue anzunehmen. Wann immer ein Mensch eine Sünde bereut und sich aufrichtig Allah zuwendet, so wird Allah seine Reue annehmen und ihm vergeben. Außerdem besitzt niemand überdimensionale Kräfte oder kann die Geschehnisse im gesamten Universum beeinflussen. Nein, all diese Angelegenheiten liegen nur in Allahs Händen.

Der Islam befreite den Verstand der Menschen. Er rief sie dazu auf, nachzudenken und den Verstand einzusetzen. Der Muslim soll bei Meinungsverschiedenheiten den edlen Koran und die authentisch überlieferten Aussagen und Handlungen des Propheten (Allahs Segen und Friede auf ihm) über das richten lassen, was umstritten ist. Es gibt nämlich keinen Menschen, der immer und absolut recht hat und dessen Anordnungen befolgt werden müssen, außer der Gesandte Allahs (Allahs Segen und Friede auf ihm). Denn der Gesandte Allahs spricht nicht aus persönlichen Neigungen, sondern er spricht nur das, was ihm von Allah, dem Mächtigen und Majestätischen, eingegeben worden ist.

Allah, der Erhabene sagte über ihn:

...und er redet nicht aus (eigener) Neigung. Es ist nur eine Offenbarung, die eingegeben wird. (Sure 53 an-Nağm Vers 3-4)

Wie groß doch Allahs Gnadengabe an uns ist, Der uns mit dieser wundervollen Religion auszeichnete, die mit der natürlichen Veranlagung der Menschenseele vereinbar ist. Die islamische Religion ehrte den Menschen, spornte ihn zum selbstständigen Denken an und befreite ihn aus den Fesseln der Dienerschaft und der Unterwerfung gegenüber anderen außer Allah.

> Der Islam ist die Religion des Lebens

Der Islam ist eine Religion, die ein Gleichgewicht zwischen dem weltlichen und jenseitigen Leben herstellt. Das diesseitige Leben ist mit einem fruchtbaren Ackerland zu vergleichen, in das der Muslim gute Dinge aus allen Bereichen des Lebens einpflanzt. Hieraus erhofft er sich, reiche Erträge in dieser und der jenseitigen Welt zu erzielen. Um erfolgreich pflanzen und anbauen zu können, muss man sich wiederum mit Lebensfreude und Dynamik an die Arbeit machen. Man braucht gesunden Optimismus und einen entschlossenen Willen. Wer dazu bereit ist, der beweist es, indem er folgende Punkte berücksichtigt:

Die Erde noch lebenswerter machen

Allah, der Erhabene sagte:

Er hat euch aus der Erde hervorgebracht und euch sie bevölkern lassen. (Sure 11 Hūd Vers 61)

Allah, der Vollkommene hat uns in dieser Welt erschaffen und uns befohlen, die Erde durch Zivilisation und Aufbau bewohnbar zu machen und weiterzuentwickeln, um der gesamten Menschheit zu dienen. Jedoch dürfen die Mittel hierfür nicht im Widerspruch zum gnädigen islamischen Gesetz stehen. Das Bevölkern der Erde und das Erzielen eines Fortschrittes auf der Welt gehören sogar zu den islamischen Zielen und zu den Gottesdiensten, die ein Muslim anstreben soll, selbst wenn er sich in einer schwierigen Situation befindet. Daher wies uns der Prophet (Allahs Segen und Friede auf ihm) an, auch dann eine Pflanze in die Erde zu setzen, wenn in jenem Augenblick der Weltuntergang begonnen hat, damit ihm hierfür ein Almosen gutgeschrieben wird. (Aḥmad in seinem Sammelwerk „al-Musnad" Hadith Nr. 2712)

Die gute Beziehug zu unseren Mitmenschen

Der Islam ruft die Menschen auf, zum Aufbau, zur Zivilisierung und zum Fortschritt des Landes beizutragen und die Welt positiv mitzugestalten. Wir sollen uns unter die Leute mischen, uns mit den anderen austauschen und allen Menschen, ganz gleich, welchen kulturellen oder religiösen Ursprung sie haben, mit vorbildlichen Charaktereigenschaften und höflichen Umgangsformen begegnen. Es ist darauf hinzuweisen, dass die Isolation und das Fernbleiben von den Menschen nicht der Weg der Aufrufer zum slam und der Heilstifter ist. Aus diesem Grund hat der Prophet (Allahs Segen und Friede auf ihm) denjenigen, der Umgang mit anderen Menschen hat und ihre Belästigung und Fehler geduldig erträgt, als besser betrachtet, als denjenigen, der sich von ihnen isoliert und von ihnen fernbleibt. (Ibn Māğah Hadith Nr. 4032)

Der Islam ist eine Religion des Wissens

Es ist kein purer Zufall, dass das erste Wort im Koran, das dem Propheten (Allahs Segen und Friede auf ihm) offenbart wurde „Lies!" war. Es gehört zu den nachgewiesenen und bestätigten Tatsachen, dass der Islam alle Arten von Wissenschaften fördert, die der Menschheit einen Nutzen bringt. Dies geht so weit, dass der Weg, den ein Muslim geht, um sich Wissen anzueignen und Neues zu lernen, gleichzeitig der Weg ist, der ihn ins Paradies führen wird.

Der Gesandte Allahs (Allahs Segen und Friede auf ihm) sagte: „Wer einen Weg einschlägt, um Wissen zu erlangen, dem wird Allah dadurch einen Weg ins Paradies erleichtern." (Ibn Ḥibbān Hadith Nr. 84)

Im Gegensatz zu anderen Religionen gibt es

im Islam keinen Konflikt zwischen Religion und Wissenschaft. Es ist sogar das Gegenteil der Fall: Die islamische Religion ist für die Wissenschaft Leuchte und Licht; sie ist ihr Antrieb und ihr bester Werber und Förderer. Der Islam fordert die Menschen auf, sich den Wissenschaften zu widmen und sie zu verbreiten, solange in ihnen Gutes für die gesamte Menschheit liegt.

Der Islam gab den Gelehrten und Wissenden, die den Menschen Gutes beibringen, eine glanzvolle Stellung und zeichnete sie mit einer ganz besonderen Ehrung aus. So erklärte der Prophet (Allahs Segen und Friede auf ihm), dass alle Geschöpfe für denjenigen, der den Menschen Gutes lehrt, Bittgebete sprechen. (Tirmiḏī Hadith Nr. 2685)

> Das Erlernen der islamischen Vorschriften

Ein Muslim sollte sich stets bemühen, die Vorschriften des islamischen Rechts zu allen Lebensbereichen zu erlernen: seien es die Vorschriften zu den Gottesdiensten, zu den geschäftlichen oder zu den zwischenmenschlichen Beziehungen. Auf diese Weise kann er seinen Gottesdienst auf der Basis von einsichtbringenden Beweisen und Wissen erfüllen.

Der Prophet (Allahs Segen und Friede auf ihm) sagte: „Wem Allah Gutes zuteilwerden lassen will, dem gibt Er Verständnis in der Religion.“ (Buḫārī Hadith Nr. 71 und Muslim Hadith Nr. 1037)

Es ist somit eine Pflicht für den Muslim, bestimmte Vorschriften zu lernen, die er zur Einhaltung von religiösen Pflichten benötigt. Zum Beispiel die Weise, wie das Pflichtgebet zu verrichten ist, wie die rituelle Reinigung vorgenommen wird, welche islamischen Speisevorschriften es gibt, d.h. welche Speisen und Getränke erlaubt und welche verboten sind usw. Darüber hinaus ist es für den Muslim islamisch empfohlen, einige Vorschriften zu wissen, die im islamischen Recht angeraten werden. Jedoch ist das Erlernen dieser empfohlenen Vorschriften nicht verpflichtend.

> Die Kategorien des islamischen Rechts

Alle Aussagen und Handlungen eines Menschen werden im islamischen Recht einer der folgenden fünf Kategorien zugeordnet:

Verpflichtend **(wāǧib, farḍ)**	ist, was Allah, der Erhabene befohlen hat. Wer die Pflicht erfüllt, wird belohnt; wer sie unterlässt, verdient Strafe. Beispiele hierfür sind die fünf Pflichtgebete und das Fasten im Monat Ramadan.
Verboten **(ḥarām)**	ist, was Allah, der Erhabene verboten hat. Wer das Verbotene unterlässt, wird belohnt; wer es begeht, verdient Strafe. Beispiele hierfür sind der außereheliche Geschlechtsverkehr und das Trinken von Alkohol.
Islamisch empfohlen **(mustaḥabb)**	ist, was der Islam zu tun geraten hat. Wer eine Handlung, die islamisch empfohlen ist, ausführt, wird belohnt; wer sie unterlässt, verdient keine Strafe. Beispiele hierfür sind Menschen mit einem Lächeln im Gesicht zu begegnen, als Erster mit dem islamischen Friedensgruß zu beginnen und unangenehme, schädliche Dinge vom Weg zu entfernen.
Unerwünscht, verwerflich **(makrūh)**	ist, was der Islam zu unterlassen empfohlen hat. Wer etwas Unerwünschtes unterlässt, der wird belohnt; wer es begeht, verdient keine Strafe. Beispiel hierfür ist, unnötig mit den Fingern während des Gebets zu spielen.
Erlaubt **(mubāḥ)**	ist, wenn ein Tun oder Unterlassen einer Sache gestattet ist, weil es nicht mit einem Gebot oder Verbot zusammenhängt. Beispiele hierfür sind das Kaufen oder Verkaufen im Allgemeinen, das Reisen und das Sprechen.

> Die fünf Säulen des Islams

Der Prophet (Allahs Segen und Friede auf ihm) sagte: „Der Islam wurde auf fünf (**Säulen**) gebaut: dem Zeugnis, dass es keinen zu Recht anbetungswürdigen Gott außer Allah gibt und dass Muḥammad der Gesandte Allahs ist, dem Verrichten des Gebets, dem Entrichten der sozialen Pflichtabgabe (**Zakāh**), der Pilgerfahrt (**Ḥaǧǧ**) und dem Fasten im (**Monat**) Ramadan." (Buḫārī Hadith Nr. 8 und Muslim Hadith Nr. 16)

Diese fünf Säulen sind die Grundlagen und wesentlichen Stützen der Religion. In den folgenden Kapiteln werden die fünf Säulen und ihre Vorschriften näher erklärt.

Die erste Säule, die erläutert wird, ist der Glaube (**al-Imān**) und die Einzigkeit Allahs (**at-Tauhīd**). Sie sind im nächsten Kapitel unter der Überschrift „Dein Glaube" zu finden

Darauf folgt das Gebet, welches der größte und ehrenvollste Gottesdienst ist. Der Gesandte Allahs (Allahs Segen und Friede auf ihm) sagte über den Islam: „Seine Säule ist das Gebet." (Tirmiḏī Hadith Nr. 2749)

Das bedeutet: Die Säule und der Stützpfeiler, worauf der Islam basiert und sich gründet, ist das Gebet; und ohne Gebet gibt es keinen Islam.

Damit ein Gebet gültig ist, wird vorausgesetzt, dass der Muslim es in einem rituell reinen Zustand verrichtet. Deshalb folgt nach dem Kapitel „Dein Glaube" unmittelbar das Kapitel „Deine rituelle Reinheit" und darauf das Kapitel „Dein Gebet" usw.

1

Das Glaubensbezeugnis:
Lā ilāha illallāh, muḥammadun rasūlullāh
Es gibt keinen zu Recht anbetungswürdigen Gott außer Allah, und Muḥammad ist der Gesandte Allahs.

2

Das Verrichten des Gebets.

3

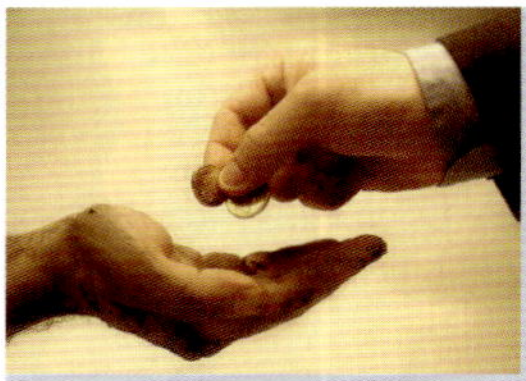

Das Entrichten der sozialen Pflichtabgabe (Zakāh).

4

Das Fasten im Ramadan.

5

Die Pilgerfahrt zum Hause Allahs in Mekka.

Die Säulen des Islams:	
1	**Das Glaubensbezeugnis: Lā ilāha illallāh, muḥammadun rasūlullāh Es gibt keinen zu Recht anbetungswürdigen Gott außer Allah, und Muḥammad ist der Gesandte Allahs.**
2	**Das Verrichten des Gebets.**
3	**Das Entrichten der sozialen Pflichtabgabe (Zakāh).**
4	**Das Fasten im Ramadan.**
5	**Die Pilgerfahrt zum Hause Allahs in Mekka.**

> Wie lerne ich die religiösen Vorschriften?

Wer krank wird und wieder gesund werden möchte, der macht sich auf die Suche nach dem besten und kompetentesten Arzt, damit er ihm ein wirksames Medikament verschreibt. Der Patient wird bestimmt nicht leichtfertig irgendein Rezept von irgendeinem Arzt nehmen, weil ja sein Leben sehr wertvoll und kostbar für ihn ist.

Die Religion Allahs ist das Wertvollste und Kostbarste, was ein Mensch überhaupt besitzen kann. Also ist er verpflichtet, sich anzustrengen, um seine Religion zu lernen und vertrauenswürdige, wissende Menschen und Gelehrte zu fragen, wann immer er etwas in der Religion nicht richtig verstanden hat.

Und dass du dieses Buch liest, ist bereits der erste Schritt in die richtige Richtung. Allah, der Erhabene sagte:

So fragt die Leute der Ermahnung (d.h. die Gelehrten), wenn ihr (etwas) nicht wisst. (Sure 16 an-Naḥl 43)

Es gibt weitere Schritte, die du machen solltest, wenn du eine religiöse Angelegenheit nicht richtig verstanden hast, und das ist: Suche nahe gelegene islamische Zentren und Moscheen auf! Wenn du ihre Webseiten, Adressen und Telefonnummern erhalten möchtest, dann solltest du folgende Webseite besuchen:

www.islamicfinder.org

Ebenso solltest du vertrauenswürdige Webseiten aufrufen, auf denen wesentliche religiöse Angelegenheiten erklärt werden. Hierzu zählen beispielsweise folgende Webseiten:

www.newmuslim-guide.com

www.guide-muslim.com

> Ein neuer Muslim sollte stets mit nahe gelegenen islamischen Zentren in Verbindung stehen und sich aus vertrauenswürdigen Büchern und Webseiten Informationen verschaffen.

> Der Islam ist eine gemäßigte Religion

Der Islam ist die Religion der Mitte, in der weder eine zu lockere und zu nachlässige Haltung noch eine zu strenge und zu übertriebene Einstellung toleriert werden. Besonders deutlich wird diese Tatsache bei der Betrachtung der Riten und der Gottesdienste im Islam.

Allah befiehlt gemäßigtes Verhalten, indem Er dem Gesandten (Allahs Segen und Friede auf ihm), den Prophetengefährten und den Gläubigen befahl, den Weg der Mitte einzuschlagen. Um gemäßigt zu sein, muss man die zwei folgenden Merkmale beachten:

1. Du bist verpflichtet, an der Religion festzuhalten und die Riten Allahs hoch in deinem Herzen zu ehren.
2. Es ist dir streng verboten, in der Religion zu übertreiben, extrem zu sein und die Grenzen zu überschreiten.

Allah, der Erhabene sagte:

So verhalte dich recht, wie dir befohlen wurde, (du) und diejenigen, die mit dir bereuen, und lehnt euch nicht auf. Gewiss, was ihr tut, sieht Er wohl. (Sure 11 Hūd Vers 112)

Das heißt: Halte am geradlinigen Weg der Wahrheit fest und bemühe dich hierbei, ohne zu übertreiben! Überschreite nicht die Grenzen Allahs durch eine überzogene Art oder durch Auferlegen von Unzumutbarem!

Als eines Tages der Gesandte Allahs (Allahs Segen und Friede auf ihm) gerade dabei war, seinen Gefährten eine Handlung der Pilgerfahrt zu lehren, begann er, sie vor Übertreibungen zu warnen. Er teilte ihnen mit, dass Übertreibung die Ursache gewesen ist, weshalb die vor uns lebenden Völker zugrunde gingen. Der Prophet (Allahs Segen und Friede auf ihm) sprach: „Hütet euch vor der Übertreibung in der Religion! Denn diejenigen, die vor euch waren, sind wegen der Übertreibung in der Religion zugrunde gegangen.“ (Ibn Māǧah 3029)

Der Gesandte Allahs (Allahs Segen und Friede auf ihm) sagte ebenfalls: „Jeder von euch soll nur so viel an Taten vollbringen, wie er bewältigen kann.“ (Buḫārī Hadith Nr. 1100)

Der Gesandte Allahs (Allahs Segen und Friede auf ihm) veranschaulichte die wahre Botschaft, mit der er entsandt worden ist. Er erklärte, dass die Botschaft nicht gekommen ist, um den Menschen etwas aufzubürden, was über ihren Kräften und Möglichkeiten liegt. Was der Islam brachte, war Wissen, Weisheit und Erleichterung. Der Prophet (Allahs Segen und Friede auf ihm) sprach:

„Allah hat mich nicht als jemanden entsandt, der Erschwernisse bringt oder als Hartnäckiger (der die Menschen zu Fall bringt), sondern Er entsandte mich als Lehrer, der Erleichterungen verschafft.“ (Muslim Hadith Nr. 1478)

> Die Religion umfasst alle Bereiche des Lebens

Der Islam ist nicht nur ein spirituelles Bedürfnis, das die Muslime in der Moschee durch Bittgebete und rituelle Gebete stillen …

Der Islam besteht auch nicht nur aus Ansichten und Glaubensgrundsätzen, an die seine Anhänger fest glauben …

Er ist ebenso nicht nur ein vollkommenes Wirtschaftssystem …

Außerdem besteht der Islam nicht nur aus Grundlagen und Theorien zur Entwicklung eines funktionierenden Systems und einer gesunden Gesellschaft …

Auch ist der Islam nicht nur ein Paket aus moralischen Charaktereigenschaften und höflichen Umgangsformen mit den Mitmenschen …

Jedoch ist der Islam eine vollkommene Lebensweise, die alle Bereiche des Lebens mit allen Horizonten und Dimensionen umfasst. Im Islam ist somit alles bereits Genannte enthalten und noch viel mehr …

Allah, der Erhabene hat den Muslimen diese Gnadengabe vollendet und für uns diese vollkommene Religion auserwählt. Der Erhabene sagte:

Heute habe Ich euch eure Religion vervollkommnet und Meine Gnadengabe an euch vollendet, und Ich bin mit dem Islam als Religion für euch zufrieden. (Sure 5 al-Mā'ida Vers 3)

Eines Tages kam ein Götzendiener zum edlen Gefährten Salman dem Perser und machte sich über ihn lustig. Dabei fragte er spöttisch: „Euer Freund (er meinte den Gesandten Allahs) hat euch wohl alles beigebracht, sogar wie ihr auf Toilette gehen und eure Notdurft verrichten sollt?! “Da antwortete Salman selbstbewusst: „Ja, er hat uns das beigebracht.“ Und Salman fing an, ihm aufzuzählen, welche islamischen Regeln und Verhaltensweisen es für den Toilettengang gibt. (Muslim Hadith Nr. 262)

> Der Islam ist eine vollkommene Lebensweise für alle Bereiche des Lebens.

> Entscheidend ist, wie der Islam wirklich ist – und nicht das Fehlverhalten einiger Muslime!

Stell dir vor, du siehst einen Arzt, der bei der Patientenbehandlung mangelhaft und unsauber arbeitet, oder du beobachtest einen Lehrer, der kein Benehmen besitzt und ein unverschämtes Verhalten gegenüber den Menschen hat. Du würdest dich sicherlich über ihr Handeln sehr wundern und es aufs Schärfste verurteilen. Denn solch ein Verhalten widerspricht eigentlich ihrem Wissensstand, ihrer Kompetenz und ihrer hohen Stellung. Trotzdem würdest du niemals deine Meinung über die Notwendigkeit von Medizin oder Bildung für die Gesellschaft und die Zivilisation ändern.

Sondern du wirst diesen Arzt oder Lehrer als Schande für das Fachgebiet und den Beruf, den sie gewählt haben, ansehen.

Wenn wir daher ein Fehlverhalten von einigen Muslimen sehen, so ist das nicht der wahre Islam in seiner reinen Form. Nein! Es ist ein Fehlverhalten, das ein Ausdruck menschlicher Schwäche ist und das auf inakzeptablen Traditionen und Kulturen beruht, die überhaupt nichts mit dem Islam zu tun haben. Genauso wenig, wie die Medizin oder das Bildungswesen etwas mit dem Fehlverhalten des Arztes oder des Lehrers in den obigen Beispielen zu tun haben.

> Die fünf zu schützenden Grundrechte

Darunter versteht man die Grundbedürfnisse, die erfüllt werden müssen, damit das Gemeinwohl und das allgemeine Interesse der Menschen gesichert werden und sie ein Leben in Ehre und Würde führen können. Diese Grundrechte sind in allen Gesetzgebungen zu finden, und in allen wird gefordert, sie zu bewahren, und verboten, sie zu verletzen.

> Allah machte es zur Pflicht, menschliches Leben zu schützen, selbst wenn man – um dieses Ziel zu erreichen – gezwungen ist, eine Sünde zu begehen.

Der Islam bewahrt und berücksichtigt die Grundrechte, damit der Muslim auf dieser Welt ein sicheres und angenehmes Leben führen und sich fleißig für sein Diesseits und Jenseits einsetzen kann.

Und damit die muslimische Gesellschaft als eine einzige Gemeinschaft zusammenlebt, die sich gegenseitig unterstützt und stützt. Die muslimische Gesellschaft soll wie ein Bauwerk sein, wo ein Teil den anderen festigt oder wie ein einziger Körper: Wenn auch nur ein Glied des Körpers leidet, sind davon alle übrigen Glieder durch Wachbleiben und Fieber betroffen.

Die Wahrung der Grundrechte erreicht man durch zweierlei Weise:

1. Durch Erfüllung und Achtung der Grundrechte.
2. Durch Schutz vor Antastung oder Verletzung der Grundrechte.

1 Die Religion:

Sie ist die größte und wichtigste Angelegenheit, die es überhaupt gibt. Wegen ihr hat Allah die Menschen erschaffen und zu ihnen Gesandte geschickt, sodass sie die Religion übermitteln und bewahren. Allah, der Erhabene sprach:

Und Wir haben ja bereits in jeder Gemeinschaft einen Gesandten erweckt (der sie aufrief): «Dient Allah und meidet die falschen Götter!» (Sure 16 an-Naḥl Vers 36)

Der Islam achtet stets darauf, die Religion unversehrt zu erhalten und sie vor jeder Angelegenheit zu schützen, die sie antasten oder ihre Reinheit trüben könnte. Dementsprechend soll die Religion vor Beigesellung, Aberglaube, Ungehorsamkeit und Sünden geschützt werden.

2 Der Körper:

Allah machte es zur Pflicht, menschliches Leben zu schützen, selbst wenn man – um dieses Ziel zu erreichen – gezwungen ist, eine Sünde zu begehen. Denn wer sich in einer Notsituation befindet und aus Not handelt, dem wird von Allah verziehen. So sagte Allah, der Allerbarmer:

Wer sich aber in einer Zwangslage befindet, ohne zu begehren oder das Maß zu überschreiten, für den ist es keine Sünde. Allah ist Allvergebend und Barmherzig. (Sure 2 al-Baqara Vers 173)

Allah verbot, menschliches Leben zu töten oder zu schädigen. Der Barmherzige sprach:

...und stürzt euch nicht mit eigener Hand ins Verderben! (Sure 2 al-Baqara Vers 195)

Außerdem legte Allah Strafmaßnahmen und Vergeltungen fest, die Übergriffe auf unschuldige Menschen verhindern sollen, gleich welcher Religion sie angehören. Deshalb sagte Allah:

O die ihr glaubt, vorgeschrieben ist euch Wiedervergeltung für die Getöteten. (Sure 2 al-Baqara Vers 178)

3 Der Verstand:

Der Islam verbietet jedes Mittel, das den Verstand und die Sinneswahrnehmung beeinträchtigt. Denn der Verstand gehört zu den größten Gnadengaben, mit denen Allah uns ausstattete. Im Verstand liegt das Fundament für die Würde und die Unterscheidungsfähigkeit des Menschen. Außerdem ist der Verstand der zentrale Punkt, auf den es bei der Befragung und der Abrechnung im Dies- und Jenseits ankommt.

Aus diesem Grund hat Allah Alkohol, Drogen und alle Arten von Rauschmitteln verboten und sie zu Sünden aus den Werken des Teufels erklärt. Der Erhabene sprach:

O die ihr glaubt, berauschender Trank, Glücksspiel, Opfersteine und Lospfeile sind doch nur Unreinheiten aus dem Werke des Satans, so meidet sie, damit ihr erfolgreich werdet. (Sure 5 al-Māʾida Vers 90)

4 Die Nachkommenschaft:

Der Schutz der Nachkommenschaft und die Gründung einer Familie, in der die Kinder eine gute Erziehung genießen sollen, sind im Islam von solch großer Bedeutung, dass diese Thematiken in vielen Vorschriften des Islams verankert wurden. Beispiele hierfür sind folgende islamische Prinzipien:

- Der Islam ermutigt und rät den Menschen zur Heirat. Nach islamischer Auffassung soll man die Heirat erleichtern und man darf nicht bei den Hochzeitskosten übertreiben. Allah, der Barmherzige sagte:

  Und verheiratet die noch ledigen (Männer und Frauen) unter euch und die Rechtschaffenen von euren Sklaven und euren Sklavinnen. (Sure 24 an-Nūr Vers 32)

- Der Islam verbot alle Arten von sündhaften außerehelichen Beziehungen. Außerdem schloss er alle Türen, die zur Sünde führen könnten. Der Erhabene sagte:

Und nähert euch nicht der Unzucht! Gewiss, sie ist etwas Abscheuliches – und wie böse ist der Weg. (Sure 17 al-Isrā' Vers 32)

- Außerdem verbot der Islam ausdrücklich, einen Menschen hinsichtlich seiner ehelichen Abstammung und Ehre zu beschuldigen. Dies zählt im Islam sogar zu den größten Sünden. So wird demjenigen, der solch ein Vergehen begeht, eine schwere, festgelegte Strafe angedroht, die er noch im Diesseits erhält. Ganz zu schweigen von der unvorstellbaren Strafe, die ihn im Jenseits erwarten wird.
- Der Islam befahl dem Mann und der Frau gleichermaßen, das Ehrgefühl zu wahren. Und wer getötet wird, während er seine Ehre und die Ehre seiner Familie verteidigt, der zählt als ein Märtyrer auf dem Wege Allahs (siehe Seite 232).

> Der Schutz von Ehre und Nachkommenschaft gehört zu den größten Zielen der islamischen Gesetzgebung.

5 Das Vermögen:

Um das Vermögen zu sichern, hat der Islam es zur Pflicht auferlegt, für den Lebensunterhalt zu sorgen. Infolgedessen wurden kaufmännische Unternehmung, Tausch- und Handelsgeschäfte erlaubt.

Und um das Vermögen zu wahren, verbot der Islam Zinsgeschäfte, Diebstahl, Betrug, Veruntreuung und das Aufzehren von Besitz der Menschen in unrechter Weise. Der Koran droht demjenigen, der solche Vergehen begeht, mit den strengsten Strafen (siehe Seite 194).

Dein Glaube

1

Alle Propheten, die zu ihren Völkern entsandt wurden, hatten ein und dieselbe Botschaft. Sie bestand darin, die Menschen aufzurufen, einzig und allein Allah anzubeten, ohne Ihm hierbei einen Teilhaber beizugesellen; und alles abzulehnen, was außer Allah gedient wird. Das ist die wahre Bedeutung von „**lā ilāha illallāh, muḥammadun rasūlullāh**" – Es gibt keinen zu Recht anbetungswürdigen Gott außer Allah, und Muḥammad ist der Gesandte Allahs. Durch das Aussprechen dieses Satzes tritt der Mensch in die Religion Allahs ein.

Inhaltsverzeichnis des Kapitels:

> Die zwei Glaubensbezeugungen – was sie bedeuten und welche erforderlichen Schlussfolgerungen sie mit sich bringen

Ich bezeuge, dass es keinen zu Recht anbetungswürdigen Gott gibt außer Allah und dass Muḥammad der Gesandte Allahs ist.

Warum eigentlich ist die Glaubensbezeugung *„Es gibt keinen zu Recht anbetungswürdigen Gott außer Allah“* so wichtig?

- Weil die Glaubensbezeugung die erste Pflicht für den Muslim ist. Wer den Islam annehmen möchte, muss von ihr im Herzen fest überzeugt sein und sie mit der Zunge aussprechen.
- Weil derjenige, der die Glaubensbezeugung mit Gewissheit im Herzen ausspricht – und das nur deshalb tut, um die Zufriedenheit Allahs zu erreichen –, für den ist die Glaubensbezeugung die Ursache, die ihn vor dem Höllenfeuer bewahren wird.

  Der Prophet (Allahs Segen und Friede auf ihm) sagte: „Allah wird demjenigen das Höllenfeuer verwehren, der aufrichtig bezeugt, dass es keinen zu Recht anbetungswürdigen Gott gibt außer Allah, und der damit allein das Angesicht Allahs sucht.“ (Buḫārī Hadith Nr. 415)
- Weil derjenige, der eines Tages stirbt, während er an diesen Satz fest glaubt, zu den Bewohnern des Paradieses gehören wird.

  Der Prophet (Allahs Segen und Friede auf ihm) sagte: „Wer stirbt, während er weiß, dass es keinen zu Recht anbetungswürdigen Gott gibt außer Allah, der wird ins Paradies eingehen.“ (Aḥmad Hadith Nr.464)

- Aus diesem Grund ist das Wissen um die Glaubensbezeugung *„Es gibt keinen zu Recht anbetungswürdigen Gott außer Allah“* die größte und wichtigste Pflicht.

Die Bedeutung der Glaubensbezeugung *„Es gibt keinen zu Recht anbetungswürdigen Gott außer Allah.“*

Die Glaubensbezeugung bedeutet, fest daran zu glauben, dass niemand zu Recht angebetet werden darf, außer einzig und allein Allah. Durch diesen Satz verneint man die Anbetungswürdigkeit von allen Angebeteten außer Allah, dem Segensreichen und Erhabenen; und man erklärt ausdrücklich, dass nur Allah die alleinige Anbetungswürdigkeit besitzt und dass es keinen Teilhaber gibt, der mit Ihm dieses Recht hat.

Das Wort *„ilāh“* in der Glaubenzbezeugung (*lā ilāha illallāh*) bedeutet: der Angebetete, für den eine gottesdienstliche Handlung erbracht wird. Wer also jemandem oder etwas dient, der hat sich diese Person oder diesen Gegenstand – anstatt Allah – zum Gott genommen. Doch alle Gottheiten sind falsch außer Allah, dem Einen, dem Herrn, dem Erschaffer – Segensreich und Erhaben ist Er.

Nur Allah, der Gepriesene hat es verdient, dass Ihm gedient wird. Nur Ihm dienen die Herzen aus Liebe, Ehrerbietung, Verherrlichung, Demut, Unterwerfung, Angst, Vertrauen und Bittgesuch. So darf man sich bei den Bittgebeten nur an Allah wenden, die Flehrufe in Not nur an Allah richten, das Vertrauen nur auf Allah setzen und das Gebet nur für Allah verrichten sowie ein Opfertier schächten, nur um Allah näher zu kommen. Somit muss man jede gottesdienstliche Handlung aufrichtig und einzig für Allah ausführen. Allah, der Vollkommene und Erhabene sagte:

Und nichts anderes wurde ihnen befohlen, als nur Allah zu dienen und (dabei) Ihm gegenüber aufrichtig in der Religion (zu sein). (Sure 98 al-Bayyina Vers 5)

Wer einzig und allein Allah dient und damit die wahre Bedeutung von *„Es gibt keinen zu Recht anbetungswürdigen Gott außer Allah"* verwirklicht, der wird höchste Glückseligkeit erreichen. Er wird ebenso harmonische Entspannung, Freudengefühle und ein schönes, zufriedenes Leben haben. Denn es gibt für das Herz keine größere und wahrhaftigere Erfüllung und auch keine wahre innere Ruhe oder Unbeschwertheit, außer in der alleinigen Anbetung Allahs.

Allah, der Erhabene sagte: Wer rechtschaffen handelt, sei es Mann oder Frau, und dabei gläubig ist, den werden Wir ganz gewiss ein gutes Leben leben lassen. (Sure 16 an-Naḥl Vers 97)

Die Säulen der Glaubensbezeugung *„Es gibt keinen zu Recht anbetungswürdigen Gott außer Allah"*:

Für diesen gewaltigen Satz gibt es zwei wichtige Säulen, die man unbedingt wissen muss, damit die wahre Bedeutung und die erforderlichen Schlussfolgerungen des Glaubensbezeugnisses deutlich werden.

1

Die erste Säule: Es gibt nichts und niemanden, den man anbeten darf (*„lā ilāha"*). Damit verneint man jeden Gottesdienst, der an andere außer Allah gerichtet wird. Man macht hiermit deutlich, dass die Beigesellung Allahs ungültig und falsch ist. Zudem bezeugt man, alles abzulehnen und zu verleugnen, was außer Allah gedient und angebetet wird, gleich ob es sich bei diesen Angebeteten um Personen, Tiere, Götzen, Sterne usw. handelt.

2

Die zweite Säule: ... außer Allah (*„illallāh"*). Das ist eine definitive Bestätigung dafür, dass jeder Gottesdienst einzig für Allah verrichtet werden darf und dass man alle Arten von Gottesdiensten - wie rituelles Gebet, Bittgebet, Vertrauen usw. - nur an Ihn richten darf.

Jede Form von gottesdienstlicher Handlung muss somit einzig Allah gewidmet werden und Er hat hierbei keinen Teilhaber. Wer daher etwas von diesen gottesdienstlichen Handlungen für andere außer Allah ausführt, der ist ein Ungläubiger.

Allah, der Erhabene sagte: Und wer neben Allah einen anderen Gott anruft, für den er keinen Beweis hat, dessen Abrechnung liegt nur bei seinem Herrn. Gewiss, den Ungläubigen wird es nicht wohlergehen. (Sure 23 al-Mu'minūn Vers 117)

Die Bedeutung der Glaubensbezeugung *„Es gibt keinen zu Recht anbetungswürdigen Gott außer Allah"* und ihre dazugehörigen Säulen sind bereits im folgenden Vers enthalten:

Wer also falsche Götter verleugnet, jedoch an Allah glaubt, der hält sich an der festesten Handhabe ... (Sure 2 al-Baqara Vers 256)

Der Erhabene sagte: Wer also falsche Götter verleugnet ... Hier steckt die Bedeutung der ersten Säule: Es gibt keinen zu Recht anbetungswürdigen Gott (*„lā ilāha“*).

Und im zweiten Teil des Verses heißt es: ... jedoch an Allah glaubt. Hier ist die zweite Säule „... außer Allah“ (*„illallāh“*) enthalten.

> **Ein reines Herz und innere Seelenruhe erreicht man durch den Glauben an die Einzigkeit Allahs.**

> Die Glaubensbezeugung: „Muḥammad ist der Gesandte Allahs."

Wer ist der Prophet Muḥammad (Allahs Segen und Friede auf ihm)?

1 Seine Geburt:

Er wurde im Jahre 570 n. Chr. in Mekka geboren. Der Prophet (Allahs Segen und Friede auf ihm) kam als Halbwaise auf die Welt, denn sein Vater war bereits vor seiner Geburt gestorben. Und auch seine Mutter starb, als er noch im Kindesalter war. Hierauf kümmerte sich sein Großvater Abd al-Muṭṭalib um ihn. Aber auch er verstarb nach wenigen Jahren und so wuchs er bei seinem Onkel väterlicherseits, Abū Ṭālib, auf.

2 Sein Leben:

Er gehörte zum arabischen Stamm Quraisch, bei dem er auch vierzig Jahre (von 570 bis 610 n. Chr.) lebte, bevor er von Allah zum Propheten berufen wurde. In seinem Stamm war er für sein gutes Benehmen, seine Geradlinigkeit und seinen eigenständigen Charakter bekannt. Sein Beiname, den sein Volk ihm gab und unter dem er bekannt war, war aṣ-Ṣādiq al-Amīn - der Mann, der immer die Wahrheit spricht und überaus vertrauenswürdig ist. Er arbeitete als Schafhirte und war später als Händler tätig.

Vor der Offenbarung war der Gesandte Allahs (Allahs Segen und Friede auf ihm) jemand, der den rechten Glauben hatte und der Weise des Propheten Ibrāhīm folgte, welcher einzig Allah anbetete. Schon damals lehnte er die Götzenanbetung und jede Form von Götzendienst ab.

Der Name unseres Propheten:

Muḥammad, Sohn von Abdullāh, der Sohn von Abd al-Muṭṭalib, der Sohn von Hāšim aus dem Stamm Quraisch. Der Prophet (Allahs Segen und Friede auf ihm) hatte die beste Abstammung der Araber.

Der Gesandte Allahs an alle Menschen:

Allah, der Erhabene hat den Propheten Muḥammad (Allahs Segen und Friede auf ihm) an alle Menschen entsandt, gleich welcher Rasse oder ethnischen Herkunft sie angehören. Und Er verpflichtete die gesamte Menschheit dazu, dem Gesandten Gehorsam zu leisten. Der Erhabene sagte: Sag: O ihr Menschen, ich bin der Gesandte Allahs an euch alle ... (Sure 7 al-Aʿrāf Vers 158)

③ Seine Berufung zum Propheten und Gesandten Allahs:

Der Gesandte Allahs (Allahs Segen und Friede auf ihm) wurde zum Propheten und Gesandten Allahs auserwählt, nachdem er sein vierzigstes Lebensjahr erreicht hatte. Es gehörte zu seiner Gewohnheit, sich in die Höhle Hira (ġār ḥirā᾽) zurückzuziehen, um über Allah nachzusinnen und Ihn anzubeten. Die Höhle lag auf einem Berg in der Nähe von Mekka. Dieser Berg wird Berg des Lichts (Ǧabal an-Nūr) genannt. Als er sich in der Höhle aufhielt, kam der Engel Gabriel (Ǧibrīl) mit der Offenbarung zu ihm. Von diesem Augenblick an wurde der Koran auf ihn hinabgesandt. Der erste Vers des Korans, der ihm offenbart wurde, war die Aussage Allahs: Lies im Namen deines Herrn, Der erschaffen hat! (Sure 96 al-ʿAlaq Vers 1)

Dadurch sollte er bekannt geben, dass mit seiner Berufung zum Prophetentum von Anfang an ein neues Zeitalter angebrochen ist, das von Wissen und Lesen, von Licht und Rechtleitung für alle Menschen erfüllt ist.

Später folgten weitere Koranverse, die dem Propheten (Allahs Segen und Friede auf ihm) etappenweise in einem Zeitraum von 23 Jahren offenbart wurden.

④ Der Anfang seines Aufrufs zum Islam:

Am Anfang des Islams begann der Gesandte Allahs (Allahs Segen und Friede auf ihm) seinen Aufruf im Geheimen. Dieser leise und heimliche Aufruf dauerte drei Jahre. Darauf folgte der öffentliche Aufruf zum Islam, der laut und an alle gerichtet war. Er dauerte weitere zehn Jahre. Während dieser Zeit fügte der Stamm Quraisch dem Gesandten Allahs (Allahs Segen und Friede auf ihm) und seinen Gefährten immer wieder die schlimmsten und unterschiedlichsten Formen von Unterdrückung und Unrecht zu. Geduldig ertragend lud er nun die arabischen Stämme, die zur Pilgerfahrt nach Mekka kamen, zu Allahs Religion ein. Dabei nahm eine Pilgergruppe aus Medina den Islam an. Schritt für Schritt begannen die Muslime bald darauf nach Medina auszuwandern.

Auf ihn wurde der Koran herabgesandt:

Allah sandte auf Seinen Propheten Muḥammad (Allahs Segen und Friede auf ihm) das edelste Seiner Bücher herab – den Koran. Er ist die gewaltigste Schrift, an die das Falsche nicht herankommt, weder von vorn noch von hinten.

Der letzte aller Propheten und Gesandten:

Allah entsandte den Propheten Muḥammad (Allahs Segen und Friede auf ihm) als letzten und abschließenden Propheten. So gibt es keinen Propheten, der nach ihm kommen wird. Das bestätigte Allah, als Er über ihn sagte: ... sondern (er ist) Allahs Gesandter und der letzte aller Propheten. (Sure 33 al-Aḥzāb Vers 40)

5 Seine Auswanderung nach Medina:

Der Prophet (Allahs Segen und Friede auf ihm) wanderte im Jahre 622 n. Chr. nach Medina aus. Damals wurde die Stadt Yathrib genannt. Als er die Auswanderung unternahm, war der Prophet (Allahs Segen und Friede auf ihm) 53 Jahre alt. Kurz vor der Auswanderung hatten die Stammesführer von Quraisch, die erbitterte Gegner der Religion waren, sich versammelt und einen heimtückischen Plan geschmiedet, wie sie den Propheten (Allahs Segen und Friede auf ihm) ermorden könnten. Doch ihr Plan scheiterte. In Medina lebte der Gesandte Allahs (Allahs Segen und Friede auf ihm) zehn Jahre, die er damit verbrachte, die Menschen zum Islam zu rufen. Er lehrte und befahl ihnen das Gebet, die soziale Abgabe und andere religiöse Vorschriften.

6 Seine Verbreitung des Islams:

Nach seiner Auswanderung legte der Gesandte Allahs (Allahs Segen und Friede auf ihm) in Medina in den Jahren 622 bis 632 n. Chr. den Grundstein für die islamische Zivilisation. Er zeigte der Menschheit die beispielhafte Struktur der muslimischen Gesellschaft und verankerte sie. So schaffte er den vorislamischen Stammesfanatismus ab, rief zur Verbreitung von Wissen und Bildung auf und festigte den Grundsatz von Gerechtigkeit, Geradlinigkeit, Brüderlichkeit, gegenseitiger Hilfe und den Grundsatz von Recht und Ordnung. Einige Stämme versuchten, den Islam aus der Welt zu schaffen, und so kam es zu vielen kriegerischen Auseinandersetzungen und Konflikten. Doch Allah bewahrte Seine Religion und Seinen Gesandten und ließ die Muslime siegen. Hierauf traten immer mehr Menschen in Allahs Religion ein. Und schon bald nahmen die Einwohner Mekkas den Islam an. Ebenso konvertierten die Menschen in den meisten Städten und Stämmen der arabischen Halbinsel aus freiem Willen und aus Überzeugung zu dieser wunderschönen Religion.

7 Sein Tod:

Der Prophet (Allahs Segen und Friede auf ihm) erkrankte im Jahre 11 nach der Hidschra im Monat Ṣafar, dem zweiten islamischen Monat. Zu diesem Zeitpunkt hatte er bereits die Botschaft vollständig verkündet, die ihm sein Herr übertragen hatte. Er hatte das ihm anvertraute Gut bewahrt. Somit erfüllte Allah Seine Gnadengabe durch die Vollendung der Religion. Danach wurde der Prophet krank. Er bekam hohes Fieber und die Krankheit schritt voran. Schließlich starb er im dritten Monat des islamischen Kalenders, Rabīʿ al-Awwal, an einem Montagmorgen im Jahre 11 nach der Hidschra. Das entspricht etwa dem 8. Juni 632 n. Chr. Er verstarb mit 63 Jahen und wurde in der Wohnung seiner Ehefrau ʿĀʾiša begraben, direkt neben der Prophetenmoschee.

Die Bedeutung der Glaubensbezeugung: „Muḥammad ist der Gesandte Allahs“:

Die Bezeugung, dass Muḥammad der Gesandte Allahs ist, beinhaltet Folgendes: Alles, was er uns berichtet hat, als absolute Wahrheit anzunehmen. Es bedeutet, das zu tun, was er uns befohlen hat und das zu unterlassen und davon fernzubleiben, was er uns verboten hat. Außerdem beinhaltet diese Bezeugung, dass man Allah nur auf die Weise dienen darf, die Allahs Gesandter (Allahs Segen und Friede auf ihm) für uns festgelegt und uns gelehrt hat.

Welche Angelegenheiten sind bereits mit meinem festen Glauben an *„Muḥammad ist der Gesandte Allahs“* inbegriffen?

1 Die absolute Überzeugung, dass alles, womit uns der Gesandte Allahs (Allahs Segen und Friede auf ihm) benachrichtigt hat, absolut wahr ist. Und zwar in allen Themenbereichen. Hierzu gehören:

- Der Glaube an alle Inhalte, die über das Verborgene handeln sowie der Glaube an den Tag des Jüngsten Gerichts, der Glaube an das Paradies und die in ihm vorhandene Glückseligkeit, der Glaube an das Höllenfeuer und die in ihm stattfindende Bestrafung.
- Ebenso inbegriffen sind der Glaube an die Geschehnisse am Tag der Auferstehung, der Glaube an die Zeichen der letzten Stunde und der Glaube an die Begebenheiten, die in der Endzeit noch geschehen werden.
- Außerdem gehören dazu die Benachrichtigungen, was mit den ersten und früheren Völkern geschah und was sich zwischen ihnen und den zu ihnen entsandten Propheten (Allahs Friede auf ihnen) ereignete.

> Es ist für jeden Muslim eine Pflicht, an alle authentischen Hadithe des Gesandten (Allahs Segen und Friede auf ihm) zu glauben.

2 Das Halten an den Geboten und den Verboten des Gesandten (Allahs Segen und Friede auf ihm). Dies umfasst:

- Das Befolgen der Anweisungen, die uns der Gesandte Allahs (Allahs Segen und Friede auf ihm) erteilt hat. Ebenso zählt hierzu unsere absolute Gewissheit, dass alles, was er spricht, nicht aus eigener Neigung ist, sondern nur eine Offenbarung, die Allah ihm eingegeben hat. Der Erhabene sagte: Wer dem Gesandten gehorcht, der gehorcht Allah. (Sure 4 an-Nisā' Vers 80)
- Außerdem zählt hierzu, dass wir uns von allen Angelegenheiten, die uns der Prophet als verboten erklärt hat, fernhalten und sie meiden, wie etwa schlechtes Benehmen oder schädliche Handlungen und Praktiken. Und wir sind fest davon überzeugt, dass uns diese Verbote nur deshalb untersagt wurden, weil in der Unterlassung dieses Verbotes eine göttliche Weisheit steckt, die Allah bestimmte, und weil darin unser Wohl liegt, selbst wenn wir den Sinn des Verbots manchmal nicht ganz verstehen.
- Doch wir glauben mit Gewissheit daran, dass das Befolgen der Gebote und das Fernbleiben von den Verboten uns großen Nutzen und innere Glückseligkeit im Diesseits und Jenseits bringen. So sagte der Erhabene: Und gehorcht Allah und dem Gesandten, auf dass ihr Erbarmen finden möget! (Sure 3 Āl-i-ʿImrān Vers 132)
- Wir glauben daran, dass derjenige, der sich dem Befehl des Propheten (Allahs Segen und Friede auf ihm) widersetzt, strenge Strafe verdient. Allah, der Erhabene sagte: So sollen diejenigen, die Seinem Befehl zuwiderhandeln, sich vorsehen, dass nicht eine Versuchung sie trifft oder schmerzhafte Strafe sie trifft. (Sure 24 an-Nūr Vers 63)

3 Wir dürfen Allah nur auf die Weise dienen, die uns der Gesandte Allahs (Allahs Segen und Friede auf ihm) zeigte. Dies beinhaltet mehrere Punkte, auf die ausdrücklich hingewiesen werden muss:

- **Den Gesandten (Allahs Segen und Friede auf ihm) zum Vorbild nehmen:** Die Weise (Sunna) des Gesandten Allahs, seine Rechtleitung, sein gesamtes Leben mit allen Aussagen, Handlungen, Zustimmungen und schweigenden Gutheißungen sind für uns das oberste Vorbild in allen Lebensbereichen. Und je mehr der Diener Gottes die Sunna und die Rechtleitung des Propheten (Allahs Segen und Friede auf ihm) befolgt, desto mehr kann er die Nähe Allahs erlangen und desto höher ist seine Stellung bei seinem erhabenen Herrn. Allah sprach: Sag: Wenn ihr Allah liebt, dann folgt mir. So liebt euch Allah und vergibt euch eure Sünden. Allah ist Allvergebend und Barmherzig. (Sure 3 Āl-i-ʿImrān Vers 31)
- **Die islamische Religion ist vollständig:** Der Gesandte Allahs (Allahs Segen und Friede auf ihm) hat die Religion und die islamischen Gesetze vollständig und lückenlos übermittelt. Demnach ist es niemandem erlaubt, eine neue gottesdienstliche Handlung einzuführen, die uns nicht vorher der Gesandte Allahs (Allahs Segen und Friede auf ihm) lehrte.
- **Die Gebote Allahs sind für alle Orte und Zeiten geeignet:** Die religiösen Vorschriften und Gesetze, die im Buch Allahs und in der Sunna Seines Gesandten (Allahs Segen und Friede auf ihm) feststehen, sind für alle Orte und Zeiten geeignet. Denn es gibt niemanden, der wissender sein könnte, was

den Menschen Wohl und Nutzen bringt, als Derjenige, Der sie erschaffen und aus dem Nichts entstehen lassen hat.

- **Übereinstimmung mit der Sunna:** Damit die gottesdienstlichen Handlungen eines Menschen von Allah angenommen werden, müssen sie erstens mit einer aufrichtigen und reinen Absicht um Allahs willen verrichtet und zweitens auf dieselbe Weise vollzogen werden, wie es der Gesandte Allahs (Allahs Segen und Friede auf ihm) uns zeigte und für uns festlegte. Allah, der Erhabene sagte: Wer nun auf die Begegnung mit seinem Herrn hofft, der soll rechtschaffen handeln und beim Dienst an seinen Herrn (Ihm) niemanden beigesellen. (Sure 18 al-Kahf Vers 110) Das Wort „rechtschaffen" bedeutet hier: richtig und in Übereinstimmung mit der Sunna des Propheten (Allahs Segen und Friede auf ihm).

- **Das Verbot von Neuerungen in der Religion (bidʿa):** Wer eine Handlung oder einen Gottesdienst erfindet, was nicht zur Sunna des Propheten (Allahs Segen und Friede auf ihm) gehört und Allah auf diese Weise anbeten möchte, der hat sich Allahs Befehl widersetzt und macht sich dadurch sündig. Und diese Tat wird abgelehnt und an ihn zurückgewiesen. Hierzu zählt beispielsweise das Verrichten eines Gebets auf eine Weise, die sich gänzlich vom korrekten islamischen Gebet unterscheidet. So sprach Allah, der Erhabene: So sollen diejenigen, die Seinem Befehl zuwiderhandeln, sich vorsehen, dass nicht eine Versuchung sie trifft oder schmerzhafte Strafe sie trifft. (Sure 24 an-Nūr Vers 63) Der Prophet (Allahs Segen und Friede auf ihm) sagte: „Wer in dieser unserer Angelegenheit (d.h. Religion) etwas Neues begründet, das nicht dazugehört, ist abzuweisen." (Buḫārī Hadith Nr. 2250 und Muslim Hadith Nr. 1718)

Wenn das islamische Recht Neuerungen, Zusätze und Abwandlungen in den gottesdienstlichen Handlungen verbietet, dann nur aus dem Grund, um die Religion vor Verfälschung und Veränderung zu bewahren. Die Religion soll davor geschützt werden, zu einem Spielball menschlicher Neigungen und Begierden zu verkümmern. Der Islam spornt die Menschen an, ihre Intelligenz einzusetzen, um neues Potenzial für Kreativität und Innovation in allen Bereichen des Lebens hervorzubringen und die Geheimnisse des beobachtbaren Universums zu entdecken. Denn im Islam ist es wichtig, der Menschheit nützlich zu sein und für sie einen Fortschritt für die Gegenwart und Zukunft zu erzielen.

Was der Glaube an Allah, den Mächtigen und Majestätischen bedeutet:

Die feste Überzeugung von der Existenz Allahs, des Erhabenen sowie die Bestätigung der Einzigkeit in Seinen göttlichen Handlungen, in Seinem alleinigem Recht auf Anbetung und in Seinen Namen und Eigenschaften.

Diese vier Angelegenheiten werden wir nun detailliert behandeln.

1 Der Glaube an die Existenz Allahs, des Erhabenen

Die natürliche Veranlagung, mit der Allah die Menschen geschaffen hat:

Die Bestätigung der Existenz Allahs, des Erhabenen ist eine Angelegenheit, die bereits in der natürlichen Veranlagung eines Menschen verankert ist. Man braucht sich also nicht sonderlich anzustrengen, um die Existenz Allahs zu beweisen. Aus diesem Grund sind die meisten Menschen – ungeachtet ihrer Religion oder Glaubensrichtung – davon überzeugt, dass es Allah gibt.

Wir fühlen aus der Tiefe unserer Herzen, dass es Ihn gibt. Aufgrund unserer gläubigen Veranlagung in uns wenden wir uns sofort an Ihn, sobald wir uns in großer Bedrängnis oder in einer Notlage befinden. Ebenso hat Allah in jedem Menschen ein inneres Bedürfnis nach Religiosität eingebaut. Auch wenn einige Menschen versuchen, dieses Bedürfnis zu unterdrücken oder zu ignorieren.

Wir alle sehen und hören tagtäglich, dass Bittrufe erhört, Bittenden gegeben und Menschen aus einer Notlage gerettet wurden. All das ist ein deutlicher Beweis, dass es Ihn, den Erhabenen gibt.

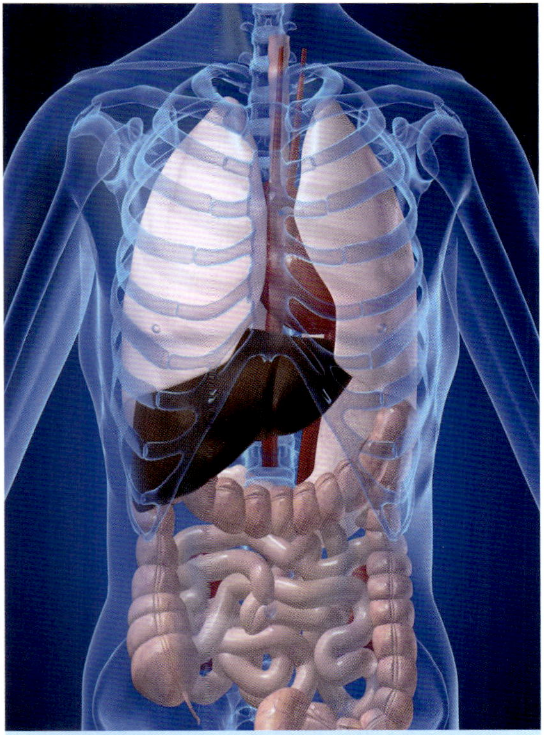

Der Mensch selbst ist der größte Beweis für die Existenz Allahs. Dazu braucht er nur genau nachsinnen, nachdenken und hinsehen, womit Allah ihn an reichen Gnadengaben ausgestattet hat, wie etwa mit dem Verstand, den fein konstruierten und exakten Sinnesorganen und der beispiellosen Ordnung und Vollkommenheit der menschlichen Gestalt. Allah, der Erhabene sagte: Und auf der Erde gibt es Zeichen für die Überzeugten und (auch) in euch selbst. Seht ihr denn nicht? (Sure 51 aḏ-Ḏāriyāt Vers 20-21)

Die Beweise für die Existenz Allahs sind zu offensichtlich und zu zahlreich, als dass sie alle erwähnt oder gezählt werden könnten. Jedoch führen wir im Folgenden nur einige Beweise an:

- Es ist wohl jedem Menschen bekannt, dass alles, was zu existieren beginnt, eine Ursache für seine Existenz haben muss. So müssen die vielen Geschöpfe, die wir zu jeder Zeit sehen, einen Schöpfer haben, Der sie hat entstehen lassen. Und dieser Schöpfer ist Allah, der Mächtige und Majestätische. Es ist unmöglich, dass es ein Geschöpf ohne Schöpfer gibt. Auch kann sich ein Geschöpf nicht von selbst erschaffen. Denn etwas, was erschaffen wurde, kann sich nicht selbst erschaffen haben. Das bestätigte Allah, der Erhabene, als Er sagte: Oder sind sie etwa aus dem Nichts erschaffen worden, oder sind sie (gar) selbst die Schöpfer? (Sure 52 aṭ-Ṭūr Vers 35) Die Bedeutung des Verses: Die Menschen sind gewiss nicht ohne einen Schöpfer erschaffen worden. Auch waren es nicht sie selbst, die sich selbst erschaffen haben. Deshalb muss Derjenige, Der sie erschaffen hat, Allah, der Schöpfer aller Dinge gewesen sein.
- Die bestehende Einheit und die Ordnung des gesamten Universums, in dem Himmel, Sonne, Sterne, Bäume usw. im harmonischen Einklang stehen, ist ein unbestreitbarer Beweis dafür, dass dieses Universum einen einzigen Schöpfer haben muss. Und das ist Allah, Preis sei Ihm und Erhaben ist Er, Der sagte: (Das ist) das Werk Allahs, Der alles (auf der Welt) gut angeordnet hat. (Sure 27 an-Naml Vers 88)

So befinden sich z.B. die Planeten und Sterne in einem perfekten System, in dem ein Gleichgewicht ohne Schwankungen vorherrscht. Jeder Planet hat seine eigene Umlaufbahn, die er weder überschreitet noch verlässt.

Allah, der Erhabene sagte: Weder ziemt es der Sonne, den Mond einzuholen, noch wird die Nacht dem Tag zuvorkommen; alle laufen in einer (jeweils eigenen) Umlaufbahn. (Sure 36 Yā-Sīn Vers 40)

2 Der Glaube an die Einzigkeit Allahs in Seiner Herrschaft und Seinen Handlungen

Was der Glaube an die Einzigkeit Allahs, in Seiner Herrschaft und Seinen Handlungen bedeutet:

Es bedeutet die Bestätigung und die feste Überzeugung, dass Allah der Herr und Herrscher über alle Dinge ist, dass Er der Schöpfer und der Versorger ist; Derjenige, Der lebendig macht und sterben lässt, Der Vorteil gebende und Der Schaden zufügende, Derjenige, Der die Entscheidung über alle Angelegenheiten hat, Derjenige, in Dessen Hand das Gute ist und Der Macht über alle Dinge hat. Hierbei hat Er keinen Teilhaber.

Der Glaube an die Einzigkeit Allahs, in Seiner Herrschaft und Seinen Handlungen bedeutet also Allahs göttliche Handlungen einzig und allein Ihm zuzuschreiben. Dies erreicht man, indem man den Glauben an folgende Grundsätze verinnerlicht:

Allah ist der einzige Schöpfer, Der alles im Universum erschaffen hat, und außer Ihm gibt es keinen anderen Schöpfer. Allah, der Erhabene sagte: Allah ist der Schöpfer von allem. (Sure 39 az-Zumar Vers 62)

Was der Mensch „erschaffen“ oder „entstehen“ ließ, ist nur eine Umwandlung einer Materie in eine andere, eine Zusammensetzung oder Konstruktion usw. Es ist aber keine echte Schöpfung, bei der etwas aus dem Nichts hervorgebracht oder vom Tod zum Leben wiedererweckt wurde.

Allah ist der Versorger aller Geschöpfe; es gibt keinen anderen Versorger außer Ihm. Allah, der Erhabene sagte: Und es gibt kein Tier auf der Erde, ohne dass Allah sein Unterhalt obläge. (Sure 11 Hūd Vers 6)

Allah ist der Herrscher über alles; es gibt keinen wahren Herrscher außer Ihm. Allah, Preis sei Ihm, sagte: Allah gehört die Herrschaft über die Himmel und die Erde und das, was in ihnen ist ... (Sure 5 al-Mā'ida Vers 120)

Allah ist Derjenige, Der alle Dinge lenkt und leitet. Es gibt niemanden, Der das Geschehen lenkt und regelt, außer Allah. Der Erhabene sagte: Er regelt, die Angelegenheit vom Himmel bis zur Erde. (Sure 32 as-Sağda Vers 5)

Was jedoch das Regeln und das Lenken der Geschicke des Menschen durch sich selbst angeht, so verhält es sich wie folgt: Der Mensch kann seine Angelegenheiten und sein Leben nicht auf eine uneingeschränkte Weise regeln und ordnen, sondern muss sich nach dem richten, was in seiner Macht liegt, was er besitzt und wozu er fähig ist. Vielleicht ist er mit der Weise, wie er seine Angelegenheiten regelt, erfolgreich und vielleicht auch erfolglos. Doch wenn der allmächtige Schöpfer, Preis sei Ihm und Erhaben ist Er, die Angelegenheiten regelt, so tut Er das auf eine allumfassende und perfekte Weise. Die Angelegenheiten, die Er regelt, erfolgen gewiss, es gibt nichts, was Ihn daran hindern oder Ihm widersprechen könnte. So sagt Allah, der Erhabene: Sicherlich, Sein ist die Schöpfung und der Befehl. (Sure 7 a -A'rāf Vers 54)

Die arabischen Götzendiener glaubten an die Einzigkeit Allahs in Seiner Herrschaft und Seinen Handlungen:

So bestätigten die Ungläubigen zu Lebzeiten des Gesandten (Allahs Segen und Friede auf ihm), dass Allah der einzige Schöpfer, der Herrscher und Derjenige ist, Der alle Dinge lenkt und leitet. Allah, der Erhabene sagte: Und wenn du sie fragst, wer die Himmel und die Erde erschaffen hat, sagen sie ganz gewiss: «Allah.» (Sure 31 Luqmān Vers 25)

Wer bestätigt, dass Allah der Herr der gesamten Schöpfung ist – d. h. ihr Erschaffer, ihr Besitzer und Derjenige, Der sie durch Seine Gnadengaben erzieht – der muss zwangsläufig an die Einzigkeit Allahs in der Anbetung glauben. Und er muss verinnerlichen, dass jede Form von Anbetung einzig Allah gewidmet werden darf, ohne Ihm hierbei einen Teilhaber beizugesellen.

Wie kann es sein, dass ein Mensch bestätigt, dass Allah der Schöpfer von allem ist und dass Allah Derjenige ist, Der alles in diesem Universum lenkt und leitet und dass Allah Derjenige ist, Der lebendig macht und sterben lässt – und nach all dem trotzdem einen Teil seiner Anbetung an jemanden anderen außer Allah richtet!?! Das ist wahrlich die schlimmste Art von Ungerechtigkeit und die größte Sünde überhaupt! Aus diesem Grund sagte der weise Luqmān zu seinem Sohn, als er ihn ermahnen und belehren wollte: «O mein lieber Sohn, geselle Allah nicht(s) bei, denn Beigesellung ist fürwahr ein gewaltiges Unrecht.» (Sure 31 Luqmān Vers 13)

Und als der Gesandte Allahs (Allahs Segen und Friede auf ihm) gefragt wurde, was bei Allah als die größte aller Sünden angesehen wird, antwortete er: „Dass du Allah andere als Seinesgleichen zur Seite stellst, obwohl Er dich erschaffen hat." (Buḫārī Hadith Nr. 4207 und Muslim Hadith Nr. 86)

Vollkommene Ruhe findet das Herz durch den Glauben an die Einzigkeit Allahs in Seiner Herrschaft und Seinen Handlungen:

Einen großen Lohn wird jeder Diener Allahs erhalten, der mit Gewissheit davon überzeugt ist, dass niemand von der gesamten Schöpfung es vermag, sich Allahs Bestimmung zu entziehen. Denn Allah ist der Herr aller Geschöpfe, Der alle Dinge lenkt und leitet, wie Er will, und entsprechend Seiner Allweisheit beschließt. Und Allah ist ihr aller Erschaffer; und alles, was außer Allah existiert, ist etwas, was hervorgebracht wurde, etwas, was bedürftig ist und seinen erhabenen Schöpfer braucht. Und jede Angelegenheit ist ganz und gar in Allahs Entscheidung. So gibt es keinen anderen Schöpfer außer Ihm, und keinen anderen Versorger außer Ihm, und keinen Lenker der Geschehnisse im Universum außer Ihm, und kein Atom bewegt

> Vollkommene Ruhe findet das Herz durch den Glauben an die Einzigkeit Allahs in Seiner Herrschaft und Seinen Handlungen.

sich außer mit Seiner Erlaubnis, und kein anderes Atom bleibt stehen außer mit Seinem Befehl. Wer diesen Glauben verinnerlicht, der wird damit belohnt, dass sein Herz einzig mit Allah verbunden ist. Dieses Herz will nur Ihn bitten. Es erkennt, wie sehr es auf Allah angewiesen ist und Ihn braucht. Demzufolge vertraut der Muslim in allen Angelegenheiten seines Lebens auf Allah. Wer diesen Glauben verinnerlicht, der begegnet Schwankungen des Lebens mit positiver Energie und bewundernswerter Ausdauer. Er reagiert auf solche Schwankungen mit Ruhe, Entschlossenheit und Zielstrebigkeit. Denn er weiß, dass er – solange er alle ihm

> **Der Glaube an die Einzigkeit Allahs und Seine alleinige Anbetung ist die wahre Bedeutung der Glaubensbezeugung: *„Es gibt keinen zu Recht anbetungswürdigen Gott außer Allah."***

verfügbaren Mittel eingesetzt hat, um ein bestimmtes Ziel im Leben zu erreichen, und außerdem Allah um die Verwirklichung dieses Zieles gebeten hat – damit seine Pflicht erfüllt hat. Ja, in diesem Augenblick fühlt er die innere Seelenruhe und er hat nicht den Drang, gierig auf das zu schauen, was andere besitzen, da er weiß, dass in Wirklichkeit doch alles in Allahs Händen liegt. Allah erschafft, was Er will und Er ist es, Der letztendlich auswählt.

3 Der Glaube an die Einzigkeit Allahs in der Anbetung

Was der Glaube an die Einzigkeit Allahs in der Anbetung bedeutet:

Es bedeutet die feste Überzeugung, dass einzig Allah das Recht auf alle Arten von gottesdienstlichen Handlungen besitzt, seien diese sichtbar oder verborgen. Nur für Allah dürfen alle Arten und Formen von gottesdienstlichen Handlungen gewidmet werden, wie z.B. Bittgebete, Angst, Vertrauen, Hilfegesuch, rituelles Gebet, soziale Abgabe, Fasten usw. Demgemäß gibt es niemanden, der rechtmäßig anbetungswürdig ist, außer Allah. Der Erhabene sagte: Euer Gott ist ein Einziger Gott. Es gibt keinen Gott außer Ihm, dem Allerbarmer, dem Barmherzigen. (Sure 2 al-Baqara Vers 163)

Hiermit teilte uns Allah, der Erhabene mit, dass es nur einen einzigen zu Recht anbetungswürdigen Gott gibt, und das ist Allah. Deshalb ist es nicht erlaubt, sich einen anderen Gott zu nehmen, außer Ihm. Und genauso ist es nicht erlaubt, einem anderen zu dienen, außer Ihm.

Gründe, weshalb der Glaube an die Einzigkeit Allahs in der Anbetung äußerst wichtig ist:

Es gibt viele Aspekte, weshalb der Glaube an die Einzigkeit Allahs in der Anbetung so enorm wichtig ist.

1 Er ist der Sinn, weshalb die Dschinn und die Menschen erschaffen worden sind. So wurden sie nur aus dem Grund erschaffen, um einzig Allah zu dienen, ohne Ihm hierbei einen Teilhaber beizugesellen. Allah, Preis sei Ihm, sagte: Und Ich habe die Dschinn und die Menschen nur (dazu) erschaffen, damit sie (einzig und allein) Mir dienen. (Sure 51 aḏ-Ḏāriyāt Vers 56)

2 Er war der Grund für die Entsendung der Gesandten (Allahs Friede auf ihnen) und für die Herabsendung der Offenbarungsschriften. Die Menschen sollten bestätigen, dass Allah der einzig rechtmäßig Anbetungswürdige ist und dass alles, was außer Ihm angebetet wird, abzulehnen ist. Allah, Preis sei Ihm, sagte: Und Wir haben ja bereits in jeder Gemeinschaft einen Gesandten erweckt: «Dient Allah und meidet die falschen Götter!» (Sure 16 an-Naḥl Vers 36)

3 Es ist die erste Pficht für alle Menschen. Als der Prophet (Allahs Segen und Friede auf ihm) den Gefährten Muʿāḏ ibn Ǧabal (Allahs Wohlgefallen auf ihm) in den Jemen entsandte, um den Islam zu verkünden, gab er ihm folgenden Rat: „Du gehst zu einem Volk der Schrift. Das Erste, wozu du sie aufforderst, ist zu bezeugen, dass es keinen zu Recht anbetungswürdigen Gott außer Allah gibt." (Buḫārī Nr. 1389 und Muslim Nr. 19)

Das heißt: Rufe sie dazu auf, jede Art von gottesdienstlichen Handlungen einzig Allah zu widmen!

4 Der Glaube an die Einzigkeit Allahs in der Anbetung ist die wahre Bedeutung der Glaubensbezeugung: „lā ilāha illallāh". Das Wort „ilāh" bedeutet „der Angebetete". So gibt es keinen rechtmäßig Anbetungswürdigen, außer Allah. Alle Arten von Gottesdiensten dürfen an niemand anderen außer an Ihn gerichtet werden.

5 Der Glaube an die Einzigkeit Allahs in der Anbetung ist die logische Schlussfolgerung aus der Tatsache, dass Allah der Schöpfer, der Herrscher und Derjenige ist, der alle Dinge lenkt und leitet.

> Was bedeutet Gottesdienst?

Gottesdienst oder gottesdienstliche Handlung umfasst alles, was Allah liebt und zufriedenstellt, seien es Worte oder Taten, die Er den Menschen befohlen oder empfohlen hat. Dazu zählen sowohl die sichtbaren Handlungen, wie z.B. das Gebet, die soziale Abgabe usw. als auch die verborgenen Handlungen wie die Liebe zu Allah und Seinem Gesandten (Allahs Segen und Friede auf ihm), die Angst vor Allah, das Vertrauen auf Allah, das Hilfegesuch an Allah usw.

> Alle Handlungen, die man mit einer rechtschaffenen Absicht ausführt, zählen als Gottesdienst, für die der Mensch von Allah belohnt wird.

Gottesdienst in allen Bereichen des Lebens:

Der Gottesdienst umfasst alle Handlungen eines Gläubigen, sofern er beabsichtigt, dadurch Allah nahe zu kommen. Der Gottesdienst im Islam ist nicht auf einige bekannte religiöse Riten beschränkt, wie z.B. das Gebet, das Fasten usw. Im Islam werden alle nützlichen Taten, die mit einer rechtschaffenen und reinen Absicht vollbracht wurden, als Gottesdienst gezählt, für die man hoch belohnt wird. Wenn ein Muslim isst, trinkt oder schläft, wobei er die Absicht hat, sich dadurch für eine gottgefällige Tat zu stärken, so wird er dafür belohnt. Deshalb lebt der Muslim sein gesamtes Leben für Allah. Wenn er isst, dann tut er das, um zu Kräften zu kommen, damit er Taten ausführen kann, womit er Allah gegenüber Gehorsam leistet. Sein Einnehmen der Mahlzeit ist aufgrund dieser Absicht zu einem Gottesdienst geworden. Wenn der Muslim heiratet und dabei beabsichtigt, keusch zu bleiben und sich dadurch vor Verbotenem zu schützen, dann wird ihm die Heirat als Gottesdienst gezählt. Mit solch einer Absicht wird jedem Muslim, der Handel treibt, seinen Beruf ausübt, Geld verdient, sich Wissen aneignet, einen Abschluss anstrebt, Forschung betreibt, wissenschaftliche Entdeckungen und Erfindungen macht, diese Handlung als Gottesdienst gutgeschrieben. Und dass sich die Frau um ihren Ehemann, ihre Kinder und ihr Haus kümmert, wird ihr ebenso als Gottesdienst angerechnet. Das gilt für jeden Bereich ihres Lebens, für alles, was sie tut. Das gilt auch für ihre wertvollen Aufgaben und sie betreffende Angelegenheiten, solange sie eine rechtschaffene und reine Absicht hat.

Der Gottesdienst ist die Weisheit, weshalb Allah alles Existierende erschuf:

Allah, der Erhabene sagte: Und Ich habe die Dschinn und die Menschen nur (dazu) erschaffen, damit sie (einzig und allein) Mir dienen. Ich will weder von ihnen irgendeine Versorgung, noch will Ich, dass sie Mir zu essen geben. Gewiss, Allah ist der Versorger, der Besitzer von Kraft und der Feste. (Sure 51 aḏ-Ḏāriyāt Vers 56-58)

Allah, Preis sei Ihm, teilte uns mit, dass die Weisheit, die hinter der Erschaffung von Dschinn und Menschen steckt, ihr Verrichten von gottesdienstlichen Handlungen für Allah ist. Allah ist auf ihren Gottesdienst nicht angewiesen, sondern sie, die Menschen und die Dschinn, sind auf Allahs Gottesdienst angewiesen, weil sie Allah brauchen.

Wenn der Mensch dieses edle Ziel vernachlässigt und sich den weltlichen Genüssen hingibt, ohne an die göttliche Weisheit zu denken, weshalb er eigentlich erschaffen worden ist, so wird aus diesem großartigem Geschöpf etwas, was sich nicht viel von anderen Lebewesen dieses Planeten unterscheidet. Denn auch Tiere essen, trinken und vergnügen sich. Im Jenseits werden sie aber nicht zur Rechenschaft gezogen werden – ganz im Gegensatz zum Menschen. Allah, der Erhabene sagte: Diejenigen aber, die ungläubig sind, genießen und essen (im Diesseits), wie das Vieh frisst; das (Höllen) feuer wird ein Aufenthaltsort für sie sein. (Sure 47 Muḥammad Vers 12) In ihren Handlungen und ihren Zielen sind sie den Tieren sehr ähnlich. Allerdings werden sie ihren Lohn für ihr Tun erhalten, weil sie einen Verstand besitzen, den sie, im Gegensatz zu den Tieren, nutzen und mit dem sie begreifen können.

Säulen des Gottesdienstes:

Der Gottesdienst, der uns von Allah auferlegt wurde, hat zwei wichtige Fundamente.

Das erste Fundament: Vollkommene Demut und Angst.

Das zweite Fundament: Die vollkommene Liebe zu Allah, Preis sei Ihm.

Der Gottesdienst, der uns von Allah auferlegt wurde, muss von vollkommener Demut und Unterwerfung gegenüber Allah und von Angst vor Ihm erfüllt sein. Gleichzeitig muss der Gottesdienst aus vollkommener und unübertrefflicher Liebe sowie aus Begehren und Hoffnung bestehen.

> Damit ein Gottesdienst gültig ist, müssen zwei Voraussetzungen erfüllt sein: Die aufrichtige Absicht für Allah, den Erhabenen und die Übereinstimmung der Handlung mit der Sunna Seines Gesandten (Allahs Segen und Friede auf ihm).

Demgemäß ist Liebe, die nicht von Angst oder Unterwerfung begleitet wird – wie etwa die Liebe zum Essen oder zum Geld, kein Gottesdienst. Genauso gilt Angst ohne Liebe – wie etwa die Angst vor einem Raubtier oder einem ungerechten Herrscher – nicht als Gottesdienst. Werden Angst und Liebe in einer Handlung miteinander vereint, dann handelt es sich um Gottesdienst. Und Gottesdienst darf einzig für Allah verrichtet werden.

Voraussetzungen des Gottesdienstes:

Damit ein Gottesdienst überhaupt gültig ist und angenommen wird, müssen zwei Voraussetzungen erfüllt werden.

1. Die aufrichtige Absicht, den Gottesdienst einzig für Allah zu verrichten, ohne Ihm hierbei einen Teilhaber beizugesellen.

2. Die Übereinstimmung mit der Sunna und das Befolgen der Sunna des Gesandten Allahs (Allahs Segen und Friede auf ihm).

Allah, der Erhabene sagte : Aber nein! Wer sich Allah völlig hingibt und dabei Gutes tut, dessen Lohn steht für ihn bei seinem Herrn. Und sie soll keine Furcht überkommen, noch sollen sie traurig sein. (Sure 2 al-Baqara Vers 112)

Mit „sich Allah völlig hingibt" ist gemeint, dass man den Glauben an die Einzigkeit Allahs erfüllt, indem man seine gottesdienstlichen Handlungen einzig an Allah richtet.

Die Übereinstimmung mit der Sunna des Propheten (Allahs Segen und Friede auf ihm) gilt nur für rein gottesdienstliche Handlungen, wie das Gebet, das Fasten, das Gedenken Allahs usw. Was aber unter den allgemeinen Begriff Gottesdienst fällt, wie Gewohnheiten und Handlungen, bei denen der Diener eine gute Absicht fasst, um dafür den Lohn von Allah zu erhalten, wie etwa Sport treiben, um sich dadurch für eine gottgefällige Tat zu stärken, so muss diese Handlung nicht unbedingt mit der Sunna übereinstimmen. Es reicht vollkommen, wenn man dabei nicht gegen islamische Vorschriften verstößt und keine Sünde begeht.

> Die Beigesellung

- Das Beigesellen eines anderen neben Allah steht völlig im Widerspruch zum Glauben an die Einzigkeit Allahs in der Anbetung. Wenn also der Glaube an die Einzigkeit Allahs in der Anbetung und die Überzeugung, dass nur an Ihn allein der Gottesdienst gerichtet werden darf, die größten und wichtigsten aller Pflichten sind, so ist für Allah die Beigesellung die größte und schlimmste aller Sünden. Die Beigesellung ist die einzige Sünde, die Allah nicht vergibt, außer wenn man sich Allah reuevoll zuwendet. Allah, der Erhabene sagte:

  Allah vergibt gewiss nicht, dass man Ihm (etwas) beigesellt. Doch was außer diesem ist, vergibt Er, wem Er will. (Sure 4 an-Nisāʾ Vers 48)

  Als der Gesandte Allahs (Allahs Segen und Friede auf ihm) gefragt wurde, was bei Allah als die größte aller Sünden angesehen wird, antwortete er: „Dass du Allah andere als Seinesgleichen zur Seite stellst, obwohl Er dich erschaffen hat." (Buḫārī Hadith Nr. 4207 und Muslim Hadith Nr. 86)

- Die Beigesellung zerstört alle erbrachten gottgefälligen Taten und macht sie ungültig. Allah, Preis sei Ihm, sagte: Wenn sie (Ihm) aber (andere) beigesellt hätten, wäre für sie wahrlich hinfällig geworden, was sie zu tun pflegten. (Sure 6 al-Anʿām Vers 88)

  Wer Beigesellung begeht, der wird ins Höllenfeuer kommen und auf ewig darin bleiben. Allah, der Erhabene sagte: Wer Allah (etwas) beigesellt, dem verbietet fürwahr Allah das Paradies, und dessen Zufluchtsort wird das (Höllen)feuer sein. (Sure 5 al-Māʾida Vers 72)

Es gibt zwei Arten von Beigesellung: Die große und die kleine Beigesellung

1 **Die große Beigesellung (širk akbar):** Wenn ein Mensch einen der Gottesdienste für jemand anderen außer Allah verrichtet. Jedes Wort und jede Tat, die Allah liebt und die für Ihn gesprochen bzw. ausgeführt wurde, gehört zum reinen Monotheismus und zum wahren Glauben. Jedes Wort und jede Tat, die Allah liebt und die nicht für Allah, sondern für andere außer Ihm gesprochen bzw. ausgeführt wurde, gehört zur Beigesellung und zum Unglauben.

Ein Beispiel für diese Beigesellung: Ein Mensch bittet jemand anderen außer Allah um Hilfe und richtet an ihn ein Bittgebet, damit er seine Krankheit heilt oder seinen Reichtum mehrt. Genauso gilt, wenn man auf jemand anderen vertraut als auf Allah oder sich für jemand anderen niederwirft als für Allah.

Allah, der Erhabene sagte: Euer Herr sagt: „Ruft Mich an, so erhöre Ich euch!" (Sure 40 Ġāfir Vers 60)

Und der Erhabene sagte: Und vertraut auf Allah, wenn ihr Gläubige seid!» (Sure 5 al-Māʾida Vers 23)

Auch sagte Er: Werft euch doch vor Allah nieder und dient (Ihm)! (Sure 53 an-Naǧm Vers 62)

Wer also eine gottesdienstliche Handlung für jemand anderen außer Allah ausführt, der ist ein Beigeseller (mušrik) und somit ein Ungläubiger.

2 Die kleine Beigesellung (širk -asġar): **Jedes Wort und jede Tat, das ein Mittel und ein Weg zur großen Beigesellung ist.**

Ein Beispiel hierfür ist Augendienerei, sofern sie geringfügig ist: Ein Muslim betet manchmal sehr lange, weil er damit bezweckt, von den Menschen gesehen und bewundert zu werden. Oder ein Muslim, der manchmal den Koran absichtlich laut rezitiert oder gut hörbar Allahs gedenkt, damit andere Menschen ihn hören und loben. Deshalb sagte der Gesandte Allahs (Allahs Segen und Friede auf ihm): „Das meiste, was mir Angst um euch macht, ist die kleine (Art der) Beigesellung. Darauf fragte man ihn: „Was ist ist die kleine (Art der) Beigesellung, o Gesandter Allahs?" Er antwortete: „Es ist die Augendienerei." (Aḥmad Hadith Nr. 23630)

Wenn aber eine Person den Gottesdienst grundsätzlich nur aus Augendienerei verrichtet und weder beten noch fasten würde, wenn die Menschen nicht da wären, dann ist er definitiv ein Heuchler. Das gehört sogar zur großen Beigesellung, die zum Ausschluss aus dem Islam führt.

Gehört es zur Beigesellung Menschen um Hilfe zu bitten?

Der Islam kam, um den Verstand der Menschen von Aberglauben sowie Lügengeschichten und vor allem den Menschen selbst von der Unterwerfung gegenüber anderen außer Allah zu befreien.

Demnach ist es absolut verboten, einen Toten oder eine leblose Materie um Hilfe zu bitten und sich an sie in Unterwürfigkeit und Hingabe zu wenden. Das gehört zum Aberglauben und ist Beigesellung.

Anders verhält es sich, wenn man einen lebenden und anwesenden Menschen bittet, ob er bei einer Sache behilflich sein kann, zu der er auch tatsächlich imstande ist. Zum Beispiel einen Menschen um eine Hilfeleistung zu bitten oder einen Schwimmenden vor dem Ertrinken zu retten. Ebenso ist es erlaubt, einen Muslim darum zu bitten, ein Bittgebet für dich an Allah zu richten. All das ist erlaubt.

> Einen lebendigen Anwesenden um eine Angelegenheit zu bitten, zu der er imstande ist, gehört zu den zwischenmenschlichen Beziehungen und sozialen Verhalten, die alltäglich vorkommen und erlaubt sind.

Ist das Fragen und Bitten einer leblosen Materie oder eines Toten eine Beigesellung Allahs?

Ja

Das ist Beigesellung (širk) und widerspricht gänzlich dem Islam und den Glaubensgrundsätzen. Denn Gegenstände und Tote können weder den Bittruf hören noch die Bitte erfüllen. Der Bittruf ist ein Gottesdienst. Und den Bittruf an jemand anderen als an Allah zu wenden, ist Beigesellung. Die Araber, die zur Zeit des Propheten lebten, haben Allah andere Götter beigesellt. Ihre Beigesellung bestand darin, Gegenstände und Tote anzurufen.

Nein

Von einem Lebenden, der deine Worte und dein Anliegen hören kann, etwas zu bitten oder zu verlangen, ist keine Beigesellung.

Ist er überhaupt in der Lage, dir zu helfen und dein Anliegen zu erfüllen? Wenn du beispielsweise eine Person darum bittest, dir bei einer Sache behilflich zu sein, besitzt sie denn überhaupt die Fähigkeit, um dir dabei zu helfen?

Nein

Von einem Lebenden etwas zu verlangen, zu dem er nicht imstande ist und wozu er nicht fähig ist, gehört zur großen Beigesellung Allahs. Wenn beispielsweise eine unfruchtbare Person, die keine Kinder bekommen kann, zu einem Lebenden geht und ihn darum bittet, sie mit rechtschaffenen Kindern zu versorgen, handelt es sich um große Beigesellung. Diese Handlung widerspricht vollkommen dem Islam, weil es eine Bitte ist, die an jemand anderen außer Allah gerichtet wurde.

Ja

Diese Bitte ist eine erlaubte Angelegenheit. Sie ist ein Teil der zwischenmenschlichen Beziehungen und des sozialen Verhaltens, die alltäglich vorkommen.

> Der Glaube an die Namen und Eigenschaften Allahs

Es bedeutet, an die Namen und Eigenschaften zu glauben, die uns Allah in Seinem Buch oder der Gesandte Allahs (Allahs Segen und Friede auf ihm) in seiner Sunna mitteilten, und zwar auf einer Weise, wie es Allah, dem Erhabenen gebührt.

Allah, Preis sei Ihm, hat die schönsten Namen und vollkommensten Eigenschaften. Nichts und niemand ist Ihm in Seinen Namen und Eigenschaften gleich. Allah, der Erhabene sagte: Nichts ist Ihm gleich; und Er ist der Allhörende und Allsehende. (Sure 42 aš-Šūrā Vers 11)

Bei all Seinen Namen und Eigenschaften ist Allah frei davon, irgendeinem Seiner Geschöpfe ähnlich zu sein.

Zu den Namen Allahs, des Erhabenen gehören:

Allah, der Erhabene sagte: dem Allerbarmer, dem Barmherzigen (Sure 1 al-Fātiḥa Vers 3)

Allah, der Erhabene sagte: und Er ist der Allhörende und Allsehende. (Sure 42 aš-Šūrā Vers 11)

Allah, der Erhabene sagte: Und Er ist der Allmächtige und Allweise. (Sure 31 Luqmān Vers 9)

Allah, der Erhabene sagte: Allah – es gibt keinen zu Recht anbetungswürdigen Gott außer Ihm, dem Lebendigen und Beständigen. (Sure 2 al-Baqara Vers 255)

Allah, der Erhabene sagte: (Alles) Lob gebührt Allah, dem Herrn der Weltenbewohner. (Sure 1 al-Fātiḥa Vers 2)

Durch den Glauben an Allahs Namen und Eigenschaften erzielt man folgenden großen Gewinn:

1 Man lernt hierdurch Allah, den Erhabenen besser kennen. Wer den Glauben an Allahs Namen und Eigenschaften verinnerlicht, dessen Kenntnis über Allah nimmt zu und dessen Glaubensstärke und Gewissheit steigen. Auch der Glaube an die Einheit Allahs verfestigt sich. Und wer Allahs Namen und Eigenschaften kennt, dessen Herz wird mit der Verherrlichung Allahs, mit der Liebe zu Allah und der Unterwerfung gegenüber Allah, Preis sei Ihm und Erhaben ist Er, erfüllt.

2 Man lernt, Allah mit Seinen Namen und Eigenschaften zu loben, was zu den vorzüglichsten Arten des Gedenken Allahs gehört. Allah, der Erhabene sagte: O die ihr glaubt, gedenkt Allahs in häufigem Gedenken! (Sure 33 al-Aḥzāb Vers 41)

3 Außerdem lernt man, Allah mit Seinen Namen und Eigenschaften anzurufen und zu bitten. Allah, Preis sei Ihm, sagte: Allahs sind die schönsten Namen; so ruft Ihn damit an ... (Sure 7 al-A'rāf Vers 180)

Ein Beispiel hierfür ist, dass man ruft: O Allah, Du bist der Versorger, so versorge mich! O Allah, Du bist der Reue-Annehmende, so nimm meine Reue an! O Allah, Du bist der Barmherzige, so sei mir barmherzig!

Die höchsten Stufen des Glaubens:

Der Glaube hat Stufen. Der Glaube eines Muslims nimmt in dem Maße ab, wie er unachtsam ist und in Sünden verfällt. Dagegen steigt sein Glaube, wann immer sich sein Gehorsam, seine Gottesdienste und Ehrfurcht vor Allah vermehren.

Die höchste Stufe des Glaubens wird im Islam „al-Iḥsān" genannt, d.h. etwas auf die beste Weise zu tun. Der Prophet (Allahs Segen und Friede auf ihm) hat uns diese Stufe definiert, indem er sagte:

„Es ist, dass du Allah dienst, als ob du Ihn sehen würdest, und wenn du Ihn auch nicht siehst, so sieht Er dich gewiss." (Buḫārī Hadith Nr. 50 und Muslim Hadith Nr. 8)

So sollst du, während du im Gebet stehst oder sitzt, während du ernst bist oder Spaß machst, d.h. immer und in jeder Situation daran denken, dass Allah dich beobachtet und zu dir schaut. Also widersetz dich Ihm nicht, während du weißt, dass Er dich sieht, und lass dich nicht von Angst und Hoffnungslosigkeit überwältigen, obwohl du weißt, dass Er mit dir ist! Wie kannst du dich nur einsam fühlen, obwohl du durch die Bittgebete und durch die rituellen Gebete ein vertrauensvolles Gespräch mit Ihm führst?! Wie kannst du dir selbst einreden, eine Sünde begehen zu wollen, obwohl du mit Gewissheit weißt, dass Er deine innersten Geheimnisse und dein Offenkundiges genau kennt?! Wenn du auf Abwege geraten bist und einen Fehler begangen hast, aber es dann bereust und Allah um Vergebung bittest, so wird Allah deine Reue annehmen.

Durch den Glauben an Allah, den Erhabenen erzielt man folgenden großen Gewinn:

1 Allah wendet von den Gläubigen jedes Unheil ab, errettet sie aus ihrer Not und schützt sie vor der List der Feinde. Allah, der Erhabene sagte: Gewiss, Allah verteidigt diejenigen, die glauben. (Sure 22 al-Ḥaǧǧ Vers 38)

2 Der Glaube ist die Ursache für ein schönes, glückseliges und fröhliches Leben. Allah, der Erhabene sagte: Wer rechtschaffen handelt, sei es Mann oder Frau, und dabei gläubig ist, den werden Wir ganz gewiss ein gutes Leben leben lassen. (Sure 16 an-Naḥl Vers 97)

3 Der Glaube reinigt die Seelen von Aberglauben. Wer wahrhaftig an Allah, den Erhabenen glaubt, der macht alles nur von Allah abhängig, denn Er ist der Herr aller Geschöpfe und Er ist der einzig wahre Anbetungswürdige. Es gibt niemanden, der das Recht auf Gottesdienst besitzt, außer Allah. So darf man sich nicht vor einem Geschöpf fürchten oder sein Herz an irgendeinen Menschen binden und von ihm abhängig machen. Und hierdurch befreit man sich von Aberglauben und falschen Vorstellungen.

4 Die größte Wirkung, die sich aus dem Glauben an Allah ergibt, ist das Wohlgefallen Allahs zu erreichen und ins Paradies eintreten zu dürfen, wo der Muslim in beständiger Wonne leben und in den Genuss der vollständigen Barmherzigkeit Allahs kommen wird.

> Der Glaube an die Engel

Was der Glaube an die Engel bedeutet:

Es bedeutet die feste Überzeugung, dass es Engel gibt. Sie gehören zu den verborgenen Wesen und unterscheiden sich von den Menschen und den Dschinn. Engel sind edle und gottesfürchtige Diener Allahs. Sie dienen Allah auf die beste und vollkommenste Weise, wie man Ihm nur dienen kann. Sie führen die Aufgaben, die Allah ihnen zugewiesen hat aus, und widersetzen sich Allah niemals.

Allah, der Erhabene sagte: Nein! Vielmehr sind es geehrte Diener. Sie kommen Ihm im Reden nicht zuvor, und nur nach Seinem Befehl handeln sie. (Sure 21 al-Anbiyā' Vers 26-27)

Der Glaube an die Engel gehört zu den sechs Säulen des Glaubens. Allah, der Erhabene sagte: Der Gesandte (Allahs) glaubt an das, was zu ihm von seinem Herrn (als Offenbarung) herabgesandt worden ist, und ebenso die Gläubigen; alle glauben an Allah, Seine Engel, Seine Bücher und Seine Gesandten. (Sure 2 al-Baqara Vers 285)

Der Prophet (Allahs Segen und Friede auf ihm) sagte über den Glauben: „Es ist, dass du an Allah glaubst, an Seine Engel, an Seine Bücher, an Seine Gesandten und an den Jüngsten Tag, und dass du an die Vorherbestimmung glaubst, mit ihrem Guten und ihrem Schlechten." (Muslim Hadith Nr. 8)

Was beinhaltet der Glaube an die Engel?

1. Der Glaube an ihre Existenz: Wir glauben, dass sie Allahs Geschöpfe sind, die wirklich vorhanden sind. Allah schuf sie aus Licht. Sie wurden auf eine Weise erschaffen, sodass sie permanent Gottesdienste verrichten und Ihm Gehorsam leisten.

2. Der Glaube an die Engel, deren Namen uns mitgeteilt wurden, wie z.B. Gabriel (Ǧibrīl), Allahs Friede auf ihm. Was aber jene Engel betrifft, deren Namen wir nicht kennen; so glauben wir an sie im Allgemeinen, ohne in Details zu gehen.

3 Der Glaube an Eigenschaften, der Engel die uns mitgeteilt wurden. Dazu gehören:

- dass sie zu den ungesehenen, verborgenen Wesen gehören und als Allahs Diener geschaffen wurden, die Ihm ständig und unermüdlich dienen.

- dass sie keinerlei göttliche oder anbetungswürdige Eigenschaften besitzen, sondern nur ergebene Diener Allahs sind, die sich Seinem Gehorsam völlig unterworfen haben. Allah, Preis sei Ihm, sagte über sie: Engel, die sich Allah nicht widersetzen in dem, was Er ihnen befiehlt, sondern tun, was ihnen befohlen wird. (Sure 66 at-Taḥrīm Vers 6)

- dass sie aus Licht erschaffen wurden, wie der Prophet (Allahs Segen und Friede auf ihm) uns mitteilte: „Die Engel wurden aus Licht erschaffen." (Muslim Hadith Nr. 2996)

- dass sie Flügel haben. Allah, der Erhabene berichtete uns, dass Er die Engel mit Flügeln ausstattete und dass die Anzahl der Flügel unterschiedlich ist. Allah, Preis sei Ihm, sagte: (Alles) Lob gebührt Allah, dem Erschaffer der Himmel und der Erde, Der die Engel zu Gesandten gemacht hat mit Flügeln, (je) zwei, drei und vier! Er fügt der Schöpfung hinzu, was Er will. Gewiss, Allah hat zu allem die Macht. (Sure 35 Fāṭir Vers 1)

4 Der Glaube an das, was uns von ihren Aufgaben mitgeteilt wurde, die sie mit Allahs Anweisung ausführen. Dazu gehören:

- der Engel, der von Allah beauftragt wurde, um Allahs Offenbarung an Seine Gesandten (Allahs Friede auf ihnen) zu überbringen. Dieser Engel ist Gabriel (Ğibrīl), Allahs Friede auf ihm.

- der Engel, der von Allah beauftragt wurde, um die Seelen zu nehmen. Dieser Engel ist der Todesengel und seine Helfer.

- die Engel, die von Allah beauftragt wurden, um die Taten der Menschen, ob gute oder schlechte, aufzuschreiben. Das sind die edlen Aufzeichnenden.

Durch den Glauben an die Engel erzielt man folgenden großen Gewinn:

Ein Gläubiger, der den Glauben an die Engel verinnerlicht, erhält in seinem Leben einen großartigen Gewinn. Dazu gehört:

1 Er erfährt etwas über die unvorstellbare Größe und Kraft Allahs und Seiner vollkommenen Allmacht. Denn die Größe eines Geschöpfes deutet automatisch auf die gewaltige Größe des Schöpfers hin. Hierdurch empfindet der Gläubige noch mehr Verehrung für Allah und verherrlicht Ihn, denn Er war es, Der die Engel aus Licht erschuf und sie mit Flügeln ausstattete.

2 Er hält am geradlinigen Weg von Allahs Gehorsam fest. Denn wer den Glauben verinnerlicht, dass es Engel gibt, die all seine Taten aufschreiben, der wird Allah fürchten und sich darum bemühen, sich Ihm nicht zu widersetzen, weder offenkundig noch heimlich.

3 Er gewinnt an Ausdauer und Geduld, um standhaft in Allahs Gehorsam zu beharren. Und der Gläubige empfindet ein Gefühl von Vertrautheit und innere Ruhe, weil er davon überzeugt ist, dass in diesem riesigen Universum Tausende von Engeln existieren, die ebenso Allah Gehorsam leisten, und zwar auf die beste und vollkommenste Weise.

4 Er dankt Allah, dem Erhabenen dafür, dass Er für den Menschen gesorgt hat, indem Er spezielle Engel erschuf, die Er damit beauftragt hat, die Menschen zu bewahren und zu schützen.

> Der Gesandte Allahs (Allahs Segen und Friede auf ihm) berichtete, dass der Himmel von seinen Bewohnern überfüllt ist. Es gibt in den Himmeln keine Handbreit Platz, der nicht von einem Engel ausgefüllt wird, der sich vor Allah verbeugt oder niederwirft.

> Der Glaube an die Bücher

Was der Glaube an die Bücher bedeutet:

Es bedeutet die feste Überzeugung, dass Allah Bücher auf Seine Gesandten herabgesandt hat, die zur Rechtleitung Seiner Diener bestimmt waren. Diese Bücher enthalten die Worte Allahs, die Er in Wirklichkeit sprach, und zwar auf eine Weise, die Ihm, dem Erhabenen gebührt.

Der Glaube an die Bücher ist einer der Säulen des Glaubens. Allah, Preis sei Ihm, sagte: O die ihr glaubt, glaubt an Allah und Seinen Gesandten und das Buch, das Er Seinem Gesandten offenbart und die Schrift, die Er zuvor herabgesandt hat! (Sure 4 an-Nisāʾ Vers 136)

> Mit einer präzisen Technik des Schönschreibens wird der Heilige Koran per Hand geschrieben.

Hiermit befahl Allah, an Seinen Gesandten und an das Buch zu glauben, das Er Seinem Gesandten (Allahs Segen und Friede auf ihm) herabgesandt hat, und dieses Buch ist der Koran. Außerdem befahl Allah, an die anderen Bücher zu glauben, die Er vor dem Koran herabgesandt hatte.

Der Gesandte Allahs (Allahs Segen und Friede auf ihm) über den Glauben: „Es ist, dass du an Allah glaubst, an Seine Engel, an Seine Bücher, an Seine Gesandten und an den Jüngsten Tag, und dass du an die Vorherbestimmung glaubst, mit ihrem Guten und ihrem Schlechten." (Muslim Hadith Nr. 8)

Was beinhaltet der Glaube an die Bücher?

1. Der Glaube daran, dass die Bücher wahrhaftig von Allah herabgesandt wurden.
2. Der Glaube daran, dass sie die Worte Allahs sind, Preis sei Ihm und Erhaben ist Er.
3. Der Glaube an die Bücher, die uns Allah namentlich nannte; wie den edlen Koran, der auf unseren Propheten Muḥammad (Allahs Segen und Friede auf ihm) herabgesandt wurde und die Thora, die auf Moses (Mūsā), Allahs Friede auf ihm, herabgesandt wurde und das Evangelium, das auf Jesus (ʿĪsā), Allahs Friede auf ihm, herabgesandt wurde.
4. Der Glaube an alle wahren Aussagen und Nachrichten, die in den Büchern enthalten sind.

Vorzüge und Besonderheiten des edlen Korans:

Der edle Koran ist das Wort Allahs, des Erhabenen. Er wurde auf unseren geliebten Propheten Muḥammad (Allahs Segen und Friede auf ihm) herabgesandt. Deshalb ehrt der Gläubige dieses heilige Buch so sehr in seinem Herzen und ist bemüht, sich bestmöglich an die in ihm enthaltenen Vorschriften zu halten, den Koran regelmäßig zu rezitieren und über seine Verse nachzusinnen. Der Koran ist unser Wegweiser, der uns in dieser Welt auf dem geraden Pfad führt und er ist die Ursache, damit wir im Jenseits zu den Gewinnern zählen werden. Allein diese beiden Vorzüge reichen vollkommen aus.

Der edle Koran hat zahlreiche und vielseitige Vorzüge und Besonderheiten, die im Vergleich zu den übrigen Offenbarungsschriften nur dem Koran vorbehalten sind. Dazu gehören:

1. Der edle Koran enthält eine Zusammenfassung der göttlichen Gebote und kam als Bekräftigung und Bestätigung für das, was in den früheren Offenbarungsschriften als oberstes Gebot geschrieben stand: „Dient einzig Allah!“

   Allah, der Erhabene sagte: Und Wir haben zu dir das Buch mit der Wahrheit hinabgesandt, das zu bestätigen, was von dem Buch vor ihm (offenbart) war, und als Wächter darüber. (Sure 5 al-Mā'ida Vers 48)

   Die Worte Allahs, des Erhabenen, „das zu bestätigen, was von dem Buch vor ihm (offenbart) war“, bedeuten Folgendes: Der Koran bestätigt das, was in den früheren Büchern an Glaubenslehren und Nachrichten geschrieben stand. Und die Worte Allahs, des Erhabenen „... und als Wächter darüber“ bedeuten Folgendes: Der Koran ist der vertrauensvolle Verwalter und der Zeuge über die früheren Bücher.

2. Es ist die Pflicht für alle Menschen, ungeachtet ihrer Sprache und ihrer Abstammung, sich an den Koran zu halten und nach ihm zu handeln. Denn der Koran ist, obwohl er vor längerer Zeit herabgesandt wurde, für jeden Menschen und für alle Ewigkeit gültig. Dagegen richteten sich die früher herabgesandten Bücher an bestimmte Völker und waren auf eine gewisse Zeit beschränkt. Allah, der Erhabene sagte: Und dieser Koran ist mir eingegeben worden, damit ich euch und (jeden), den er erreicht, mit ihm warne. (Sure 6 al-An'ām Vers 19)

3. Allah, der Erhabene versprach, dass Er den edlen Koran vor jeglicher Veränderung durch Menschenhand bewahren wird. Eine Verfälschung des Korans war nicht und wird niemals möglich sein. Allah, der Erhabene sagte: Gewiss, Wir sind es, die Wir die Ermahnung offenbart haben, und Wir werden wahrlich ihr Hüter sein. (Sure 15 al-Ḥiğr Vers 9)

   Demzufolge sind alle die in ihm enthaltenen Nachrichten wahr und müssen verinnerlicht werden.

Was sind unsere Pflichten gegenüber dem edlen Koran?

- Die Liebe, die Verehrung und die Hochschätzung des Korans sind Pflichten, die jeder von uns erfüllen muss. Denn der Koran ist das Wort des gewaltigen Schöpfers, des Mächtigen und Majestätischen. Seine Worte sind die Wahrhaftigsten und Vorzüglichsten.
- Es ist unsere Pflicht, den edlen Koran regelmäßig zu rezitieren, über seine Verse und Suren nachzusinnen. Demgemäß sollen wir über die Ermahnungen des Korans nachdenken und uns mit den in ihm enthaltenen Nachrichten und Geschichten auseinandersetzen. Wir sollen unser Leben anhand des edlen Korans messen, damit wir sehen, was richtig und was falsch ist.
- Außerdem müssen wir seine Vorschriften befolgen, uns an seine Gebote halten, seine Verhaltensregeln beachten und sie als Lebensweise wählen.

Als ʿĀʾiša (Allahs Wohlgefallen auf ihr) nach dem Charakter des Propheten (Allahs Segen und Friede auf ihm) gefragt wurde, antwortete sie: „Sein Charakter war der Koran!" (Aḥmad Hadith Nr. 24601 und Muslim Hadith Nr. 746)

Der Hadith bedeutet, dass Allahs Gesandter (Allahs Segen und Friede auf ihm) in seinem Leben und in seinen Handlungen stets das lebendige Beispiel für die praktische Umsetzung der Vorschriften und Gesetze des Korans gewesen ist. Dem Propheten (Allahs Segen und Friede auf ihm) gelang es, in seinem Leben die Rechtleitung des Korans auf die vollkommenste Weise umzusetzen. Deshalb ist er das beste Vorbild für uns alle, wie Allah es Selbst bestätigte, indem Er sagte: Ihr habt ja im Gesandten Allahs ein schönes Vorbild, (und zwar) für einen jeden, der auf Allah und den Jüngsten Tag hofft und Allahs viel gedenkt.

(Sure 33 al-Aḥzāb Vers 21)

> Der Muslim glaubt, dass die Thora und das Evangelium von Allah herabgesandt wurden, aber später mehrfach durch Menschenhand verändert und verfälscht wurden. Deshalb glauben wir nur an die darin enthaltenen Angelegenheiten, die mit dem Koran und der Sunna übereinstimmen.

Wie denken Muslime über die früheren Offenbarungsschriften?

Der Muslim glaubt fest daran, dass die ursprüngliche Thora, die auf Moses (Allahs Friede auf ihm) herabgesandt wurde, und das ursprüngliche Evangelium, das auf Jesus (Allahs Friede auf ihm) herabgesandt wurde, die Wahrheit von Allah, dem Erhabenen sind. Diese beiden Bücher enthielten Vorschriften, Ermahnungen und Nachrichten, in denen Rechtleitung und Licht für das diesseitige und jenseitige Leben der Menschen waren.

Allah, der Erhabene hat uns jedoch im edlen Koran mitgeteilt, dass die Leute der Schrift, d. h. die Juden und die Christen, ihre Offenbarungsschriften damals verfälschten. Sie fügten einiges hinzu und nahmen wiederum einiges heraus, sodass ihr Buch nicht mehr so blieb, wie es Allah ursprünglich herabgesandt hatte.

Die Thora, wie sie heutzutage besteht, ist nicht die Thora, die einst auf Moses (Allahs Friede auf ihm) herabgesandt wurde, weil früher die Juden sie verfälschten, veränderten und viele Vorschriften manipulierten. Allah, der Erhabene sagte: Unter denjenigen, die dem Judentum angehören, verdrehen manche den Sinn der Worte. (Sure 4 an-Nisā' Vers 46)

Gleiches gilt für das Evangelium. Das Evangelium, wie es heutzutage besteht, ist nicht das Evangelium, das einst auf Jesus (Allahs Friede auf ihm) herabgesandt wurde. Denn auch die Christen veränderten viele Vorschriften, die damals darin enthalten waren. Allah, der Erhabene sagte über die Christen: Und wahrlich, eine Gruppe von ihnen verdreht mit seinen Zungen die Schrift, damit ihr es für zur Schrift gehörig haltet, während es nicht zur Schrift gehört.

Und sie sagen: «Es ist von Allah», während es nicht von Allah ist. Und sie sprechen (damit) wissentlich eine Lüge gegen Allah aus. (Sure 3 Āl-i-'Imrān Vers 78)

Und der Erhabene sagte: Und (auch) mit denen, die sagen «Wir sind Christen», haben Wir ihr Abkommen getroffen. Aber dann vergaßen sie einen Teil von dem, womit sie ermahnt worden waren. So erregten Wir unter ihnen Feindschaft und Hass bis zum Tag der Auferstehung. Und Allah wird ihnen kundtun, was sie zu machen pflegten. (Sure 5 al-Mā'ida Vers 14)

Deswegen sehen wir leider, dass das Buch, das die Leute der Schrift heutzutage in ihren Händen halten und es „Bibel" nennen, und das aus Evangelium und Thora besteht, voll von falschen Glaubenslehren, entstellten Nachrichten und Lügengeschichten ist. Wir Muslime glauben deshalb nur an diejenigen Inhalte in den früheren Offenbarungsbüchern, die der edle Koran oder die authentische Sunna bestätigt haben. Und wir verleugnen alle Inhalte, die der Koran und die Sunna als Lüge bezeichnet haben. Über alle übrigen Inhalte, über die wir nicht Bescheid wissen, schweigen wir. Wir glauben weder daran noch verleugnen wir sie.

Trotzdem ist es dem Muslim eine Pflicht, diese Offenbarungsbücher zu respektieren, sie nicht geringzuschätzen oder sie zu beschmutzen. In diesen Büchern könnte noch ein Rest von den wahren Worten Allahs enthalten sein, der nicht verfälscht wurde.

Durch den Glauben an die Bücher erzielt man folgenden großen Gewinn:

Ein Gläubiger, der den Glauben an die Bücher verinnerlicht, erhält einen großartigen Gewinn. Davon möchten wir Folgende erwähnen:

1 Die Erkenntnis, dass Allah, der Erhabene für Seine Diener gesorgt hat und dass Allahs Barmherzigkeit vollkommen und unendlich ist. Er sandte zu jedem Volk ein Buch, durch das Er sie rechtleitet, damit sie im Diesseits und im Jenseits Glückseligkeit erreichen.

2 Die Erkenntnis, dass Allah, der Erhabene in Seiner Gesetzgebung Allweise ist. Er legte für jedes Volk nur die Gesetze fest, die seinen Umständen und seiner Person angemessen waren. Allah, der Erhabene sagte: Für jeden von euch haben Wir ein Gesetz und einen deutlichen Weg festgelegt. (Sure 5 al-Mā'ida Vers 48)

3 Dankbarkeit gegenüber Allah für die Gnadengabe, die Er durch das Herabsenden dieser Bücher erwies. Diese Bücher sind ein Licht und eine Rechtleitung im Diesseits und Jenseits. Daher müssen wir Allah für diese großen Gnadengaben dankbar sein.

> Der Glaube an die Gesandten

Die Menschen brauchen die göttliche Botschaft:

Die Menschen benötigen die göttliche Botschaft, die ihnen die Gesetzgebung erklärt und ihnen aufzeigt, was richtig ist. Die göttliche Botschaft ist der Geist, das Licht und das Leben dieser Welt. Welchen geregelten Zustand hätte wohl diese Welt ohne Geist, ohne Leben und ohne Licht?

Aus diesem Grund nannte Allah Seine Botschaft als Seele bzw. Geist. Wenn es keinen Geist gibt, so gibt es auch kein Leben. Allah, der Erhabene sagte: Und ebenso haben Wir dir Geist von Unserem Befehl (als Offenbarung) eingegeben. Du wusstest (vorher) weder, was das Buch noch was der Glaube ist; doch haben Wir es zu einem Licht gemacht, mit dem Wir rechtleiten, wen Wir wollen von Unseren Dienern. (Sure 42 aš-Šūrā Vers 52)

Obwohl der menschliche Verstand im Allgemeinen das Gute vom Bösen unterscheiden kann, so ist er dennoch nicht fähig, ihre Details und Einzelheiten zu kennen. Des Weiteren kann er nicht wissen, wie er einen Gottesdienst verrichten soll, außer durch Offenbarung und göttliche Botschaft.

Es gibt somit keinen anderen Weg der Glückseligkeit und des Erfolges im Diesseits und Jenseits außer den Weg, den uns die Gesandten aufgezeigt haben. Und es gibt keinen anderen Weg, um auf exakte Weise das Gute vom Schlechten zu erkennen, außer durch die Gesandten. Wer sich jedoch von der göttlichen Botschaft abwendet, der wird gewiss von Planlosigkeit und Verwirrung, von Kummer und Sorgen und von Not und Elend geplagt werden, und zwar in dem Maße, wie man der göttlichen Botschaft entgegenhandelt oder sich von ihr abkehrt.

Der Glaube an die Gesandten ist eine Säule des Glaubens:

Der Glaube an die Gesandten ist eine der sechs Säulen des Glaubens. Allah, Preis sei Ihm, sagte im edlen Koran: Der Gesandte (Allahs) glaubt an das, was zu ihm von seinem Herrn (als Offenbarung) herabgesandt worden ist, und ebenso die Gläubigen; alle glauben an Allah, Seine Engel, Seine Bücher und Seine Gesandten – Wir machen keinen Unterschied bei jemandem von Seinen Gesandten. (Sure 2 al-Baqara Vers 285)

Dieser Vers deutet darauf hin, dass es eine unabdingbare Pflicht ist, an alle Gesandten (Allahs Segen und Friede auf ihnen allen) zu glauben, ohne im Glauben an sie einen Unterschied zu machen. So gehören wir nicht zu denjenigen, die an einige Gesandte glauben und andere verleugnen, wie es die Juden und Christen tun.

Der Gesandte Allahs (Allahs Segen und Friede auf ihm) sagte über den wahren Glauben: Es ist, dass du an Allah glaubst, an Seine Engel, an Seine Bücher, an Seine Gesandten und an den Jüngsten Tag, und dass du an die Vorherbestimmung glaubst, mit ihrem Guten und ihrem Schlechten. (Muslim Hadith Nr. 8)

Was der Glaube an die Gesandten bedeutet:

Es bedeutet, fest davon überzeugt zu sein, dass Allah in jeder Gemeinschaft einen Gesandten aus ihrer Mitte erweckte, der sie zur alleinigen Anbetung Allahs aufrief, ohne Ihm einen Teilhaber beizugesellen. Es bedeutet ebenfalls daran zu glauben, dass alle Gesandten wahrhaftig, glaubwürdig, gottesfürchtig und vertrauenswürdig waren. Sie waren Menschen, die andere rechtleiteten und selbst rechtgeleitet waren. Es bedeutet, daran zu glauben, dass alle Gesandten die Botschaft, mit der sie Allah beauftragte, komplett und korrekt übermittelten. So haben sie von sich aus nicht einmal einen einzigen Buchstaben hinzugefügt oder ausgelassen. Allah, Preis sei Ihm, sagte: Jedoch sind die Gesandten für irgendetwas außer für die deutliche Verkündigung (der Botschaft) verantwortlich? (Sure 16 an-Naḥl Vers 35)

Was beinhaltet der Glaube an die Gesandten?

1 Der Glaube daran, dass ihre Botschaft die Wahrheit von Allah, dem Erhabenen ist. Und dass alle Gesandten ein und dieselbe Botschaft hatten, die darin bestand, einzig und allein Allah anzubeten, ohne Ihm einen Teilhaber beizugesellen. Das bestätigte Allah, Preis sei Ihm, indem Er sagte: Und Wir haben ja bereits in jeder Gemeinschaft einen Gesandten erweckt (der da sprach): «Dient Allah und meidet die falschen Götter!» (Sure 16 an-Naḥl Vers 36)

Es war durchaus möglich, dass es Teilgebiete in den Gesetzgebungen der Propheten gab, die sich voneinander unterschieden. So galt bei einem Volk eine Sache als erlaubt und bei einem anderen wiederum als verboten, was ihren Umständen entsprechend angemessen war. Allah, der Erhabene sagte: Für jeden von euch haben Wir ein Gesetz und einen deutlichen Weg festgelegt. (Sure 5 al-Mā'ida Vers 48)

2 Der Glaube an alle Gesandten und Propheten Allahs. So glauben wir an alle uns namentlich bekannten Propheten, die Allah uns mitteilte, wie z.B. Muḥammad, Ibrāhīm (Abraham), Mūsā (Moses), ʿĪsā (Jesus), Nūḥ (Noah) u. a. (Allahs Segen und Friede auf ihnen allen). Was aber jene Propheten betrifft, deren Namen wir nicht kennen, so glauben wir an sie im Allgemeinen, ohne in Details zu gehen. Wer auch nur einen Gesandten verleugnet, der verleugnet zwangsläufig alle.

3 Der Glaube an die wahren Geschichten und Wundertaten der Gesandten, die uns im Koran und in der Sunna berichtet worden sind; z.B. die Geschichte, wie Allah für Moses das Meer geteilt hat.

4 Das Handeln nach der Gesetzgebung des Gesandten, den Allah zu uns schickte. Dieser Gesandte ist der vorzüglichste und der letzte von ihnen. Es ist der Gesandte Gottes Muḥammad (Allahs Segen und Friede auf ihm).

Einige Eigenschaften der Gesandten:

1 Zu den Eigenschaften der Gesandten gehört, dass sie normale Menschen sind. Der Unterschied, der zwischen ihnen und anderen Menschen besteht, ist der, dass Allah sie mit der Offenbarung und der göttlichen Botschaft auszeichnete. Allah, der Erhabene sagte: Und Wir haben vor dir nur Männer gesandt, denen Wir (Offenbarungen) eingaben. (Sure 21 al-Anbiyā' Vers 7)

Sie besitzen also keinerlei göttliche oder anbetungswürdige Eigenschaften, sondern sind Menschen. Sie erreichten die menschliche Vollkommenheit im Äußeren, im Inneren und in ihren beispielhaften Charaktereigenschaften. Die Gesandten haben von den Menschen die beste Abstammung. Ihnen wurde ein scharfer Verstand und sprachliche Ausdrucksfähigkeit gegeben, wodurch sie besonders geeignet waren, die verantwortungsvolle Aufgabe der göttlichen Botschaft zu erfüllen und die große Last zu tragen, die das Prophetentum mit sich brachte.

Allah, der Erhabene erwählte nur deswegen Menschen als Gesandte, damit die Völker Vorbilder bekamen, die genau wie sie nur Menschen waren. Somit ist das Befolgen und Nachahmen des Gesandten eine Angelegenheit, die in den Kräften und Möglichkeiten jedes Menschen steht.

2 Allah, der Mächtige und Majestätische wählte sie für die Verkündung Seiner Botschaft aus. Und Er zeichnete sie vor allen Menschen mit der Offenbarung aus. Allah, Preis sei Ihm, sagte: Sag: Gewiss, ich bin ja nur ein menschliches Wesen gleich euch; mir wird (als Offenbarung) eingegeben, dass euer Gott ein Einziger Gott ist. (Sure 18 al-Kahf Vers 110)

Die Stellung eines Propheten oder eines Gesandten ist weder durch seelische Reinigung noch durch Intelligenz oder logischen Verstand erworben worden, sondern ist ausschließlich eine göttliche Auswahl. Allah, der Erhabene hat von allen Menschen die Gesandten ausgesucht und ausgewählt. Allah, der Erhabene sagte: Allah weiß sehr wohl, wo Er Seine Botschaft anbringt. (Sure 6 al-An'ām Vers 124)

3 Die Gesandten sind in Bezug auf die Überbringung und Übermittlung der Botschaft Allahs unfehlbar. Das heißt, dass sie keine Fehler begehen, wenn sie eine Angelegenheit über Allah übermitteln. Und sie begehen ebenfalls keine Fehler in der Ausführung eines Befehls, den ihnen Allah offenbart hat.

4 Wahrhaftigkeit: Die Gesandten (Allahs Friede auf ihnen) sind in ihren Worten und Taten wahrhaftig und ehrlich. Allah, der Erhabene sagte: Das ist, was der Allerbarmer versprochen hat, und die Gesandten haben die Wahrheit gesagt.» (Sure 36 Yā-Sīn Vers 52)

5 Geduld: Die Gesandten riefen zu Allah und kamen als Bringer froher Botschaft und als Warner. Deshalb mussten sie viel Leid ertragen und verschiedene Arten und Formen von Unterdrückung hinnehmen. Doch sie hielten durch und ertrugen alles geduldig, damit das Wort Allahs an höchster Stelle steht. Allah, der Erhabene sagte: Sei nun standhaft, wie diejenigen der Gesandten, die Entschlossenheit besaßen, standhaft waren! (Sure 46 Aḥqāf Vers 35)

Die Zeichen und Wundertaten der Gesandten:

Allah, der Erhabene unterstützte Seine Gesandten (Allahs Friede auf ihnen) mit Beweisen und Belegen, die ihre Wahrhaftigkeit und ihr wahres Prophetentum erkennen ließen. Er stattete sie mit deutlichen Wundertaten und Zeichen aus, zu denen Menschen nicht fähig sind. Dies tat der Erhabene, um den Menschen zu zeigen, dass die Gesandten die Wahrheit sagten und es wahre Propheten gewesen sind.

Mit Wundertaten oder Wunderzeichen sind übernatürliche Phänomene gemeint, die Allah, der Erhabene durch Seine Propheten und Gesandten auf eine Weise vollbringt, wozu Menschen nicht in der Lage sind etwas Gleiches hervorzubringen.

Zu diesen Wunderzeichen gehören:

- Der Stab vom Propheten Moses (Mūsā), Allahs Friede auf ihm, wurde in eine Schlange verwandelt.
- Der Prophet Jesus (ʿĪsā), Allahs Friede auf ihm, hat seinem Volk mitgeteilt, welche Speise es zu Hause gegessen hatte und was in ihren Häusern aufbewahrt ist.
- Der Mond wurde für den Propheten Muḥammad (Allahs Segen und Friede auf ihm) in zwei Teile gespalten.

Was Muslime über Jesus (Allahs Frieden auf ihm) glauben:

1 Wir glauben, dass er zu den größten und bedeutendsten Gesandten überhaupt gehört. Diese Gesandten werden „die Gesandten, die Entschlossenheit besaßen" genannt. Zu ihnen zählen: Muḥammad, Ibrāhīm (Abraham), Nūḥ (Noah), Mūsā (Moses) und ʿĪsā (Jesus), Allahs Segen und Friede auf ihnen allen. Allah, der Erhabene erwähnte sie gemeinsam in einem Vers, als Er sagte: Und (gedenke,) als Wir von den Propheten ihr Versprechen abnahmen, und auch von dir und von Noah, Abraham, Moses und Jesus, dem Sohn der Maria; Wir nahmen ihnen ein festes Versprechen ab. (Sure 33 al-Aḥzāb Vers 7)

2 Jesus (Allahs Friede auf ihm) war ein Mensch, ein Nachkomme Adams. Allerdings gab ihm Allah, der Erhabene einen besonderen Vorzug und entsandte ihn zu den Kindern Israels und ließ ihn mit Seiner Erlaubnis Wunder vollbringen. Der Prophet Jesus (Allahs Friede auf ihm) besitzt keinerlei göttliche oder anbetungswürdige Eigenschaften. Allah, der Erhabene sagte: Er ist nur ein Diener, dem Wir Gunst erwiesen und den Wir zu einem Beispiel für die Kinder Isra'ils gemacht haben. (Sure 43 az-Zuḫruf Vers 59)

Allahs Prophet Jesus (Allahs Friede auf ihm) hat seinem Volk niemals befohlen, ihn und seine Mutter als anbetungswürdige Götter neben Allah zu nehmen. Er befahl den Menschen nur das, was Allah ihm zu sagen auferlegt hat. Allah, der Erhabene berichtet über ihn, dass er sprach: Ich habe ihnen nur gesagt, was Du mir befohlen hast (nämlich): „Dient Allah, meinem und eurem Herrn!" (Sure 5 al-Māʾida Vers 117)

3 Jesus ist der Sohn der Marie (Maryam). Seine Mutter Maria heißt im Arabischen Maryam. Sie war eine rechtschaffene und wahrheitsliebende Frau. Sie gehörte zu denjenigen, die sich Allah demütig ergeben hatten. Maryam war sehr fleißig im Gottesdienst und diente eifrig Allah, ihrem Herrn. Sie war keusch, anständig und eine ehrbare Jungfrau. Allah, der Mächtige und Majestätische bestimmte mit Seiner Allmacht, dass Maryam schwanger wurde, ohne dass ein Mann sie jemals berührte. Allah, der Erhabene erschuf Jesus, den Sohn der Maria (Īsā ibn Maryam), ohne Vater. Somit

war seine Geburt ein großes Wunder, das bis heute anhält. Ein ähnliches Wunder hatte Allah bereits zuvor vollbracht, als Er Adam, den ersten Menschen, ohne Vater und ohne Mutter erschaffen hatte. Allah, der Erhabene sagte: Gewiss, das Gleichnis Jesus ist bei Allah wie das Gleichnis Adams. Er erschuf ihn aus Erde. Hierauf sagte Er zu ihm: «Sei!» und da war er. (Sure 3 Āl-i-ʿImrān Vers 59)

4 Zwischen ʿĪsā und Muḥammad (Allahs Segen und Friede auf beiden) gab es keinen weiteren Gesandten. Allahs Prophet Jesus hatte seinem Volk angekündigt, dass unser Prophet Muḥammad nach ihm kommen wird. Allah, der Erhabene sagte: Und als Jesus, der Sohn Maryams, sagte: «O Kinder Isra'ils, gewiss, ich bin Allahs Gesandter an euch, das bestätigend, was von der Thora vor mir (offenbart) war, und einen Gesandten verkündend, der nach mir kommen wird: sein Name ist Aḥmad'. «Als er nun mit den klaren Beweisen zu ihnen kam, sagten sie: «Das ist deutliche Zauberei.» (Sure 61 aṣ-Ṣaff Vers 6)

5 Wir glauben an die Wunder, die Allah Seinen Propheten Jesus vollbringen ließ, wie z.B. dass er Blindgeborene und Weißgefleckte heilte, die Toten lebendig machte und seinem Volk verkündete, was es gegessen und was es in ihren Häusern gespeichert hatte. Das alles geschah nur mit Allahs Erlaubnis. Denn dadurch hatte Allah eindeutige Beweise für die Wahrhaftigkeit seines Prophetentums und seiner Gesandtschaft erbracht.

6 Kein Mensch hat den wahren Glauben, bis er verinnerlicht, dass Jesus Allahs Diener und Sein Gesandter ist, und dass Jesus (Allahs Friede auf ihm) frei von jeglichen schlechten Bezeichnungen und falschen Anschuldigungen ist, mit denen ihn die Juden beschimpften, denn Allah sprach ihn frei von dem, was sie über ihn sagten. Ebenso distanzieren wir uns von der christlichen Glaubenslehre, die im Verständnis über das wahre Wesen von Jesus, dem Sohn der Maria, weit vom richtigen Weg abgeirrt ist. Sie nehmen nämlich Jesus und seine Mutter als zwei anbetungswürdige Götter neben Allah. Einige von ihnen behaupten, er sei der Sohn Gottes. Und andere wiederum behaupten, er sei einer von Dreien. Nichts dergleichen ist wahr! Preis sei Allah und überaus hoch Erhaben ist Er über das, was sie behaupten.

> Der Muslim glaubt fest daran, dass Jesus (Allahs Friede auf ihm) zu den größten und bedeutendsten Gesandten überhaupt gehört. Allerdings ist er weder ein anbetungswürdiger Gott noch wurde er getötet oder gekreuzigt.

7 Īsā (Allahs Friede auf ihm) wurde weder getötet noch gekreuzigt, sondern er wurde von Allah in den Himmel erhoben. Als die Juden ihn töten wollten, verwandelte Allah eine andere Person in die Gestalt von Jesus. Die Juden kamen, töteten und kreuzigten diese ihm optisch ähnelnde Person, und hielten sie für Jesus (Allahs Friede auf ihm). Allah, der Erhabene sagte: ... und dafür, dass sie sagten: «Gewiss, wir haben den Messias Jesus, den Sohn Marias, den Gesandten Allahs getötet.» – Aber sie haben ihn weder getötet noch gekreuzigt, sondern es erschien ihnen so. Und diejenigen, die sich darüber uneinig sind, befinden sich wahrlich im Zweifel darüber. Sie haben kein Wissen darüber, außer dass sie Mutmaßungen folgen. Und sie haben ihn mit Gewissheit nicht getötet. Nein! Vielmehr hat Allah ihn zu Sich erhoben. Allah ist Allmächtig und Allweise. Es gibt keinen unter den Leuten der Schrift, der nicht noch vor dessen Tod ganz gewiss an ihn glauben wird. Und am Tag der Auferstehung wird er über sie Zeuge sein. (Sure 4 an-Nisā' Vers 157-159)

Allah, Preis sei Ihm und Erhabene ist Er, schütze Seinen Propheten Jesus und hob ihn zu Sich in den Himmel empor. Doch in der Endzeit wird Jesus (Allahs Friede auf ihm) auf die Erde zurückkehren und nach der Gesetzgebung des Propheten Muḥammad (Allahs Segen und Friede auf ihm) richten. Wenn er sein Lebensende erreicht hat, wird er auf der Erde sterben und in der Erde begraben werden. Hierauf wird er am Tage der Auferstehung, wie alle anderen Kinder Adams, wiedererweckt werden. Allah, der Erhabene sagte hierüber: Aus ihr haben Wir euch erschaffen, und in sie bringen Wir euch zurück, und aus ihr bringen Wir euch ein anderes Mal hervor. (Sure 20 Ṭā-Hā Vers 55)

> Moschee des Gesandten Muhammad in Medina

Der Glaube dass Muḥammad (Allahs Segen und Friede auf ihm) Allahs Prophet und Gesandter ist:

- Wir glauben fest daran, dass Muḥammad (Allahs Segen und Friede auf ihm) der Diener Allahs und Sein Gesandter ist. Er ist der Vorzüglichste aller Menschen, die es jemals gab oder jemals geben wird. Er ist der letzte und abschließende Prophet, nach dem kein Prophet folgen wird. Er hat Allahs Botschaft getreu übermittelt und die ihm anvertraute Aufgabe auf die beste Weise erfüllt. Er erteilte der Gemeinschaft aufrichtigen Rat und setzte sich für Allahs Sache ein, wie es Ihm gebührt.

- Wir glauben an alles, was er uns berichtet hat, gehorchen seinen Befehlen und halten uns von den Dingen fern, die er verbot oder heftig missbilligte. Wir dienen Allah nur auf die Weise, wie es uns der Prophet (Allahs Segen und Friede auf ihm) in seiner Sunna gezeigt hat. Wir nehmen ausschließlich ihn zum Vorbild und keinen anderen. Allah, der Erhabene sagte: Ihr habt ja im Gesandten Allahs ein schönes Vorbild, (und zwar) für einen jeden, der auf Allah und den Jüngsten Tag hofft und Allahs viel gedenkt. (Sure 33 al-Aḥzāb Vers 21)

- Auch muss unsere Liebe zum Propheten (Allahs Segen und Friede auf ihm) stärker und intensiver sein, als die Liebe zu den Eltern, zu den Kindern und zu allen Menschen. Der Prophet (Allahs Segen und Friede auf ihm) sagte: „Keiner von euch hat einen (vollkommenen) Glauben erreicht, solange ich ihm nicht lieber bin als sein Vater, sein Kind und die Menschen allesamt." (Buḫārī Hadith Nr. 15 und Muslim Hadith Nr. 44) Die aufrichtige Liebe zum Propheten (Allahs Segen und Friede auf ihm) beweist man, indem man seine Sunna befolgt und seine Verfahrensweise zum Vorbild nimmt. Wahre Glückseligkeit und vollständige Rechtleitung erreicht man nur, wenn man dem Propheten Gehorsam leistet. Allah, Preis sei Ihm, sagte: Wenn ihr ihm (aber) gehorcht, seid ihr rechtgeleitet. Und dem Gesandten obliegt nur die deutliche Übermittlung (der Botschaft). (Sure 24 an-Nūr Vers 54)

- Es ist unsere Pflicht, das anzunehmen, was der Prophet (Allahs Segen und Friede auf ihm) uns lehrte sich, seiner Sunna zu fügen und uns nach ihr zu richten. Ebenso sollten wir dafür sorgen, dass seine Lebensweise eine hohe Stellung in unseren Herzen einnimmt und von uns verherrlicht wird. Allah, der Erhabene sagte: Aber nein, bei deinem Herrn! Sie glauben nicht eher, bis sie dich über das richten lassen, was zwischen ihnen umstritten ist, und hierauf in sich selbst keine Bedrängnis finden durch das, was du entschieden hast, und sich in voller Ergebung fügen. (Sure 4 an-Nisā' Vers 65)

- Außerdem sollten wir uns davor hüten, sich den Anweisungen des Gesandten Allahs (Allahs Segen und Friede auf ihm) zu widersetzen. Da die Widersetzung seiner Befehle eine Ursache ist, die dazu führen kann, dass der Mensch in Versuchung gerät, auf dem Irrweg landet oder qualvolle Strafe erfährt. Allah, der Erhabene sagte: So sollen diejenigen, die Seinem Befehl zuwiderhandeln, sich vorsehen, dass nicht eine Versuchung sie trifft oder schmerzhafte Strafe sie trifft. (Sure 24 an-Nūr Vers 63)

Besonderheiten, die nur die Botschaft des Propheten Muḥammad aufweist:

Die Botschaft des Propheten Muḥammad (Allahs Segen und Friede auf ihm) hat eine große Anzahl von Besonderheiten und Eigentümlichkeiten, die allein ihr vorbehalten ist und wodurch sie sich vor den früheren Botschaften auszeichnet. Dazu gehören:

- Die Botschaft des Propheten Muḥammad (Allahs Segen und Friede auf ihm) ist die letzte und abschließende aller früheren Botschaften Gottes. Allah, der Erhabene sagte: Muḥammad ist nicht der Vater eines eurer Männer, sondern der Gesandte Allahs und der letzte aller Propheten. (Sure 33 al-Aḥzāb Vers 40)

- Die Botschaft des Propheten Muḥammad (Allahs Segen und Friede auf ihm) setzt alle früheren außer Kraft und hebt sie auf. Dementsprechend nimmt Allah, der Erhabene von niemandem eine andere Religion an, nachdem der Prophet bereits zu den Menschen entsandt wurde, außer wenn man die Religion des Propheten Muḥammad (Allahs Segen und Friede auf ihm) wählt. Ebenso wird niemand die Gärten der Wonne betreten, außer er geht den Weg des Propheten Muḥammad (Allahs Segen und Friede auf ihm). Denn der Gesandte Muḥammad ist der edelste Gesandte, seine Gemeinschaft ist die beste Gemeinschaft und seine Gesetzgebung ist die vollkommenste Gesetzgebung. Allah, der Erhabene sagte: Wer aber als Religion etwas anderes als den Islam begehrt, so wird es von ihm nicht angenommen werden, und im Jenseits wird er zu den Verlierern gehören. (Sure 3 Āl-i-ʿImrān Vers 85)

Der Gesandte Allahs (Allahs Segen und Friede auf ihm) sagte: „(Ich schwöre) bei dem, in dessen Hand meine Seele ist, es gibt keinen von dieser Gemeinschaft, sei es Jude oder Christ, der von mir hört und später stirbt, aber nicht an das geglaubt hat, womit ich gesandt wurde, ohne dass er Bewohner der Hölle sein wird." (Muslim Hadith Nr. 153 und Aḥmad Hadith Nr. 8609)

- Die Botschaft des Propheten Muḥammad (Allahs Segen und Friede auf ihm) ist an jeden Dschinn und Menschen gerichtet. Allah, der Erhabene teilte uns im edlen Koran über die Dschinn mit, dass sie, als sie über den Propheten Muḥammad (Allahs Segen und Friede auf ihm) erfuhren, Folgendes sagten: O unser Volk, erhört Allahs Rufer... (Sure 46 Aḥqāf Vers 31)

Und Allah, der Erhabene sagte zu Seinem Gesandten: Und Wir haben dich nur als Bringer froher Botschaft und Warner für alle Menschen entsandt. (Sure 34 Sabȧ Vers 28)

Und Allahs Gesandter (Allahs Segen und Friede auf ihm) sagte: „Ich wurde vor den anderen Propheten mit sechs (Besonderheiten) bevorzugt: Mir wurde die umfassend-präzise Rede gegeben, mir wurde durch Schrecken (in den Herzen der Feinde) zum Sieg verholfen, mir wurde die Kriegsbeute erlaubt, die Erde wurde mir sowohl als Gebetsstätte als auch als Mittel für die (rituelle) Reinigung gemacht, ich wurde zur gesamten Schöpfung entsandt und die Reihe der Propheten wurde mit mir beendet." (Buḫārī Hadith Nr. 2815 und Muslim Hadith Nr. 523)

Durch den Glauben an die Gesandten erzielt man folgenden großen Gewinn:

Ein Gläubiger, der den Glauben an die Gesandten verinnerlicht, erhält einen großartigen Gewinn. Davon möchten wir Folgende erwähnen:

1 Man gewinnt das Wissen, wie barmherzig Allah doch ist und dass Er für Seine Diener gesorgt hat, indem Er zu ihnen Gesandte schickte. Er beauftragte sie damit, Seine Diener auf den richtigen Weg zu leiten und ihnen zu zeigen, wie sie Allah dienen sollen. Denn mit bloßem Menschenverstand kann man dies nicht erfassen oder wissen. Allah, der Erhabene sagte über unseren Propheten Muḥammad (Allahs Segen und Friede auf ihm): Und Wir haben dich nur als Barmherzigkeit für die Weltenbewohner gesandt. (Sure 21 al-Anbiyā' Vers 107)

2 Man ist Allah, dem Erhabenen überaus dankbar für diese gewaltige Gnadengabe.

3 Man empfindet tiefe Liebe und Hochachtung für alle Gesandten (Allahs Segen und Friede auf ihnen allen) und lobt sie auf eine angemessene respektvolle Weise. Sie haben den Gottesdienst für Allah, den Erhabenen vorbildhaft verrichtet, Seine Botschaft getreu übermittelt und Seinen Dienern aufrichtigen Rat erteilt.

4 Man befolgt hierdurch dieselbe Botschaft, womit Allah alle Gesandten beauftragte. Die Botschaft bestand einerseits darin, einzig Allah anzubeten, ohne Ihm einen Teilhaber beizugesellen, und andererseits die göttliche Botschaft in die Tat umzusetzen. Auf diese Weise erreichen die Gläubigen Gutes, Rechtleitung und Glückseligkeit in ihrem Leben. Außerdem werden sie gewiss hierfür in beiden Welten, im Diesseits und Jenseits, belohnt werden.

Allah, der Erhabene sagte: Wer sich aber von Meiner Ermahnung abwendet, der wird ein beengtes Leben führen, und Wir werden ihn am Tag der Auferstehung blind (zu den anderen) versammeln. (Sure 20 Ṭā-Hā Vers 123-124)

> Die Al-Aqṣā-Moschee genießt bei den Muslimen einen besonderen Stellenwert. Nach der Heiligen Moschee in Mekka ist sie die zweite Moschee, die auf der Erde errichtet wurde. Der Prophet Muḥammad betete in der Al-Aqṣā-Moschee. Genauso wie es alle Propheten (Allahs Segen und Friede auf ihnen allen) vor ihm taten.

> Der Glaube an den Jüngsten Tag

Was der Glaube an den Jüngsten Tag bedeutet:

Es bedeutet die feste Überzeugung, dass Allah, der Erhabene alle verstorbenen Menschen aus ihren Gräbern wieder zum Leben erwecken wird. Dann werden sie bei Ihm Rechenschaft ablegen müssen und Er wird sie entsprechend ihrer Taten belohnen. Schließlich werden diejenigen, die ins Feuer kommen und diejenigen, die ins Paradies eintreten, jeweils zu ihrem Aufenthaltsort geführt, wo sie für ewig verbleiben werden.

Der Glaube an den Jüngsten Tag gehört zu den Säulen des Glaubens. Ohne diese Säule ist der Glaube nicht gültig. Allah, der Erhabene sagte: Güte ist vielmehr, dass man an Allah, den Jüngsten Tag, die Engel, die Bücher und die Propheten glaubt ... (Sure 2 al-Baqara Vers 177)

Warum wird der Glaube an den Jüngsten Tag im edlen Koran mit so viel Nachdruck betont?

Der edle Koran hebt immer wieder hervor, dass der Glaube an den Jüngsten Tag von außerordentlicher Wichtigkeit ist. So werden die Menschen bei jeder Gelegenheit darauf hingewiesen und daran erinnert. Der Koran betont nachdrücklich mit allen sprachlichen Mitteln der arabischen Sprache, dass der Jüngste Tag gewiss eintreffen wird. Der Koran verknüpft an vielen Stellen den Glauben an den Jüngsten Tag mit dem Glauben an Allah, dem Mächtigen und Majestätischen.

Denn der Glaube an den Jüngsten Tag ist die notwendige Konsequenz, die sich aus dem Glauben an Allah und Seiner absoluten Gerechtigkeit ergibt. Im Folgenden möchten wir diesen Punkt näher erklären:

Allah, der Erhabene tut kein Unrecht und erlaubt es nicht. Und Er wird die Ungerechten gewiss nicht ungestraft davonkommen lassen. Auch wird Er nicht das Recht derjenigen vergessen, denen Unrecht zugefügt wurde. Diejenigen, die Gutes taten, wird Er sicherlich nicht ohne Lohn oder Entschädigung lassen, sondern Er wird jedem das geben, was er für sein Tun verdient hat. Wie wir selbst oft sehen, gibt es Menschen, die in diesem Leben großes Unrecht tun und als Ungerechte sterben, ohne dass sie jemand für ihre Taten zur Rechenschaft zieht. Und es gibt wiederum Menschen, die in diesem Leben unterdrückt wurden und als Unterdrückte sterben, ohne dass für sie Gerechtigkeit geübt wurde. Was hat

> **Der Islam ermahnt alle Leute, sich vor dem Höllenfeuer zu schützen, indem sie ihren Mitmenschen gütig behandeln und für Bedürftige spenden sollen – und sei es nur eine halbe Dattel.**

das zu bedeuten, wenn doch Allah kein Unrecht erlaubt? Das bedeutet, dass es ein anderes Leben als dieses geben muss. Es bedeutet, dass es einen anderen Termin geben muss, bei dem derjenige, der Gutes tut, belohnt wird und derjenige, der Schlimmes tut, hierfür bestraft wird. Ja, ein Tag, an dem jeder das bekommt, was er verdient.

Was beinhaltet der Glaube an den Jüngsten Tag?

Der Glaube an den Jüngsten Tag beinhaltet mehrere Punkte. Dazu gehören:

1 **Der Glaube an die Auferweckung und die Versammlung:** Dies bedeutet, dass Allah die Toten aus ihren Gräbern wieder zum Leben erwecken wird. Er wird die Seelen in ihre Körper zurückkehren lassen. Dann werden alle Menschen vor dem Herrn der Welten stehen. Darauf werden sie alle an einem einzigen Platz versammelt und zusammengebracht, barfüßig und nackt, wie sie zum ersten Mal erschaffen wurden.

Der Glaube an die Wiederauferweckung nach dem Tod ist im Koran und in der Sunna verankert. Außerdem deuten darauf die Vernunft sowie die gesunde, natürliche Veranlagung des Menschen hin. Als Muslime glauben wir mit Gewissheit daran, dass Allah all diejenigen auferwecken wird, die in den Gräbern sind, und dass alle Seelen in ihre Körper zurückkehren werden sowie die Menschen sich für den Herrn der Weltenbewohner aufstellen werden.

Allah, der Erhabene sagte: Hierauf werdet ihr gewiss nach (all) diesem sterben. Hierauf werdet ihr gewiss am Tag der Auferstehung auferweckt werden. (Sure 23 al-Mu'minūn Vers 15-16)

In allen Offenbarungsschriften steht dieses große Ereignis geschrieben. Außerdem ist dieses Geschehnis ein weiterer Beleg für die göttliche Allweisheit. Denn Allah bestimmte, dass die gesamte Schöpfung an einem festgesetzten Termin versammelt werden soll. An diesem Tag wird Er jedem Einzelnen seinen gerechten Lohn für die Pflichten und die Aufgaben geben die ihnen durch Seine Gesandten überbracht wurden. Allah, der Erhabene sagte: Meint ihr denn, dass Wir euch zum sinnlosen Spiel erschaffen hätten und dass ihr nicht zu Uns zurückgebracht würdet? (Sure 23 al-Mu'minūn Vers 115)

Einige Beweise für die Auferweckung aus dem edlen Koran:

- Allah, der Erhabene war Derjenige, Der die Schöpfung das erste Mal erschaffen hat. Und wer bereits die Macht dazu hat, einmal zu erschaffen, für den ist es ein Leichtes, es ein weiteres Mal zu wiederholen. Allah, der Erhabene sagte: Und Er ist es, Der die Schöpfung am Anfang macht und sie hierauf wiederholt ... (Sure 30 ar-Rūm Vers 27)
Und der Erhabene befahl uns denjenigen, die über die Auferweckung zweifeln und die verleugnen, dass Allah die Knochen der Toten wieder lebendig machen wird, nachdem sie zerfallen sind, Folgendes zu antworten: Sprich: „Er, Der sie das erste Mal erschuf – Er wird sie beleben; denn Er kennt jegliche Schöpfung." (Sure 36 Yā-Sīn Vers 79)

- Man kann manchmal tote Erde beobachten, die leb- und regungslos daliegt, und wo weit und breit kein grüner Baum zu sehen ist. Doch dann fällt Regen auf die Erde, und siehe – sie regt sich wieder, es wird grün, es entsteht Leben und aus der Erde sprießen alle Arten von entzückenden Pflanzenpaaren hervor. Derjenige, Der die Macht besitzt, die Erde lebendig zu machen, nachdem sie tot war, Der kann auch die Toten lebendig machen.

Allah, der Erhabene sagte: Und Wir lassen vom Himmel gesegnetes Wasser herabkommen, womit Wir dann Gärten und Korn, das man erntet, wachsen lassen, und Palmen, hochreichend und mit übereinander gereihten Blütenkolben, als Versorgung für die Diener. Und Wir machen damit (manch) totes Land wieder lebendig; so wird auch das Herauskommen (erfolgen). (Sure 50 Qāf Vers 9-11)

- Jeder vernünftige Mensch weiß, dass derjenige, der etwas Großes und Schwieriges vollbringen kann, selbstverständlich in der Lage ist, einfache Dinge, die viel leichter sind, problemlos zu tun. Wenn man bedenkt, dass Allah, der Erhabene Himmel und Erde in ihrer schönsten Form erschaffen hat und das riesige Universum mit all seinen Himmelskörpern entstehen ließ, wird man sicherlich erkennen, dass es für Allah noch leichter ist, bereits zu Staub zerfallene Knochen, wieder lebendig zu machen. Allah, Preis sei Ihm und Erhabene ist Er, sagte: Hat nicht Derjenige, Der die Himmel und die Erde erschaffen hat, (auch) die Macht, ihresgleichen zu erschaffen? Ja doch! Und Er ist der Allerschaffer und Allwissende. (Sure 36 Yā-Sīn Vers 81)

2 **Der Glaube an die Abrechnung und die Waage:** Allah, der Erhabene wird alle Geschöpfe für ihre Handlungen und Taten, die sie in ihrem diesseitigen Leben begingen, zur Rechenschaft ziehen. Wer zu denen gehört, die fest an die Einzigkeit Allahs glaubten und Allah und Seinem Gesandten stets Gehorsam leisteten, der wird einer leichten Abrechnung unterzogen. Wer aber zu denen gehört, die Allah andere Gottheiten beigesellten und sich Ihm widersetzten, der wird einer schweren Abrechnung unterzogen.

An diesem Tag werden die Taten der Menschen auf einer gewaltigen Waage gewogen. Auf die Waagschale werden die guten Taten und auf die andere Waagschale die schlechten Taten gelegt. Derjenige, dessen gute Taten schwerer als seine schlechten Taten wiegen, der gehört zu den Bewohnern des Paradieses. Derjenige aber, dessen schlechte Taten schwerer wiegen als seine guten Taten, der gehört zu den Bewohnern des Höllenfeuers. Und dein Herr tut niemandem Unrecht.

Allah, der Erhabene sagte: Und Wir stellen die gerechten Waagen für den Tag der Auferstehung auf. So wird keiner Seele um irgendetwas Unrecht zugefügt; und wäre es auch das Gewicht eines Senfkorns, Wir bringen es bei. Und Wir genügen als Berechner. (Sure 21 al-Anbiyā' Vers 47)

3 **Der Glaube an das Paradies und das Höllenfeuer:** Das Paradies ist die Wohnstätte der beständigen Wonne, die Allah für diejenigen vorbereitet hat, die den Glauben an Ihn verinnerlicht haben, gottesfürchtig sind und Allah und Seinem Gesandten gegenüber gehorsam waren. Im Paradies existiert jede Art von Genuss und Freude – für alle Ewigkeit. Ja, im Paradies gibt es alles, was die Seele begehrt und das Auge erfreut, und noch weit mehr.

Der Erhabene spornt Seine Diener im edlen Koran an, sich damit zu beeilen, Gehorsamshandlungen auszuführen, um ins Paradies einzutreten, dessen Breite die Himmel und die Erde umfasst.

Allah, der Erhabene sagte: Und beeilt euch um Vergebung von eurem Herrn und (um) einen (Paradies)garten, dessen Breite (wie) die Himmel und die Erde ist. Er ist für die Gottesfürchtigen bereitet. (Sure 3 Āl-i-ʿImrān Vers 133)

Was aber das Höllenfeuer betrifft, so ist es die Wohnstätte der ewigen Strafe. Allah hat das Höllenfeuer für die Ungläubigen vorbereitet, die Allah verleugnet und sich Seinen Gesandten widersetzt haben. Im Höllenfeuer gibt es alle Arten von Bestrafungen, Schmerzen und massiven Vergeltungen, die sich kein Mensch vorstellen kann.

Allah, Preis sei Ihm, warnt Seine Diener vor dem Höllenfeuer, das Er für die Ungläubigen vorbereitet hat. Er sagte: ... dann hütet euch vor dem (Höllen) feuer, dessen Brennstoff Menschen und Steine sind. Es ist für die Ungläubigen bereitet. (Sure 2 al-Baqara Vers 24)

O Allah, wir bitten Dich um das Paradies und um alle Worte und Taten, die uns ihm näher bringen. Und wir suchen bei Dir Zuflucht vor dem Höllenfeuer und vor allen Worten und Taten, die uns dorthin näher bringen.

4 **Der Glaube an die Bestrafung und die Glückseligkeit im Grab:** Wir glauben fest daran, dass der Tod wahr ist und uns alle ereilen wird. Allah, der Erhabene sagte: Sag: Abberufen wird euch der Engel des Todes, der mit euch betraut ist, hierauf werdet ihr zu eurem Herrn zurückgebracht. (Sure 32 as-Sağda Vers 11)

Der Tod ist eine klare Angelegenheit, worüber kein Zweifel besteht. Wir glauben, dass jeder, der auf natürliche Weise gestorben oder getötet oder auf irgendeine Weise ums Leben kam, zu einem Zeitpunkt starb, der für ihn bereits bestimmt gewesen ist, ohne dass seine Lebenszeit verkürzt wurde. Allah, der Erhabene sagte: Und wenn nun ihre Frist kommt, können sie (sie) weder um eine Stunde hinausschieben noch sie vorverlegen. (Sure 7 al-Aʿrāf Vers 34)

• Wer stirbt, dessen Auferstehung ist angebrochen und der ist zur Wohnstatt des Jenseits umgezogen.

• Es wurden viele Hadithe vom Gesandten Allahs (Allahs Segen und Friede auf ihm) authentisch überliefert, die belegen, dass die Ungläubigen und Sünder im Grab bestraft und die Gläubigen und Rechtschaffenen im Grab belohnt werden. Daran glauben wir fest. Was wir jedoch nicht tun dürfen, ist: über die Art und Weise der Geschehnisse im Grab zu rätseln und zu philosophieren. Denn der menschliche Verstand ist nicht in der Lage, deren Art und Weise oder die Wirklichkeit zu erfassen. Dieses Ereignis ist keine Angelegenheit, die zum Wissen über das Sichtbare und Offenbare gehört, das wahrgenommen werden kann. Vielmehr gehört diese Angelegenheit zum Wissen über das Verborgene, das nur Allah vorbehalten ist. Hierzu zählt ebenfalls beispielweise das Wissen über das Paradies und das Höllenfeuer. Es versteht sich von selbst, dass der Verstand nur dann einen Vergleich anstellen, eine Messung vornehmen, eine Schlussfolgerung ziehen und sich ein Urteil bilden kann, wenn er in der diesseitigen, wahrnehmbaren Welt etwas Ähnliches bereits kennengelernt hat und über dessen physikalisches Gesetz Bescheid weiß.

• Ebenso gehören die Geschehnisse, die sich im Grab ereignen, zum Wissen über das Verborgene, das nicht durch Sinneswahrnehmung erfasst werden kann. Wenn es möglich gewesen wäre, dies durch unsere Sinnesorgane wahrzunehmen, dann hätte der Glaube an das Verborgene keinen tiefen Sinn, und dann hätte die Weisheit, weshalb uns Pflichten auferlegt wurden, keinen Wert. Außerdem würde man verstorbene Menschen bei der Bestattung nicht mehr ins Grab legen wollen. Aus diesem Grund sagte der Prophet (Allahs Segen und Friede auf ihm): „Und wäre es nicht so, dass ihr eure Toten nicht mehr begraben würdet, würde ich Allah darum bitten, euch von der Strafe im Grab hören zu lassen, was ich höre." (Muslim Hadith Nr. 2868 und Nasāʾī Hadith Nr. 2058) Da die Tiere von dieser Weisheit ausgeschlossen sind, können sie die Strafe im Grab hören und wahrnehmen.

Durch den Glauben an den Jüngsten Tag erzielt man folgenden großen Gewinn:

1

Der Glaube an den Jüngsten Tag hat eine große Auswirkung auf die Lebenseinstellung des Menschen, auf seine Bereitwilligkeit, beständig rechtschaffene Taten zu verrichten sowie auf seine Gottesfurcht gegenüber Allah, dem Mächtigen und Majestätischen. Außerdem hält ihn der Glaube an den Jüngsten Tag vor Egoismus und Augendienerei fern.

Deshalb werden in vielen Koranversen der Glaube an den Jüngsten Tag und das Verrichten von rechtschaffenen Taten miteinander verknüpft. Beispielsweise in folgenden Versen: Allah, der Erhabene sagte: Wahrlich, der allein vermag die Erhaltung der Moscheen Allahs vorzunehmen, der an Allah und an den Jüngsten Tag glaubt ... (Sure 9 at-Tauba Vers 18)

Ebenso sagte der Erhabene: Diejenigen, die an das Jenseits glauben, glauben (auch) daran, und sie halten ihr Gebet ein. (Sure 6 al-Anʿām Vers 92)

2 Der Glaube an den Jüngsten Tag rüttelt die Unachtsamen wach. Er ermahnt diejenigen Menschen, die nicht in guten Taten wetteifern und die verbliebene Zeit dafür nutzen, um Allah durch das Verrichten von Gehorsamshandlungen näher zu kommen, sondern stattdessen durch das weltliche Leben und seinen Genüssen abgelenkt sind. Der Glaube an den Jüngsten Tag erinnert die Menschen an das wahre Wesen des Lebens; daran, dass das diesseitige Leben kurz und vergänglich ist und nur das jenseitige Leben von ewiger Dauer sein wird.

Als Allah, der Erhabene im edlen Koran Seine Gesandten würdigte, erwähnte Er lobend den Grund, der sie dazu veranlasste, solche große und vorzügliche Taten zu vollbringen. Der Erhabene sagte: Wir erwählten sie durch eine besondere Eigenschaft aus, mit dem Gedenken an die (jenseitige) Wohnstätte. (Sure 38 Ṣād Vers 46)

Das bedeutet: Der Grund dafür war, weshalb sie diese vorzüglichen und rechtschaffenen Taten vollbrachten, dass sie sich stets an die jenseitige Wohnstätte erinnerten und sie vor Augen hielten. Das Gedenken der jenseitigen Wohnstätte bewegte sie dazu, diese vorbildlichen Handlungen zu verrichten und schwere Situationen zu meistern.

Und als einige Muslime nur langsam und träge eine Anweisung befolgten, die Allah und Sein Gesandter erteilt hatten, ermahnte sie Allah, der Erhabene im heiligen Koran. Allah sagte: Seid ihr etwa zufrieden mit dem diesseitigen Leben anstelle des Jenseits?! Die Freuden und Gebrauchsgüter des diesseitigen Lebens sind neben dem Jenseits sicherlich unbedeutend. (Sure 9 at-Tauba Vers 38)

Wenn ein Mensch an den Jüngsten Tag glaubt, so ist er davon überzeugt, dass jede Wonne im Diesseits nicht mit der Wonne im Jenseits vergleichbar ist. Auch das gesamte diesseitige Leben ist es nicht wert, dass man hierfür auch nur einmal in das Höllenfeuer getaucht wird. Und jede Strafe im Diesseits, die man um Allahs willen erträgt, ist nicht vergleichbar mit der Strafe des Jenseits. Auch die Strafe im Diesseits ist nichts im Gegensatz zur bevorstehenden Freude, die man spürt, wenn man hierfür auch nur ein einziges Mal in das Paradies getaucht wird.

3 Durch den Glauben an den Jüngsten Tag erfährt man innere Ruhe, weil man weiß, dass jeder Mensch seinen Anteil erhalten wird: Wenn einem Menschen etwas von den Genüssen des diesseitigen Lebens entgangen ist, so soll er weder verzweifeln noch sich vor Trauer umbringen, sondern sich anstrengen und sein Bestes geben und die Gewissheit haben, dass Allah den Lohn derer, die gute Werke tun, nicht verlorengehen lässt. Wem Unrecht zugefügt oder wer um etwas betrogen wurde, und sei es nur im Gewicht eines Stäubchens, der wird am Tag der Auferstehung seinen Anteil erhalten. An dem Tag, an dem der Mensch am meisten auf Lohn angewiesen ist. Wie also kann jemand bedrückt und besorgt sein, wenn er weiß, dass er auf jeden Fall seinen Anteil bekommen wird, und zwar im wichtigsten und gefährlichsten Zeitpunkt?! Und wie kann jemand traurig sein, wenn er weiß, dass Derjenige, Der zwischen ihm und seinen Gegnern richten wird, Allah, der Weiseste aller Weisen ist?!

> Der Glaube an die Vorherbestimmung

Was der Glaube an die Vorherbestimmung bedeutet:

Es bedeutet, fest davon überzeugt zu sein, dass das Gute und Schlechte nur durch Allahs Schicksal und Seine Vorherbestimmung geschehen. Und es bedeutet, dass Allah tut, was Er will. Nichts geschieht außer mit Seinem Willen. Nichts existiert, was außerhalb Allahs Willen bestünde. Es gibt nichts auf der Welt, was außerhalb Seiner Bestimmung besteht. Alle Geschehnisse sind unter der Leitung Allahs. Dennoch erteilte Allah Seinen Dienern Befehle und Verbote. Er erschuf sie mit einem freien Willen, sodass sie ihre Handlungen selbst wählen können und nicht dazu gezwungen sind. Vielmehr ergeben sich nur die Handlungen, die sie tun wollen und können. Doch Allah ist ihr Schöpfer und der Schöpfer ihres Könnens. Er leitet recht, wen Er will, durch Seine Barmherzigkeit und Er lässt in die Irre gehen, wen Er will, durch Seine Allweisheit. Er wird nicht befragt nach dem, was Er tut; sie aber werden befragt.

Der Glaube an Allahs Vorherbestimmung ist eine der Säulen des Glaubens. Als der Engel Gabriel zum Propheten (Allahs Friede auf ihm) kam und ihn über den Glauben fragte, antwortete er: „Es ist, dass du an Allah glaubst, an Seine Engel, an Seine Bücher, an Seine Gesandten und an den Jüngsten Tag, und dass du an die Vorherbestimmung glaubst, mit ihrem Guten und ihrem Schlechten.“ (Muslim Hadith Nr. 8)

Was beinhaltet der Glaube an die Vorherbestimmung?

Der Glaube an die Vorherbestimmung beinhaltet folgende vier Angelegenheiten:

- Es beinhaltet den Glauben, dass Allah, der Erhabene sowohl über die Gesamtheit jeder Sache als auch über ihre Details Bescheid weiß. Allah, der Erhabene wusste bereits über Seine gesamten Geschöpfe bescheid, bevor Er sie überhaupt erschaffen hatte. Er kannte ihre Versorgung, ihre Lebensdauer, ihre gesprochenen Worte und ihre begangenen Taten. Er hatte Kenntnis über all ihre Bewegungen und Nichtbewegungen. Er kannte ihre innersten Geheimnisse und ihr Offenkundiges. Er wusste, wer von ihnen zu den Bewohnern des Paradieses und wer von ihnen zu den Bewohnern des Höllenfeuers gehören wird. Allah, der Erhabene sagte: Er ist Allah, außer Dem es keinen (anbetungswürdigen) Gott gibt, der Kenner des Verborgenen und des Offenbaren. (Sure 59 al-Ḥašr Vers 22)

- Es beinhaltet den Glauben, dass Allah, der Erhabene bereits wusste, was alles geschehen wird und dies auf der wohlverwahrten Tafel niederschrieb. Der Beweis hierfür liefert der folgende Vers, in dem Allah, Preis sei Ihm und Erhaben ist Er, sagte: Es geschieht kein Unheil auf Erden oder an euch, das nicht in einem Buch (verzeichnet) wäre, bevor Wir es ins Dasein rufen. (Sure 57 al-Ḥadīd Vers 22)

Und der Prophet (Allahs Segen und Friede auf ihm) sagte: „Allah schrieb nieder, was für die Schöpfung bestimmt war, fünfzigtausend Jahre bevor Er die Himmel und die Erde erschuf.“ (Muslim Hadith Nr. 2653)

- Es bedeutet, daran zu glauben, dass Allahs Wille geschieht und von nichts und niemandem aufgehalten werden kann. Ebenfalls bedeutet es, zu verinnerlichen, dass sich nichts der Allmacht Allahs entziehen kann. Alles, was geschieht, geschieht nur mit Allahs Willen und Seiner Allmacht. Was Er will, das geschieht und was Er nicht will, das geschieht nicht. Allah, der Erhabene sagte: Und ihr könnt nicht wollen, außer dass Allah will, (Er), der Herr der Weltenbewohner. (Sure 81 at-Takwīr Vers 29)

- Es beinhaltet, daran zu glauben, dass Allah, der Erhabene alles Existierende hat entstehen lassen, und dass Allah der einzige Schöpfer ist, der alles erschaffen hat, und dass alles außer Ihm ein geschaffenes Geschöpf ist, und dass Allah zu allem die Macht hat. Allah, Preis sei Ihm und Erhaben ist Er, sagte: Er (ist es), Der alles erschaffen und ihm dabei sein rechtes Maß gegeben hat. (Sure 25 al-Furqān Vers 2)

> **Es gibt nichts im Universum, was außerhalb der Bestimmung Allahs besteht.**

Der Mensch besitzt Entscheidungsmöglichkeiten, eigene Fähigkeiten und einen freien Willen:

Der Glaube an die Vorherbestimmung widerspricht nicht der Tatsache, dass der Mensch eine freie Wahl in seinen Tätigkeiten hat und die Fähigkeit besitzt, diese selbstständig auszuführen. Es gibt viele Belege dafür, dass der Mensch Willensfreiheit und Handlungsfähigkeit besitzt, die sowohl im islamischen Recht als auch in der Realität vorzufinden sind.

Was die Beweise des islamischen Rechts betrifft, so sagte Allah, der Erhabene über den freien Willen: Das ist der wahrhaftig (eintreffende) Tag. Wer nun will, nimmt zu seinem Herrn eine Heimkehr. (Sure 78 an-Nabà Vers 39)

Und Allah, der Erhabene sagte über die Fähigkeit, etwas zu leisten: Allah erlegt keiner Seele mehr auf, als sie zu leisten vermag. Ihr kommt (nur) zu, was sie verdient hat, und angelastet wird ihr (nur), was sie verdient hat. (Sure 2 al-Baqara Vers 286) Mit „zu leisten vermag" ist gemeint, dass der Mensch die Macht und die Fähigkeit besitzt, etwas zu vollbringen.

Was die Realität betrifft, so weiß jeder Mensch, dass er einen freien Willen und persönliche Fähigkeiten besitzt, nach denen er handelt oder aber es unterlässt. Der Mensch kann sehr wohl unterscheiden zwischen Dingen, die er willentlich tut, wie z.B. das Unternehmen eines Spaziergangs und Dingen, die er nicht willentlich tut, wie z.B. das unwillkürliche Zittern oder das plötzliche Stürzen auf den Boden. Allerdings geschehen der Wille und die Fähigkeit des Menschen nur durch den Willen Allahs und Seiner Allmacht. So sagte Allah, Preis sei Ihm und Erhaben ist Er: ... für jemanden von euch, der sich recht verhalten will. Und ihr könnt nicht wollen, außer dass Allah will, (Er), der Herr der Weltenbewohner. (Sure 81 at-Takwīr Vers 28-29)

Allah, der Erhabene hat in diesem Vers bestätigt, dass der Mensch seinen eigenen Willen besitzt. Darauf bestätigte Er, dass der Wille des Menschen dem Willen von Allah, dem Gepriesenen untergeordnet ist. Denn die Herrschaft über alles im Universum und alles Existierende gehört Allah. Deshalb kann nichts in Seiner Herrschaft ohne Sein Wissen und Seinen Willen geschehen.

> Wir haben ihn ja den (rechten) Weg geleitet, ob er nun dankbar oder undankbar sein mag. (Sure 76 al-Insān Vers 3)

> Wenn jemand dich überfällt, dir dein Hab und Gut entwendet und dir Schaden zufügt, und danach das damit begründet, dass diese Tat Schicksal war, das ihm vorherbestimmt wurde. Dann würdest du sicherlich nicht seine schwachsinnige Ausrede akzeptieren, sondern würdest ihn bestrafen und dein Recht einfordern wollen, weil dieser Verbrecher sich zu dieser Tat entschieden und sie mit Wissen und Willen ausgeführt hat ...

Die Vorherbestimmung als Ausrede benutzen:

Bei den Aufgaben, die Allah den Menschen übertrug, sowie bei den Pflichten und Verboten sind zwei Faktoren des Menschen von entscheidender Bedeutung: seine Fähigkeit und seine Entscheidungsmöglichkeit. Folglich wird derjenige, der Gutes tut, dafür belohnt, weil er den Weg der Rechtleitung gewählt hat. Und derjenige, der Schlechtes tut, dafür bestraft, weil er den Weg der Irrleitung gewählt hat.

Allah, Preis sei Ihm und Erhaben ist Er, hat uns nur Aufgaben aufgetragen, die in unseren Kräften und Möglichkeiten liegen und die wir erfüllen können. Er akzeptiert von niemandem, dass er die Anbetung Allahs unterlässt und darauf die Vorherbestimmung als Ausrede für den unterlassenen Gottesdienst nennt.

Außerdem, ist es denn nicht so, dass der Mensch bevor er die Sünde begeht, überhaupt nicht weiß, was Allah, der Erhabene bereits wusste und vorherbestimmte? Allah, der Erhabene gab dem Menschen die Fähigkeit, sich frei zu entscheiden. Er zeigte ihm den Weg zum Guten und zum Schlechten. Wenn sich nun der Mensch widersetzt und sündigt, so hat allein er die Sünde gewählt und sie über den Gehorsam bevorzugt. Deshalb muss er die Konsequenz für die begangene Sünde tragen.

Durch den Glauben an die Vorherbestimmung erzielt man folgenden großen Gewinn:

Der Glaube an die Vorherbestimmung bringt viele Vorteile mit sich, von denen der Mensch in seinem Leben profitieren kann. Dazu gehören:

1 Die Vorherbestimmung ist eine der größten treibenden Kräfte, die den Menschen zu mehr Handlung, Aktivität und Leistung bewegt, wodurch sie in diesem Leben das Wohlgefallen Allahs erreichen können.

Den Gläubigen wurde befohlen, all ihre zur Verfügung stehenden Mittel einzusetzen und gleichzeitig auf Allah, den Erhabenen zu vertrauen und dabei fest davon überzeugt zu sein, dass die Mittel nicht zum Ergebnis führen werden, außer mit Allahs Erlaubnis. Denn Allah ist Derjenige, Der sowohl die Mittel als auch die Ergebnisse erschaffen hat.

Der Prophet (Allahs Segen und Friede auf ihm) sagte: „Sei auf das bedacht, was dir nützt! Suche Hilfe bei Allah und sei nicht nachlässig darin, nach dem Nutzen zu trachten! Wenn dir etwas geschieht, sag nicht: „Hätte ich (bloß) so und so gehandelt, dann wäre dies und jenes geschehen, sondern sag: „Allah hat es bestimmt und Er macht, was Er will." Denn (das Wort) „Hätte" und „Wäre" öffnen dem Satan den Weg zur Arbeit (des Einflüsterns)." (Muslim Hadith Nr. 2664)

2 Der Mensch erkennt hierdurch sich selbst und schätzt sich besser ein. Er benimmt sich nicht hochmütig oder arrogant, weil er weder seine Vorherbestimmung noch seine Zukunft kennt. Somit gesteht der Mensch ein, dass er schwach ist und dass er seinen erhabenen Herrn, Allah immer braucht.

Es ist so, dass der Mensch oft, wenn ihm etwas Gutes widerfährt, übermütig auftritt und sich davon täuschen lässt. Und wenn ihm etwas Schlechtes widerfährt oder ein Unheil trifft, ist er voller Sorge und Trauer. Nichts schützt den Menschen vor Übermut und Übertretung, sobald ihm Gutes zustößt, und nichts verhindert seine verzweifelte Trauer, sobald ihm Schlimmes zustößt, außer der Glaube an die Vorherbestimmung und die Erkenntnis, dass alles, was passiert, Schicksal ist und dass Allah, der Erhabene bereits wusste, was alles geschehen wird.

3 Durch den Glauben an die Vorherbestimmung kann man die widerwärtige menschliche Eigenschaft „Neid" loswerden. Ein Gläubiger darf nicht auf andere Menschen neidisch sein, nur weil sie etwas haben, das ihnen Allah von Seiner Huld gegeben hat. Denn Derjenige, Der sie damit versorgte und für sie bestimmte, war Allah, der Erhabene. Der Gläubige weiß, dass er durch den Neid zwangsläufig ausdrückt, dass er gegen Allahs Vorherbestimmung und Sein Schicksal Einwände hat.

4 Der Glaube an die Vorherbestimmung stärkt das Herz und ermutigt den Menschen, sich schwierigen Herausforderungen zu stellen. Außerdem stärkt er den Willen und die Entschlossenheit, weil man hierdurch zu der Überzeugung gelangt, dass die Lebenszeit und die Versorgung bereits vorbestimmt sind, und dass den Menschen nur das treffen wird, was Allah für ihn bestimmt hat.

5 Der Glaube an die Vorherbestimmung verankert in der Seele des Gläubigen die vielfältigen Wahrheiten des Glaubens. So ist der Gläubige jemand, der sich immer an Allah wendet und Ihn um Hilfe bittet. Er verlässt sich auf Allah, vertraut auf Allah und setzt gleichzeitig all seine zur Verfügung stehenden Mittel ein. Außerdem gesteht er immer wieder ein, dass er Allah braucht und auf Ihn angewiesen ist. Deshalb fleht der Muslim Allah an, ihm zu helfen, standfest zu bleiben.

6 Der Glaube an die Vorherbestimmung bringt innere Seelenruhe. Der Gläubige weiß, dass das, was ihn getroffen hat, ihn nicht verfehlen sollte, und das, was ihn verfehlt hat, ihn nicht hat treffen sollen.

Deine rituelle Reinheit

2

Allah hat den Muslim angewiesen, sein Inneres und sein Herz von Beigesellung und Krankheiten des Herzens zu reinigen, wie z.B. Neid, Hochmütigkeit und Groll. Und der Erhabene hat den Muslim ebenfalls angewiesen, sein Äußeres von unreinen Substanzen und Schmutz zu reinigen. Wenn er dies tut, so hat er sich damit die Liebe Allahs verdient. Allah, der Erhabene sagte: Allah liebt die Reumütigen, und Er liebt die, die sich rein halten. (Sure 2 al-Baqara Vers 222)

Inhaltsverzeichnis des Kapitels:

> *Die Bedeutung von ritueller Reinheit*

Die ursprüngliche Bedeutung der rituellen Reinheit ist Lauterkeit, Sauberkeit und Fleckenlosigkeit.

Allah, der Mächtige und Majestätische hat dem Muslim vorgeschrieben, sein Äußeres und Inneres zu säubern. So soll er sich äußerlich von offenkundigen Verboten säubern sowie von schlechten Dingen und schmutzigen Substanzen. Ebenso soll er sein Inneres säubern, indem er sein Herz von Krankheiten des Herzens befreit, wie z.B. Neid, Hochmütigkeit und Groll. Wenn er das tut, hat er sich verdient, dass Allah ihn liebt.

Allah, der Erhabene sagte: Allah liebt die Reumütigen, und Er liebt die, die sich rein halten. (Sure 2 al-Baqara Vers 222)

Allah befahl, dass wir uns für das Gebet reinigen sollen, weil das Gebet ein Treffen mit Allah, dem Erhabenen und ein vertrauliches Gespräch mit Ihm ist. Es ist bekannt, dass ein Mensch sich richtig sauber machen und seine schönsten Kleider anziehen würde, wenn er ein Treffen mit einem König oder einem Präsidenten hätte. Wie ist es dann mit jemandem, der ein Treffen mit Allah, dem König aller Könige hat?!

> Allah hat den Muslim angewiesen, sein Inneres und sein Herz von Beigesellung und Krankheiten des Herzens zu reinigen sowie sein Äußeres von Verbotenem und Schmutz zu säubern.

Welche rituelle Reinheit ist für das Gebet erforderlich?

Allah, der Erhabene hat es dem Muslim zur Pflicht auferlegt, die islamische, rituelle Reinheit zu erlangen, wann immer er das Gebet verrichten, den Koran berühren oder die verehrte Kaaba umrunden will. In diesen genannten Fällen ist die rituelle Reinheit verpflichtend. Daneben gibt es viele Fälle, bei denen die rituelle Reinheit eine Angelegenheit, die nicht Pflicht, sondern freiwillig und islamisch empfohlen ist, wie etwa: vor dem Rezitieren des Korans (ohne ihn jedoch zu berühren), vor dem Sprechen von Bittgebeten, vor dem Schlafengehen usw.

Der Muslim muss sich, wenn er beten möchte, von zwei Angelegenheiten reinigen:

1. von unreinen Substanzen
2. vom Zustand der rituellen Unreinheit

> Die rituelle Reinheit von unreinen Substanzen

- Unreine Substanzen sind wahrnehmbare Dinge, die im islamischen Recht als schmutzig beurteilt wurden. Uns wurde befohlen, uns vorher von diesen Dingen zu reinigen, um den Gottesdienst verrichten zu können.

- Allgemeine Regel gilt, dass jede Sache als erlaubt und rein anzusehen ist. Die unreine Substanz ist somit eine Ausnahme. Wenn wir nun beispielsweise Zweifel daran haben, ob eine Kleidung rein ist, oder nicht, und wir sind uns nicht dabei sicher, ob sie mit einer unreinen Substanz verschmutzt wurde, so gilt das Grundprinzip, dass die Kleidung als rein anzusehen ist.

- Wenn wir beten möchten, müssen wir unseren Körper, unsere Kleidung und den Gebetsplatz, auf dem wir uns niederwerfen wollen, vorher reinigen.

Unreine Substanzen:

1	Urin und Kot des Menschen
2	Blut. Jedoch sind geringfügige Blutungen kein Problem.
3	Urin und Kot von allen Tieren, die zu essen verboten sind (siehe Seite 157).
4	Hund und Schwein
5	Verendete Tiere. (Damit sind alle toten Tiere gemeint. Davon ausgenommen sind Tiere, die man essen darf, wenn sie auf islamische Weise geschächtet wurden. Siehe Seite 158.) Verstorbene Menschen sind übrigens rituell rein. Gleiches gilt für tote Fische und tote Insekten.

Die Reinigung von unreinen Substanzen:

Um unreine Substanzen, die sich auf dem Körper, auf der Kleidung, auf einer Fläche usw. befinden, wieder reinzuwaschen, reicht es völlig aus, wenn man die unreine Substanz an sich und ihr tatsächliches Vorkommen von der verunreinigten Stelle entfernt. Es gibt keinen Unterschied, ob hierzu Wasser oder ein anderes Mittel zur Beseitigung der Unreinheit verwendet wird. Denn Allah, Der diese Vorschriften bestimmte, hat nur befohlen, sie zu entfernen, aber dabei keine Anzahl an Waschungen vorausgesetzt. Eine Ausnahme bilden hier die unreinen Substanzen, die beim Hund austreten (das sind Speichel, Urin und Kot des Hundes). In diesem Fall hat der Gesetzgeber vorausgesetzt, dass die Waschung siebenmal vorzunehmen ist, eine davon mit Erde. Bei allen anderen unreinen Substanzen genügt es, wenn sie selbst und ihr tatsächliches Vorkommen entfernt werden. Es macht nichts aus, wenn Farb- oder Geruchsspuren bleiben. Der Prophet (Allahs Segen und Friede auf ihm) sagte zu einer Gefährtin über das Waschen des Menstruationsbluts: „Es reicht völlig aus, dass du das Blut abwäschst, und die Spuren (der Blutflecken) schaden dir nicht.“ (Abū Dāwūd Hadith Nr. 365)

> Beim Entfernen von unreinen Substanzen reicht es aus, dass die Unreinheit an sich verschwindet. Dabei ist es nicht wichtig, welches Mittel zur Säuberung verwendet wird.

Verhaltensregeln bei der Notdurft und nach dem Toilettengang:

- Es ist islamisch empfohlen, dass ein Muslim, bevor er eine Toilette oder ein Badezimmer betritt, zuerst mit dem linken Fuß hineingeht und folgendes Bittgebet spricht: Bismillāh. Allāhumma innī a'ūḏu bika minal-ḫubuṯi wal-ḫabā'iṯ. Im Namen Allahs, o Allah, ich suche wahrlich Zuflucht bei Dir vor den männlichen und weiblichen Satanen.

- Und wenn er die Toilette oder das Badezimmer wieder verlässt, so ist es islamisch erwünscht, zuerst mit dem rechten Fuß herauszugehen und folgendes Bittgebet zu sprechen: Ġufrānak. (Ich bitte dich um) Deine Vergebung!

- Es ist für den Muslim eine Pflicht, dass er bei der Verrichtung der Notdurft seine Intimsphäre vor den Blicken der Menschen schützt.

- Dabei ist es ihm verboten, seine Notdurft an einer Stelle zu verrichten, wo er andere Menschen belästigen würde.

- Es ist einem Muslim ebenfalls verboten, wenn er draußen auf dem Land oder in Steppen- und Wüstengebieten unterwegs ist, seine Notdurft in einer Höhle oder in einem Bau eines Tieres zu verrichten. Es könnten sich Tiere darin befinden, die man hierdurch belästigen oder gar gefährden könnte, oder die ihrerseits den Menschen belästigen oder gefährden könnten.

- Ein Muslim sollte, während er seine Notdurft verrichtet, weder mit dem Gesicht noch mit dem Rücken zur Gebetsrichtung sitzen. Wenn er aber auf dem Land oder in Steppen- und Wüstengebieten ist und keine Wand findet, die ihn abschirmt, so ist er auf jeden Fall verpflichtet, die Gebetsrichtung zu meiden. Der Prophet (Allahs Segen und Friede auf ihm) sagte: „Beim Verrichten der Notdurft, sei es Kot oder Urin, stellt euch weder mit dem Gesicht noch mit dem Rücken zur Gebetsrichtung (Qibla).“ (Buḫārī Hadith Nr. 386 und Muslim Hadith Nr. 264)

- Ebenso ist es eine Pflicht, darauf zu achten, dass überhaupt keine umherfliegenden unreinen Substanzen auf seine Kleidung oder seinen Körper gelangen. Wenn dies doch einmal geschehen sollte, ist er verpflichtet, die verschmutzte Stelle zu waschen.

- Nachdem er sein Geschäft erledigt hat, muss er eine der beiden folgenden Möglichkeiten tun:

Entweder

er reinigt die Körperstelle, aus dem Urin oder Kot austrat, mit Wasser (**istinğā**ʾ).

Oder

er benutzt drei oder mehr Blätter Toilettenpapier, Taschentücher, Steine usw., mit denen er seine Körperstellen von den unreinen Substanzen säubert (**istiğmār**).

> Der Zustand der rituellen Unreinheit

- Der Zustand der rituellen Unreinheit: Eine Eigenschaft für den Menschen, die im übertragenen Sinne zu verstehen ist. Sie hält den Muslim davon ab, nicht eher das rituelle Gebet zu verrichten, bis er sich hierfür gereinigt hat. Dieser Zustand kann nicht, wie z. B. unreine Substanzen, mit den Sinnesorganen wahrgenommen werden.
- Wenn sich ein Muslim in einem Zustand der rituellen Unreinheit befindet, so wird der Zustand dadurch aufgehoben, dass der Muslim die Gebetswaschung oder die Ganzkörperwaschung vornimmt und dabei reines Wasser benutzt. Reines Wasser bedeutet, dass das Wasser nicht mit unreinen Substanzen vermischt sein darf, sodass sich Farbe, Geschmack oder Geruch des Wassers verändert haben.

Der Zustand der rituellen Unreinheit wird in zwei Kategorien unterteilt:

- Der Zustand der rituellen Unreinheit, für den man die Gebetswaschung vornehmen muss, um diesen Zustand wieder aufzuheben. Er wird der Zustand der kleinen rituellen Unreinheit genannt.
- Der Zustand der rituellen Unreinheit, für den man die Ganzkörperwaschung vornehmen muss, wobei der gesamte Körper mit Wasser zu bedecken ist, um diesen Zustand wieder aufzuheben. Er wird der Zustand der großen rituellen Unreinheit genannt.

Der Zustand der kleinen rituellen Unreinheit (**ḥadat asġar**) und die hierfür erforderliche Gebetswaschung (**wuḍā**)

Die rituelle Reinigung des Muslims wird ungültig und es ist notwendig, die Gebetswaschung vorzunehmen, wenn eine der folgenden Handlungen erfolgt:

1 Das Ausscheiden von Urin und Kot sowie aller Exkremente und Flüssigkeiten, die vom After oder vom Geschlechtsteil austreten, wie z.B. abgehender Wind. Allah, der Erhabene nannte Angelegenheiten, die die rituelle Reinheit ungültig machen. Er sagte: ... oder einer von euch von der Notdurft zurückkommt ... (Sure 4 an-Nisā' Vers 43)

Der Prophet (Allahs Segen und Friede auf ihm) sagte über jemanden, der Zweifel hat, ob er während des Gebets Wind gelassen hat, oder nicht: „So soll er nicht (aus dem Gebet) gehen, bis er ein Geräusch hört oder einen Geruch wahrnimmt." (Muslim Hadith Nr. 264)

2 Mit sexueller Begierde das Geschlechtsorgan mit den bloßen Händen zu berühren. Der Gesandte Allahs (Allahs Segen und Friede auf ihm) sagte: „Wer sein Glied berührt, muss die rituelle Gebetswaschung vollziehen." (Abū Dāwūd Hadith Nr. 181)

3 Der Verzehr von Kamelfleisch. Der Prophet (Allahs Segen und Friede auf ihm) wurde bereits gefragt: „Sollen wir, wenn wir Kamelfleisch verzehrt haben, die Gebetswaschung vornehmen?" Er antwortete: „Ja." (Muslim Hadith Nr. 360)

4 Bewusstlosigkeit, hervorgerufen durch Tiefschlaf, Geisteskrankheit oder Trunkenheit.

> Zu den Angelegenheiten, die die rituelle Reinheit annullieren, gehören Bewusstlosigke t, hervorgerufen durch Tiefschlaf, Geisteskrankheit oder Trunkenheit.

> Wie vollziehe ich die Gebetswaschung?

Die Gebetswaschung und die rituelle Reinheit gehören zu den vorzüglichsten und herausragendsten Handlungen. Denn Allah, der Erhabene löscht durch sie die Sünden und Verfehlungen aus, vorausgesetzt man hat eine aufrichtige Absicht für Allah und erwartet den Lohn nur von Allah. Der Gesandte Allahs (Allahs Segen und Friede auf ihm) sagte: „Wenn der muslimische Diener (Allahs) sich bei der Gebetswaschung das Gesicht wäscht, entfernt sich von seinem Gesicht mit dem Wasser jede Sünde, die er mit den Augen begangen hat. Und wenn er seine Hände wäscht, entfernt sich von seinen Händen mit dem Wasser jede Sünde, die er mit den Händen verübt hat. Und wenn er sich die Füße wäscht, so entfernt sich mit dem Wasser jede Sünde, zu der er mit seinen Füßen gelaufen ist. So kommt er (aus der Gebetswaschung) rein von den Sünden heraus." (Muslim Hadith Nr. 244)

Wie vollziehe ich die Gebetswaschung und hebe den Zustand der kleinen rituellen Unreinheit auf?

Wenn der Muslim die Gebetswaschung vornehmen will, dann muss er für sie vorher die Absicht fassen. Das bedeutet, er muss in seinem Herzen und in seinen Gedanken die Absicht haben, dass er durch die Waschung den Zustand der rituellen Unreinheit aufhebt. Die Absicht ist eine Gültigkeitsvoraussetzung für alle Handlungen. So sagte bereits der Prophet (Allahs Segen und Friede auf ihm): „Die Taten sind ausschließlich entsprechend den Absichten." (Muslim Hadith Nr. 244)

1

Dann sagt man: „**Bismillāh**" Im Namen Allahs.

2

Man wäscht sich die Hände mit dem Wasser. Es ist islamisch erwünscht, dies insgesamt dreimal zu tun.

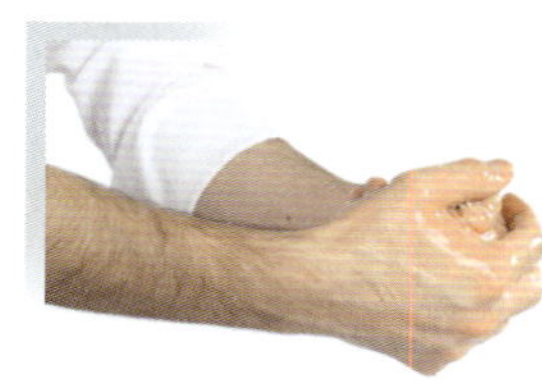

3

Man spült den Mund aus. Das heißt, man führt Wasser in den Mund und bewegt es im Mund gründlich hin und her. Dann spuckt man es wieder aus. Es ist islamisch empfohlen, dies insgesamt dreimal zu wiederholen. Pflicht ist aber, es mindestens einmal zu tun.

4

Dann spült man die Nase aus. Das heißt, man führt Wasser an die Nase, zieht es hinein und schnäuzt es sofort wieder aus. Es ist islamisch empfohlen, das Wasser tief in die Nase einzuziehen, außer wenn man hierdurch zu Schaden kommt. Ebenfalls ist es islamisch empfohlen, das Ausspülen der Nase insgesamt dreimal zu wiederholen. Pflicht ist dagegen, es mindestens einmal zu tun.

5

Darauf wäscht man sich das gesamte Gesicht. Das Gesicht umfasst die Oberseite der Stirn, vom Haaransatz bis zum Unterteil des Kinns und die Gesichtsfläche vom Ohr bis zum anderen Ohr. Die Ohren selbst gehören nicht zum Gesicht. Es ist islamisch empfohlen, die Waschung insgesamt dreimal zu wiederholen. Pflicht ist dagegen, sie mindestens einmal zu vollziehen.

6

Sodann wäscht man seine Unterarme, indem man bei den Fingerspitzen seiner Hände beginnt und das Wasser bis zu den Ellenbogen gelangen lässt. Die Ellenbogen gehören zu den Armen und müssen mitgewaschen werden. Es ist islamisch empfohlen, die Waschung insgesamt dreimal zu wiederholen. Pflicht ist dagegen, sie mindestens einmal zu vollziehen.

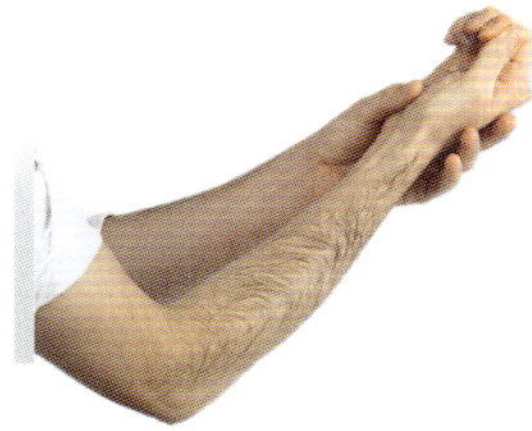

7

Darauf wird der Kopf gestrichen. Man benässt seine Hände mit Wasser, dann streicht man den Kopf, wobei man vorne am Haaransatz beginnt und nach hinten den Kopf streicht, bis man den hinteren Nackenbereich erreicht. Es ist Sunna, dass man vom hinteren Nackenbereich aus wieder zurück nach vorne zum Haaransatz streicht. Es ist dagegen nicht islamisch empfohlen, das Streichen des Kopfes dreimal zu wiederholen, wie es bei den anderen Körpergliedern der Fall ist.

8

Hinterher werden die Ohren gestrichen. Nach dem Streichen des Kopfes steckt man seine Zeigefinger in die Ohren und streicht dabei mit seinen Daumen die Außenseite der Ohrmuscheln.

9

Schließlich wäscht man die Füße einschließlich der Knöchel. Es ist islamisch empfohlen, dies insgesamt dreimal zu wiederholen. Pflicht ist dagegen, es mindestens einmal zu tun. Wenn jemand Socken trägt, so ist es ihm erlaubt, über sie zu streichen, anstatt sie zu waschen, sofern die Voraussetzungen hierfür (siehe Seite 113) erfüllt sind.

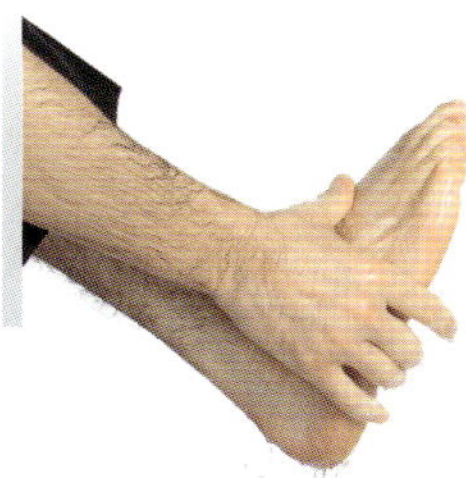

Der Zustand der großen rituellen Unreinheit

Wann man die Ganzkörperwaschung (ġusl) durchführen muss:

Wenn sich bestimmte Umstände ereignen, ist es für den Muslim eine Pflicht, die Ganzkörperwaschung zu vollziehen, ehe es ihm wieder erlaubt ist, das Gebet zu verrichten oder die Heilige Kaaba zu umrunden. Bevor er die Ganzkörperwaschung vollzieht, bezeichnet man ihn als jemanden, der sich im Zustand der großen rituellen Unreinheit befindet.

Bei folgenden Umständen muss man die Ganzkörperwaschung vollziehen:

1 Nach einer Ejakulation: Wenn Sperma oder entsprechende Flüssigkeit bei der Frau aufgrund sexueller Erregung mit Druck ausströmt. Dabei ist es unerheblich, wodurch der Orgasmus ausgelöst wurde. Ebenfalls spielt es hier keine Rolle, ob man sich währenddessen im Wach- oder Schlafzustand befindet.

Sperma ist eine weiße, dickliche Flüssigkeit, die beim Orgasmus und sexuellen Höhepunkt ausgestoßen wird.

2 Nach dem Geschlechtsverkehr: Gemeint ist, wenn beim Geschlechtsakt das Glied des Mannes in die Scheide der Frau eindringt, auch wenn es nicht zum sexuellen Höhepunkt oder Samenerguss kommt. Sobald die Eichel des Mannes in die Scheide eingetreten ist, ist die Ganzkörperwaschung für beide verpflichtend. Allah, der Erhabene sagte: Und wenn ihr im Zustand der Unreinheit seid, dann reinigt euch! (Sure 5 al-Māʾida Vers 6)

> Für die verpflichtende Ganzkörperwaschung reicht es aus, dass man beim Duschen das Wasser überall auf seinen gesamten Körper gießt.

3 Nach Ende der Regelblutung und des Wochenflusses:

- Die Menstruation ist das natürliche Blut, das jeden Monat aus der Frau austritt. Die Regelblutung dauert etwa sieben Tage an, vielleicht ein paar Tage mehr oder weniger. Das hängt damit zusammen, dass jede Frau anders ist und einen individuellen Organismus hat.

- Der Wochenfluss ist das Blut, das nach der Geburt aus der Frau austritt. Die Blutungen dauern mehrere Tage (bis zu 40 Tage) an.

Allah, der Erhabene hat der menstruierenden Frau und der Wöchnerin Erleichterungen beschert, sodass sie während ihrer Blutungen nicht beten und fasten brauchen. Nachdem die Blutungen vorbei sind und sie ihre rituelle Reinheit wiedererlangt haben, müssen sie die verpassten Fastentage nachholen, nicht aber die unterlassenen Gebete. Im Zeitraum des Wochenflusses und der Regelblutung ist es den Ehemännern nicht erlaubt, Geschlechtsverkehr mit ihren Frauen zu haben. Es ist ihnen jedoch gestattet, mit ihnen auf andere Weise geschlechtlich zu verkehren, ohne den Beischlaf zu vollziehen. Die Frau muss nach Beendigung der Blutungen die Ganzkörperwaschung durchführen.

Allah, der Erhabene sagte: So haltet euch von den Frauen während der Monatsblutung fern, und kommt ihnen nicht nahe, bis sie rein sind! Wenn sie sich dann gereinigt haben, so kommt zu ihnen, wie Allah es euch geboten hat. (Sure 2 al-Baqara Vers 222) „Wenn sie sich dann gereinigt haben“ bedeutet: Wenn sie die Ganzkörperwaschung durchgeführt haben.

Die Reinigung von ritueller Unreinheit aufgrund sexueller Aktivität und vom Zustand der großen rituellen Unreinheit

Es reicht aus, dass der Muslim die Absicht fasst, sich rituell zu reinigen und seinen gesamten Körper mit Wasser wäscht.

- Die vollkommenere Art der Ganzkörperwaschung ist jedoch, dass man am Anfang seine Geschlechtsorgane wäscht, so wie man es nach dem Toilettengang tut. Darauf nimmt man die Gebetswaschung vor. Und zum Schluss gießt man das Wasser überall auf den ganzen Körper. Durch diese Art der Ganzkörperwaschung erhält man einen größeren Lohn bei Allah, weil diese Weise in Übereinstimmung mit der Sunna des Propheten (Allahs Segen und Friede auf ihm) durchgeführt wurde.

- Wenn sich der Muslim von ritueller Unreinheit aufgrund sexueller Aktivität wäscht, ersetzt die Ganzkörperwaschung die Gebetswaschung. Es ist nicht unbedingt erforderlich, während der Ganzkörperwaschung die Gebetswaschung vorzunehmen. Jedoch ist es besser, wenn man die vollkommenere Art der Ganzkörperwaschung praktiziert, die eine Gebetswaschung beinhaltet, weil diese Art der Sunna des Propheten (Allahs Segen und Friede auf ihm) entspricht.

Das Streichen über die Socken

Eine der vielen Beweise, die belegen wie tolerant und einfach der Islam ist, sieht man an der Erleichterung im Gottesdienst. Es ist dem Muslim erlaubt, anstatt die Füße bei der Gebetswaschung zu waschen, einfach über die Socken oder die Schuhe zu streichen. Hierfür benässt man die Hände mit wenig Wasser und streicht an der Oberseite des Fußes, dem Fußspann entlang. Die Socken oder die Schuhe müssen den ganzen Fuß bedecken. Eine Bedingung für das Streichen über die Socken ist, dass man sie anzieht, während man in einem rituell reinen Zustand ist, d.h. nach einer Gebets- oder Ganzkörperwaschung. Die Zeitspanne für das Streichen beträgt höchstens 24 Stunden für einen Ansässigen und höchstens 72 Stunden für einen Reisenden.

Ein Muslim, der die Ganzkörperwaschung durchführt, um sich von ritueller Unreinheit aufgrund sexueller Aktivität zu reinigen, hat auf jeden Fall die Pflicht, seine Füße zu waschen.

Wenn es für jemanden nicht möglich ist, Wasser zu benutzen:

Wenn der Muslim kein Wasser für die Gebets- oder Ganzkörperwaschung verwenden kann, weil er aufgrund von Krankheit kein Wasser verträgt oder weil Wasser fehlt oder weil das Wasser so knapp ist, dass er nur so viel für das Trinken hat, dann ist es ihm erlaubt, die Ersatzwaschung mit der Erde (tayammum) durchzuführen. Man kann davon solange Gebrauch machen, bis man wieder Wasser findet bzw. wieder Wasser verwenden kann.

Die Weise, wie man die Ersatzwaschung mit der Erde (tayammum) durchführt: Man schlägt mit seinen beiden Handinnenflächen einmal auf den Erdboden und reibt sein Gesicht mit beiden Händen, an denen Resterde hängen geblieben ist. Dann reibt man mit der linken Handinnenfläche über den rechten Handrücken und dann mit der rechten Handinnenfläche über den linken Handrücken.

Dein Gebet

3

Das Gebet ist der Grundpfeiler der Religion. Sie stellt eine direkte Verbindung zwischen dem Diener und Allah, seinem Herrn und Schutzherren dar. Aus diesem Grund ist das Gebet der größte Gottesdienst mit dem höchsten Stellenwert. Allah, der Erhabene hat dem Muslim auferlegt, seine Gebete in jeder Situation und Lage einzuhalten, ob er sich an seinem Wohnort oder auf Reise befindet, ob er gesund oder krank ist.

Inhaltsverzeichnis des Kapitels:

Das Gebet

Die wörtliche Bedeutung: „das Bittgebet". Das Gebet stellt die direkte Verbindung zwischen dem Diener und Allah, seinem Herrn und Schöpfer dar. Das Gebet beinhaltet die herausragendsten Bedeutungen der hingebungsvollen Dienerschaft für Allah sowie die aufrichtige Zuwendung an Allah und das eindringliche Hilfegesuch bei Allah. So bittet der Muslim im Gebet seinen Herrn, er führt mit Ihm ein vertrauliches Gespräch und erwähnt Ihn mit Lobpreisungen. Dadurch wird seine Seele gereinigt. Und der Muslim beginnt, über sich selbst nachzudenken. Er denkt auch über das Diesseits, in dem er lebt, nach und er erkennt ihr wahres Wesen. Er fühlt die unermessliche Größe Seines Schutzherrn und Seine unendliche Barmherzigkeit, die Er ihm entgegenbringt. Dann, in diesem Augenblick, wird ihn das Gebet zum rechten Verhalten auf Allahs Weg leiten und wird ihn von Unrecht, Abscheulichem und Ungehorsam fernhalten. Allah, der Erhabene sagte: Gewiss, das Gebet hält davon ab, das Schändliche und das Verwerfliche (zu tun). (Sure 29 al-ʿAnkabūt Vers 45)

> Der Stellenwert des Gebets

Das Gebet ist der größte und bedeutendste Gottesdienst, den man mit dem Körper verrichtet. Das Gebet ist ein Gottesdienst, bei dem verschiedene Körperorgane einbezogen werden: das Herz, das Gehirn und die Zunge. Die enorme Wichtigkeit des Gebets wird durch ihre folgenden besonderen Aspekte deutlich:

Das Gebet hat eine unvorstellbar hohe Stellung:

1. Das Gebet ist die zweite Säule des Islams. Der Gesandte Allahs (Allahs Segen und Friede auf ihm) sagte: „Der Islam wurde auf fünf (Säulen) gebaut: dem Zeugnis, dass es keinen zu Recht anbetungswürdigen Gott außer Allah gibt, und dass Muḥammad der Gesandte Allahs ist, dem Verrichten des Gebets, ..." (Buḫārī Hadith Nr. 8 und Muslim Hadith Nr. 16)

   Die Säule eines Gebäudes ist das Fundament, auf dem sich alles stützt; und ohne Fundament kann kein Gebäude entstehen.

2 Die islamischen Beweisquellen aus Koran und Sunna belegen, dass der Unterschied zwischen einem Muslim und einem Ungläubigen das Verrichten des Gebets ist. Der Prophet (Allahs Segen und Friede auf ihm) sagte: „Wahrlich, zwischen dem Mann und zwischen der Beigesellung und dem Unglauben liegt das Gebet." (Muslim Hadith Nr. 82).

Auch sagte der Prophet (Allahs Segen und Friede auf ihm): „Der Vertrag zwischen uns und ihnen (d. h. den Nichtmuslimen) ist das Gebet. Wer es (ableugnend) unterlässt, der ist ungläubig." (Tirmiḏī Hadith Nr. 2621 und Nasāʾī Hadith Nr. 463)

3 Allah, der Mächtige und Majestätische befahl, das Gebet in jeder Situation und Lage einzuhalten, gleich ob man sich am Wohnort oder auf Reise bzw. in Friedens- oder Kriegszeiten befindet und ob man gesund oder krank ist. Dabei wird das Gebet den Umständen entsprechend, je nach Kräften und Möglichkeiten, verrichtet. Allah, der Erhabene sagte: Haltet die Gebete ein! (Sure 2 al-Baqara Vers 238)

Und der Erhabene sagte: ...und die ihre Gebete einhalten (Sure 23 al-Muʾminūn Vers 9)

Vorzüge des Gebets:

In den Beweisquellen aus Koran und Sunna sind zahlreiche Belege über die Vorzüge des Gebets zu finden. Dazu gehören Folgende:

1 Das Gebet löscht die Sünden aus. Der Prophet (Allahs Segen und Friede auf ihm) sagte: „Die fünf (Pflicht)Gebete, von Freitagsgebet zu Freitagsgebet und Ramadan zu Ramadan, sind Auslöscher für das, was in den Zeiträumen zwischen ihnen ist; vorausgesetzt, es werden keine großen Sünden begangen." (Muslim Hadith Nr. 233 und Tirmiḏī Hadith Nr. 214)

2 Das Gebet ist für den Muslim eine lichtspendende Leuchte in seinem gesamten Leben. Das Gebet leitet den Muslim zum Guten und hält ihn vom Schlechten fern. Allah, der Erhabene sagte: Gewiss, das Gebet hält davon ab, das Schändliche und das Verwerfliche (zu tun). (Sure 29 al-ʿAnkabūt Vers 45)

Und der Prophet (Allahs Segen und Friede auf ihm) sagte: „Das Gebet ist Licht." (Muslim Hadith Nr. 223)

3 Das Gebet ist das Erste, worüber der Mensch am Tage der Auferstehung Rechenschaft ablegen muss. Wenn es gut war und angenommen wird, dann werden die übrigen Taten ebenfalls angenommen. Und wenn es aber abgewiesen wird, dann werden auch die übrigen Taten abgewiesen. Der Prophet (Allahs Segen und Friede auf ihm) sagte: „Die erste seiner Handlungen, über die mit dem Gottesdiener am Tag der Auferstehung abgerechnet wird, ist das Gebet. Wenn es gut war, so werden alle seine Taten gut sein, und wenn es schlecht war, so werden alle seine Taten schlecht sein." (Tabarānī in seinem Werk al Muʿǧam al-Ausaṭ Hadith Nr. 1859)

Für wen ist das Gebet verpflichtend?

Das Gebet ist für jeden Muslim Pflicht, der geistig gesund und die Geschlechtsreife erreicht hat. Für Frauen kommt hinzu, dass sie in diesem Zeitraum keine Menstruationsblutung oder Wochenfluss haben. Menstruierende und Wöchnerinnen beten nicht in der Zeit, in der sie ihre Regelblutung haben bzw. im Wochenbett liegen. Nachdem die Blutungen vorbei sind und sie wieder ihre rituelle Reinheit erlangt haben, holen sie aber nicht die Gebete nach (siehe Seite 111).

> Allah, der Mächtige und Majestätische befahl den Menschen, in jeder Situation und Lage das Gebet einzuhalten, sogar wenn man sich mitten im Krieg befindet oder wenn eine Katastrophe hereinbricht.

Man erlangt die Geschlechtsreife und gilt als islamisch vollreif, wenn eine der folgenden Merkmale auftreten:

- Das Erreichen des 15. Lebensjahres.
- Wuchs der Scham- und/oder Achselhaare
- Ejakulation im Wach- oder Schlafzustand
- Menstruation oder Schwangerschaft

Das Gebet ist für den Gläubigen der schönste Moment, weil er im Gebet ein vertrauliches Gespräch mit seinem Herrn führen kann. Er findet im Gebet Erholung, innere Ruhe und spürt, dass Allah, der Mächtige und Majestätische bei ihm und ihm sehr nah ist.

Das Gebet stellte für den Propheten (Allahs Segen und Friede auf ihm) den größten Genuss dar. Der Gesandte (Allahs Segen und Friede auf ihm) sagte: „Meine Augenweide ist das Gebet.“ (Nasā'ī Hadith Nr. 3940)

Und Allahs Gesandter (Allahs Segen und Friede auf ihm) pflegte zu seinem Gebetsrufer Bilal (Allahs Wohlgefallen auf ihm) zu sagen: „O Bilal, (rufe zum Gebet und) lass uns im Gebet Erholung finden!“ (Abū Dāwūd Hadith Nr. 4985)

Wenn dem Propheten (Allahs Segen und Friede auf ihm) eine Angelegenheit Sorgen bereitete, begab er sich gewöhnlich sofort zum Gebet. (Abū Dāwūd Hadith Nr. 1319)

>Welche Voraussetzungen müssen vor dem Verrichten des Gebets erfüllt sein?

1 **Frei sein vom Zustand der rituellen Unreinheit und von unreinen Substanzen.** (Details wurden bereits auf Seite 103 - 104 erörtert)

2 **Das Bedecken des Körperbereichs, der im Gebet nicht sichtbar sein darf.**
Für die Gültigkeit des Gebets wird vorausgesetzt, dass man Kleidung trägt, um den Körperbereich zu bedecken, der nicht sichtbar sein darf (ʿ**aurah**). Die Kleidung darf nicht kurz oder transparent sein, sodass dadurch die Körperformen betont werden.

Beim zu bedeckenden Körperbereich sind drei Personengruppen zu unterscheiden:

Die Frau: Bei der geschlechtsreifen Frau ist der Körperbereich, der im Gebet nicht sichtbar sein darf, ihr gesamter Körper, ausgenommen ihr Gesicht und ihre Hände.

Das Kind: Bei kleinen Kindern ist der Körperbereich, der im Gebet nicht sichtbar sein darf, nur die Schamgegend.

Der Mann: Beim geschlechtsreifen Mann reicht der Körperbereich, der im Gebet nicht sichtbar sein darf, vom Nabel bis zu den Knien.

Allah, der Erhabene sagte: O Kinder Adams, habt eine gepflegte Erscheinung an jeder Gebetsstätte... (Sure 7 al-Aʿrāf Vers 31)

Das Mindeste, was man beim Anlegen von schöner Kleidung tun muss, ist die Blöße zu bedecken. Mit „jeder Gebetsstätte" ist „bei jedem Gebet" gemeint.

> **Die muslimische Frau ist verpflichtet, im Gebet ihren gesamten Körper, außer ihrem Gesicht und ihrer Hände, zu bedecken.**

3 Sich zur Gebetsrichtung wenden

Allah, der Erhabene sagte: Und woher du immer heraustrittst, da wende dein Gesicht in Richtung der Heiligen Moschee! (Sure 2 al-Baqara Vers 149)

- Die Gebetsrichtung der Muslime ist die verehrte Kaaba in Mekka. Die Kaaba wurde vom Propheten Ibrāhīm (Allahs Friede auf ihm), dem Urvater der Propheten errichtet. Zu ihr pilgerten bereits die Propheten (Allahs Friede auf ihnen allen). Wir wissen, dass die Kaaba aus Steinen besteht, die weder schaden noch nutzen können. Doch hat uns Allah, der Erhabene befohlen, uns im Gebet in ihre Richtung zu wenden, damit sich alle Muslime zusammenschließen und vereint in ein und dieselbe Richtung beten. Indem wir uns in die Gebetsrichtung wenden, erfüllen wir einen Gottesdienst für Allah.

- Wenn der Muslim sich in Mekka befindet und die Kaaba vor sich sieht, so ist es seine Pflicht, sich direkt in ihre Richtung zu wenden. Wenn er aber weit entfernt von der Kaaba ist, dann reicht es aus, dass er sich in Richtung Mekka wendet. Geringfügige Abweichungen von der Gebetsrichtung sind kein Problem. Der Prophet (Allahs Segen und Friede auf ihm) sagte: „Was sich zwischen Osten und Westen befindet, ist Gebetsrichtung." (Tirmiḏī Hadith Nr. 342)

- Wenn man aufgrund von Krankheit oder aus anderen Gründen sich nicht zur Gebetsrichtung wenden kann, so entfällt diese Pflicht. Diese Regel gilt für alle Pflichten: Wenn man nicht imstande ist, eine Pflichthandlung auszuführen, so entfällt die Pflicht. Allah, der Erhabene sagte: So fürchtet Allah, soviel ihr nur könnt. (Sure 64 at-Taġābun Vers 16)

4 Das Eintreten der Gebetszeit

Das Eintreten der Gebetszeit ist eine Bedingung für die Gültigkeit des Gebets. Ein Gebet, das vor Eintritt der Gebetszeit verrichtet wurde, ist ungültig. Das Gebet so lange hinauszuschieben, bis seine Zeit abläuft, ist verboten. Allah, der Erhabene sagte: Das Gebet ist den Gläubigen zu bestimmten Zeiten vorgeschrieben. (Sure 4 an-Nisā' Vers 103)

Was das Eintreten der Gebetszeit betrifft, so muss auf folgende Punkte hingewiesen werden:

- Es ist viel besser und vorzüglicher, das Gebet zu Anfang seiner Zeit zu verrichten.
- Es ist Pflicht, das Gebet innerhalb seiner festgelegten Zeit zu verrichten. Das Hinauszögern des Gebets, sodass seine Zeit abläuft, ist streng verboten, ganz gleich aus welchen Gründen dies geschieht.
- Wer ein Gebet verpasst hat, weil er es beispielsweise verschlafen oder vergessen hat, muss, sobald er aufwacht bzw. sich daran erinnert, sofort das Gebet nachholen.

> Allah, der Erhabene sagte: Das Gebet ist den Gläubigen zu bestimmten Zeiten vorgeschrieben.

> Die fünf täglichen Pflichtgebete und ihre Zeiten

Allah, der Erhabene hat dem Muslim fünf Gebete im Verlaufe jeweils eines Tages und einer Nacht zur Pflicht gemacht. Das Gebet ist der Grundpfeiler der Religion und die wichtigste aller Pflichten. Für die Gebete hat Allah, der Erhabene klare Zeiten festgelegt:

Das Morgendämmerungsgebet (faǧr): Es besteht aus zwei Gebetseinheiten. Die Zeit beginnt ab Aufbruch der Morgendämmerung, sobald das Frühlicht beginnt, am Horizont sichtbar zu werden. Die Gebetszeit endet mit dem Sonnenaufgang.

Mittagsgebet (ẓuhr): Es besteht aus vier Gebetseinheiten. Die Zeit beginnt mittags, nachdem sich die Sonne neigt und den höchsten Punkt im Himmel (Zenit) überschritten hat. Die Gebetszeit endet, wenn der Schatten eines Gegenstandes genauso lang wie der Gegenstand selbst geworden ist.

Nachmittagsgebet (ʿaṣr): Es besteht aus vier Gebetseinheiten. Die Zeit beginnt, sobald die Zeit für das Mittagsgebet beendet ist. Das ist dann der Fall, wenn der Schatten eines Gegenstandes genauso lang wie der Gegenstand selbst geworden ist. Die Gebetszeit endet mit dem Sonnenuntergang. Der Muslim sollte darauf achten, sein Gebet rechtzeitig zu verrichten, bevor die Sonnenstrahlen allmählich schwächer werden und die Sonne eine gelblich-orange Farbe bekommt.

Sonnenuntergangsgebet (maġrib): Es besteht aus drei Gebetseinheiten. Die Zeit beginnt ab Untergang der Sonne, sobald die Sonnenscheibe nicht mehr sichtbar ist. Die Gebetszeit endet, wenn die Abendröte, die mit dem Untergang der Sonne begonnen hatte am Horizont verschwunden ist.

Nachtgebet (ʿišāʾ): Es besteht aus vier Gebetseinheiten. Die Zeit beginnt, sobald die Abendröte vollständig vom Himmel verschwunden ist, und endet in der Mitte der Nacht, d. h. in der Hälfte der Zeitspanne zwischen Sonnenuntergang- und Morgendämmerungsgebet. Wenn man sich in einer Notlage befindet, kann man das Gebet ausnahmsweise bis zum Aufbruch der Morgendämmerung verrichten.

Der Muslim kann sich ruhig an die Gebetskalender halten. Er ist nicht verpflichtet, sich persönlich anhand des Sonnenverlaufs davon zu vergewissern, ob die Gebetszeit eingetroffen ist.

Das Gebet

> Der Gebetsplatz

Der Islam weist die Muslime an, die Gebete mit der Gemeinschaft zu verrichten. Er empfahl ihnen, das Gebet vor allem mit der Gemeinde in der Moschee zu beten. Auf diese Weise wird die Moschee zum Treffpunkt und Versammlungsort für alle Muslime, in der die geschwisterlichen Beziehungen und die Liebe zwischen den Muslimen gestärkt werden sollen. Im Islam ist das Gemeinschaftsgebet in der Moschee um viele Stufen vorzüglicher, als das Gebet, das man alleine betet. Der Prophet (Allahs Segen und Friede auf ihm) sagte. „Das Gebet des Mannes in der Gemeinschaft ist um siebenundzwanzig Stufen besser als das Gebet des Einzelnen.“ (Buḫārī Hadith Nr. 619, Muslim Hadith Nr. 650 und Aḥmad Hadith Nr. 5921)

Jedoch kann das Gebet an jedem Ort verrichtet werden. Das ist eine große Barmherzigkeit Allahs uns gegenüber. Der Gesandte Allahs (Allahs Segen und Friede auf ihm) sagte: „Die Erde wurde mir sowohl als Gebetsstätte als auch als Mittel für die (rituelle) Reinigung gemacht und wenn jemand von meiner Gemeinschaft das Gebet bei seiner Fälligkeit verrichten will, der kann es dort und überall verrichten, wo er sich gerade befindet.“ (Buḫārī Hadith Nr. 328 und Muslim Hadith Nr. 521)

Regeln über den Gebetsplatz:

Der Islam setzt für den Gebetsplatz voraus, dass der Boden, auf dem das Gebet verrichtet wird, rituell rein ist. Allah, der Erhabene sagte: Und Wir verpflichteten Ibrāhīm und Isma'īl: «Reinigt Mein Haus für diejenigen, die den Umlauf vollziehen und die sich (dort) zur Andacht zurückziehen und die sich (vor Allah) verbeugen und niederwerfen! (Sure 2 al-Baqara Vers 125)

Als Grundprinzip gilt, dass jeder Platz generell als rituell rein anzusehen ist, und dass Plätze, die mit unreinen Substanzen verschmutzt sind, eher als Ausnahme gelten. Wenn man nicht ganz sicher weiß, ob ein Ort oder Gegenstand mit unreinen Substanzen verschmutzt ist, so muss man diesen als rituell rein betrachten. Im Übrigen ist es nicht islamisch empfohlen, sich speziell einen Gebetsteppich oder eine Decke zu besorgen, um nur auf ihnen das Gebet zu verrichten.

Es gibt zahlreiche Punkte, die man beim Gebetsplatz beachten sollte. Dazu gehören:

1. Bei der Wahl des Gebetsplatzes sollte man beachten, dass man keinen Menschen stören oder belästigen darf. Beispielsweise darf man nicht mitten auf dem Gehweg oder auf Durchgängen beten und auch nicht auf Plätzen, wo es verboten ist, zu stehen oder sich aufzuhalten. Hierdurch würde man die Menschen stören, behindern und könnte bei ihnen einen Stau und Menschengedränge verursachen. Der Gesandte Allahs (Allahs Segen und Friede auf ihm) verbot den Muslimen, ihre Mitmenschen zu belästigen oder zu Schaden kommen zu lassen. Er sagte: Keinen Schaden (zufügen) und keine (gegenseitige) Schädigung!“ (Ibn Māğah Hadith Nr. 2340 und Aḥmad Hadith Nr. 2865)

2. Am Ort des Gebets darf nichts vorhanden sein, was den Betenden im Gebet ablenken könnte, wie z. B. Bilder, laute Stimmen und Geräusche oder Musik.

3. Der Platz, der für das Gebet gewählt wird, darf nicht an Orten sein, wo sich Menschen befinden, die sich über das Gebet lustig machen und es verspotten würden, wie etwa das Gebet inmitten von Betrunkenen oder Fanatikern usw. Allah, der Segensreiche und Erhabene verbot es, die Götzen der Ungläubigen zu beschimpfen, damit sie nicht im Gegenzug darauf, vor Wut und aus Unwissenheit, Allah, den Erhabenen beleidigen. Allah, der Erhabene sagte: Und schmäht nicht diejenigen, die sie außer Allah anrufen, damit sie nicht in Übertretung ohne Wissen Allah schmähen! (Sure 6 al-Anʿām Vers 108)

4. Der Platz, an dem das Gebet stattfinden soll, darf nicht ursprünglich als Ort dienen, an dem vor Allah gesündigt wird, wie etwa einer Diskothek oder einem Nachtlokal. Das Gebet an diesen Plätzen ist verwerflich.

Kannst du das Gebet in der Moschee mit der Gemeinschaft verrichten?

Ja → Für Männer ist es erforderlich, das Gebet mit der Gemeinschaft zu verrichten. Es gehört zu den vorzüglichsten und liebsten Taten bei Allah. Für Frauen ist das Gemeinschaftsgebet in der Moschee eine erlaubte Angelegenheit.

Nein ↓

Wenn du das Gebet nicht in der Moschee mit der Gemeinschaft verrichten kannst: Befindest du dich an einem Platz, der von unreinen Substanzen verschmutzt ist?

Ja → Das Gebet an rituell unreinen Plätzen ist verboten. Allah hat uns befohlen, unser Gebet an rituell reinen Plätzen zu verrichten.

Nein ↓

Wenn der Platz für das Gebet nicht unrein ist: Würde das Gebet an diesem Platz Menschen belästigen, weil der vorgesehene Gebetsplatz beispielsweise ihr Gehweg ist?

Ja → Es ist verboten, Menschen zu belästigen und zu bedrängen, sei es auch durch das Gebet. Wähle einen anderen Platz für dein Gebet!

Nein ↓

Gibt es an diesem Platz Dinge, die dich während des Gebets ablenken könnten, wie z. B. laute Stimmen?

Ja → Man sollte sich von allen Angelegenheiten fernhalten, die den Betenden während des Gebets ablenken und beschäftigen könnten.

Nein → Eine herausragende Besonderheit und eine große Barmherzigkeit Allahs gegenüber dieser muslimischen Gemeinschaft ist, dass Allah ihre Gebete überall auf der Welt gültig sein ließ.

> Wie man das Gebet verrichtet

1 Die Absicht:

Die Absicht ist eine Voraussetzung für die Gültigkeit des Gebets. Das heißt, man beabsichtigt in seinem Herzen, durch das Verrichten des Gebets Allah zu dienen. Dabei muss man wissen, um welches Gebet es sich genau handelt, z.B. um das Sonnenuntergangsgebet (maġrib) oder das Nachtgebet (ʿ**išā**ʾ). Es ist nicht islamisch rechtens, die Absicht auszusprechen, sondern es genügt vollkommen, dass man die Absicht im Herzen trägt und sie sich ins Bewusstsein ruft. Das Aussprechen der Absicht ist ein Fehler, weil diese Praxis weder vom Propheten (Allahs Segen und Friede auf ihm) noch von seinen edlen Gefährten überliefert worden ist.

2 Aufrecht im Gebet stehen und **„Allāhu akbar"** (Allah ist größer) sagen. Hierfür hebt man vorher die Hände in die Höhe der Schultern oder etwas höher. Man hält die Handflächen senkrecht in Gebetsrichtung.

Eine andere Wortformel als „Allāhu akbar" ist nicht gültig. Die Wortformel „Allāhu akbar" ist ein Ausdruck, um Allah, den Ruhmvollen zu verherrlichen und zu loben. Denn Allah ist größer als alles. Er ist größer und wichtiger als das Diesseits mit allen seinen Genüssen und Begierden. Also sollten wir alle diesseitigen Angelegenheiten beiseitelegen und uns mit unserem Herzen und unserem Verstand einzig Allah, dem Großen und hoch Erhabenen konzentriert und demütig zuwenden.

3 Dann legt man die rechte Hand über die linke Hand und platziert sie auf die Brust. Wann immer man im Gebet aufrecht steht, legt man seine Hände auf die Brust.

4 Darauf spricht man das eröffnende Bittgebet (duʿāʾ al-istiftāḥ), was islamisch erwünscht ist. Der Wortlaut für dieses Bittgebet ist wie folgt: **subḥānak-allāhumma wa bi-ḥamdik(a). Wa tabāraka-smuk(a). Wa taʿālā ǧadduk(a). Wa lā ilāha ġayruk(a)**. (O Allah, du bist frei von allen Mängeln! O Allah, ich lobe Dich mit Deinem (Dir zustehenden) Lob. Gesegnet sei Dein Name! Erhaben sei Deine Gewaltigkeit! Es gibt außer Dir keinen zu Recht anbetungswürdigen Gott).

5 Dann sucht man Zuflucht bei Allah vor dem Satan, indem man spricht: **aʿūḏu billāhi mina-š-šayṭāni-r-raǧīm**. (Ich suche Zuflucht bei Allah vor dem verfluchten Satan). Die Zufluchtnahme bei Allah wird istiʿāḏa genannt und bedeutet: Ich suche Schutz und Zuflucht bei Allah vor den Übeln des Satans.

6 Sodann spricht man die Eröffnungsformel: **bismillāhi-r-raḥmāni-r-raḥīm**. (Im Namen Allahs, des Allerbarmers, des Barmherzigen). Die Eröffnungsformel wird basmalah genannt und bedeutet: Mit dem Namen Allahs beginne ich, suche Seine Hilfe und Seinen Segen.

7 Darauf rezitiert man die erste Sure im Koran, die Sure al-Fātiḥa, die Eröffnende. Die Sure al-Fātiḥa ist die gewaltigste Sure im Buch Allahs.

- Allah, der Erhabene gab Seinem Gesandten bekannt, dass Er ihm mit der Herabsendung der Sure al-Fātiḥa eine große Gnade erwies. Der Erhabene sagte: Und Wir haben dir doch sieben von den sich wiederholenden Versen gegeben, und (auch) den großartigen Koran. (Sure 15 al-Ḥiǧr Vers 87)

  Die „sieben von den sich wiederholenden Versen" ist die Sure al-Fātiḥa. Sie wurde so genannt, weil sie aus sieben Versen besteht.

- Der Muslim ist verpflichtet, sie zu lernen, weil das Rezitieren der Sure al-Fātiḥa eine Säule im Gebet ist, d. h. eine Bedingung für die Gültigkeit des Gebets, wenn man alleine oder in der Gemeinschaft hinter einem Vorbeter betet, der ein leises Gebet leitet und somit die Fātiḥa nicht hörbar liest.

8 Es ist erwünscht, nach dem Rezitieren der Sure al-Fātiḥa oder nachdem der Vorbeter sie rezitiert hat, Folgendes zu sprechen: **āmīn** (O Allah, erhöre unser Gebet!)

9 In den ersten beiden Gebetseinheiten rezitiert man nach der Sure al-Fātiḥa eine weitere Sure oder einige Verse aus dem Koran. In der dritten und vierten Gebetseinheit rezitiert man nur die Sure al-Fātiḥa und nichts weiter.

- Die Sure al-Fātiḥa und die anschließend rezitierten Verse werden in folgenden Gebeten laut hörbar rezitiert: im Morgendämmerungsgebet (**faǧr**) sowie in den jeweils ersten beiden Gebetseinheiten des Sonnenuntergangsgebets (**maġrib**) und des Nachtgebets (**ʿišā**ʾ). Dagegen werden die Rezitationen leise gesprochen in den folgenden Gebeten: im gesamten Mittagsgebet (**ẓuhr**) und Nachmittagsgebet (ʿ**aṣr**).
- Was die übrigen Gedenkworte im Gebet betrifft, so werden sie generell leise gesprochen.

Was tut jemand, der die Sure al-Fātiḥa und die Gedenkworte des Gebets noch nicht auswendig gelernt hat?

Wer erst vor kurzer Zeit zum Islam konvertiert ist und die Sure al-Fātiḥa sowie die Gedenkworte des Gebets noch nicht auswendig gelernt hat, muss Folgendes tun:

- Er muss sich bemühen, schnellstmöglich die Worte und Sätze auswendig zu lernen, die man im Gebet unbedingt sprechen muss. Denn das Gebet ist nur gültig, wenn folgende Sure und Gedenkworte auf Arabisch gesprochen werden:

  Die Sure al-Fātiḥa sowie folgende Gedenkworte: **„Allāhu akbar", „subḥāna rabbīya-l-ʿaẓīm", „subḥāna rabbīya-l-aʿlā", „rabbi-ġfir lī",** das Bezeugungsbittgebet (tašahhud), die Segengrüße für den Propheten (aṣ-ṣalātu ʿala-n-nabīyyi) und Friedensgruß zum Abschluss des Gebets („as-salāmu ʿalaykum wa raḥmatullāh").

- Der Muslim, der das noch nicht vollständig auswendig gelernt hat, muss während des Gebets die Gedenkworte wiederholen, die er auswendig kann, wie z.B. subḥān-Allah, al-ḥamdu lillah und Allāhu akbar. Während er steht, wiederholt er bei der Sure al-Fātiḥa einfach die Verse, die er bereits von der Sure auswendig kennt. Allah, der Barmherzige sagte:

So fürchtet Allah, soviel ihr nur könnt.

(Sure 64 at-Taġābun Vers 16)

- Der Muslim sollte sich in dieser Phase äußerst bemühen, das Gebet in der Gemeinschaft zu verrichten. Durch das Gemeinschaftsgebet lernt der neue Muslim sein Gebet besser und schneller. Außerdem wird durch das Beten hinter einem Vorbeter ein Teil der Fehler und Unvollständigkeiten behoben, die während des Gebets beim Betenden auftreten.

Die Bedeutung der Sure al-Fātiḥa:

Al-ḥamdu lillāhi rabbi-l-ʿālamīn - (Alles) Lob gebührt Allah, dem Herrn der Weltenbewohner.

Ich lobe Allah mit all Seinen Eigenschaften und Taten. Ich lobe Ihn für Seine sichtbaren und verborgenen Gnadengaben. Ich lobe Ihn und empfinde große Liebe und höchste Verherrlichung für Ihn. Der Herr ist der Schöpfer, der Besitzer und Eigentümer; Derjenige, Der alle Dinge lenkt und leitet, Derjenige, Der Seine Diener mit Gnadengaben überhäuft. Die Weltenbewohner sind alles Existierende außer Allah, dem Mächtigen und Majestätischen. Dazu gehören die Welten der Menschen, der Dschinn, der Engel, der Tiere usw.

Ar-raḥmāni-r-raḥīm - Dem Allerbarmer, dem Barmherzigen

Das sind zwei der Namen Allahs. Der Allerbarmer bedeutet: Derjenige mit der umfassenden Barmherzigkeit, die alles und jeden einschließt. Der Barmherzige ist Derjenige, Dessen unendliche Barmherzigkeit für Seine gläubigen Diener bestimmt ist.

Māliki yaumi-d-dīn - Dem Herrscher am Tag des Gerichts.

Er ist der Herrscher, Der am Jüngsten Tag, dem Tage der Belohnung und der Abrechnung, alle Dinge leitet. Hierin liegt eine Erinnerung für den Muslim an den Jüngsten Tag und eine Motivation, noch mehr rechtschaffene Taten zu vollbringen.

Iyyāka naʿbudu wa iyyāka nastaʿīn - Dir allein dienen wir, und zu Dir allein flehen wir um Hilfe.

O unser Herr, wir dienen allein Dir und unterwerfen uns nur Dir. Wir gesellen Dir niemanden in irgendeiner Art von Gottesdienst bei. Nur bei Dir suchen wir Hilfe für all unsere Angelegenheiten. Denn alles liegt in Deiner Hand. Nichts und niemand außer Dir hat Macht, nicht einmal über das Gewicht eines Stäubchens.

Ihdinā-ṣ-ṣirāṭa-l-mustaqīm - Leite uns den geraden Weg!

Führe uns und zeige uns den geraden Weg und hilf uns, ihn zu gehen! Und festige uns, damit wir auf diesem Weg standfest bleiben, bis wir Dir begegnen! Der gerade Weg ist die Religion des Islams, die klar und deutlich ist und zum Wohlgefallen Allahs und in Sein Paradies führt. Es ist der Weg, den uns Muḥammad (Allahs Segen und Friede auf ihm), der Letzte aller Propheten und Gesandten, zeigte. Es gibt keinen anderen Weg, um Glückseligkeit zu erreichen, außer diesem Weg zu folgen und fest und standhaft auf diesem Weg zu bleiben.

Ṣirāṭa-l-laḏīna anʿamta ʿalayhim - Den Weg derjenigen, denen Du Gunst erwiesen hast,

Führe uns den Weg derjenigen, denen Du durch Deine Gnade die Rechtleitung und die Geradlinigkeit gewährtest; das heißt, den Weg der Propheten und der Rechtschaffenen, die die Wahrheit erkannten und ihr folgten.

Ġayri-l-maġḍūbi ʿalayhim wa lā-ḍ-ḍāllīn - Nicht derjenigen, die (Deinen) Zorn erregt haben, und nicht der Irregehenden!

Halte uns fern und rette uns vor dem Weg, den diejenigen eingeschlagen haben, auf die Allah wütend ist und die Sein Missfallen erregt haben! Denn diese Menschen kannten die Wahrheit und haben nicht nach ihr gehandelt. Und halte uns ebenso fern vom Weg der Irregegangenen! Das sind diejenigen, die aus Unwissenheit nicht den Weg der Wahrheit gefunden haben. Wie z. B. die Leute der Schrift und diejenigen, die sich auf die gleiche Weise verhalten.

10 Darauf sagt man „**Allāhu akbar**" und hebt wiederum die Hände bis zu den Schultern oder etwas höher und hält die Handflächen senkrecht in Gebetsrichtung, wie es bereits zuvor am Anfang getan wurde.

11 Dann verbeugt sich der Betende, indem er den Rücken in Gebetsrichtung neigt. Er streckt seinen Rücken, hält ihn gerade und hat den Kopf auf gleicher Höhe zum Rücken. Er umfasst mit seinen Händen seine Knie und sagt: **subḥāna rabbīya-l-ʿaẓīm** (Frei von allen Mängeln ist mein Herr, der Gewaltige!)

Es ist islamisch empfohlen, diese Gedenkworte dreimal zu wiederholen. Pflicht ist aber, sie mindestens einmal zu sagen. Die Verbeugung ist eine Stellung zur Verherrlichung und Rühmung Allahs.

Die Bedeutung von **subḥāna rabbīya-l-ʿaẓīm** ist Folgende:

Ich spreche Allah, den Gewaltigen frei von allen Mängeln und Unvollkommenheiten. Ich sage das bewusst, während ich mich vor Allah, dem Mächtigen und Majestätischen verbeuge und meinen Kopf unterwürfig vor Ihm senke.

12 Nun richtet der Betende seinen Rücken aus der Verbeugung auf, sodass er wieder aufrecht steht. Während des Wiederaufrichtens hebt er seine Hände bis zu den Schultern oder etwas höher und hält die Handflächen senkrecht in Gebetsrichtung, wie er es bereits zuvor getan hatte. Während der Wiederaufrichtung aus der Verbeugung sagt man, wenn man Vorbeter ist oder allein betet, Folgendes: **samiʿAllāhu liman ḥamidah** (Möge Allah denjenigen erhören, der Ihn lobpreist!)

Darauf gilt für alle, dass sie sagen sollen: **rabbanā wa laka-l-ḥamd** (Unser Herr, und Dir gebührt alles Lob.)

Es ist islamisch empfohlen, hiernach folgenden Zusatz anzuhängen:

...ḥamdan kaṯīran ṭayyiban mubārakan fīh, milʾa-s-samāʾi wa milʾa-l-arḍi wa milʾa ma šiʾta min šayʾin baʿd (Viel gutes und gesegnetes Lob, das die Himmel und die Erde und das, was dazwischen ist und alles, was Du darüber hinaus willst, ausfüllt!)

13 Dann vollzieht man die Niederwerfung auf dem Boden. Folgende sieben Körperstellen müssen den Boden berühren: die Stirn mit der Nase, beide Hände, beide Knie und beide Füße. Es ist islamisch empfohlen, die Hände weiter weg von beiden Körperseiten zu platzieren und während der Niederwerfung einen Abstand zwischen den beiden Oberschenkeln einzuhalten. Ebenso soll der Betende seine Unterarme über den Boden heben.

14 Während der Niederwerfung sagt man Folgendes: **subḥāna rabbīya-l-aʿlā** (Frei von allen Mängeln ist mein Herr, der Allerhöchste!)
Es ist islamisch empfohlen, diese Gedenkworte dreimal zu wiederholen. Pflicht ist aber, sie mindestens einmal zu sagen.

Die Niederwerfung ist die beste Stellung, in der man Bittgebete an Allah, den Mächtigen und Majestätischen richten kann. So soll der Muslim, nachdem er die verpflichtenden Gedenkworte zu Ende gesprochen hat, Allah um das Gute im Dies- und Jenseits bitten.

Der Prophet (Allahs Segen und Friede auf ihm) sagte: „Der Diener ist seinem Herrn in der Niederwerfung (im Gebet) am nächsten, also sprecht viele Bittgebete!“ (Muslim Hadith Nr. 482)

Die Bedeutung von **subḥāna rabbīya-l-aʿlā** ist Folgende:

Ich spreche Allah, den Allerhöchsten frei von allen Mängeln und Unvollkommenheiten. Allah ist der Allerhöchste in Seiner unermesslichen Größe und Erhabenheit, der Allerhöchste in Würde und Ansehen und der Allerhöchste, Der sich über sieben Himmeln emporgehoben hat. Für den Niederwerfenden, der sich in dieser Stellung befindet und sich aus Demut und Unterwerfung vor Allah auf den Boden geworfen hat, stellt die Niederwerfung eine wichtige Ermahnung dar. Dem Niederwerfenden wird bewusst, welcher Abstand zwischen ihm und der unermesslichen Größe Allahs, des gewaltigen Schöpfers, des Allerhöchsten besteht. Infolgedessen unterwirft er sich seinem Gott und wahrhaftigen Herrn.

15 Dann sagt er „**Allāhu akbar**“ und setzt sich während der beiden Niederwerfung in eine Sitzstellung. Es ist islamisch empfohlen, dass der Betende seinen linken Fuß flach nach hinten ausstreckt und sich auf ihn setzt, und seinen rechten Fuß aufstellt. Die Hände legt er bei den Knien auf, am unteren Bereich seiner Oberschenkel.

- Es ist islamisch empfohlen, auf diese beschriebene Art zu sitzen, wann immer man eine Sitzstellung im Gebet einnimmt. Eine Ausnahme bildet die Sitzstellung für das letzte Bezeugungsbittgebet (tašahhud al-aḫīr), das ebenfalls im Sitzen stattfindet. Jedoch sitzt hier der Betende mit seinem linken Oberschenkel und Gesäß auf dem Boden, platziert dann seinen linken Fuß unter sein rechtes Schienbein und stellt seinen rechten Fuß aufrecht.
- Wer es nicht schafft, im Gebet auf diese beschriebene Weise zu sitzen, sei es beim Sitzen für das erste oder zweite Bezeugungsbittgebet, weil er beim Sitzen Schmerzen hat oder sich nicht daran gewöhnen kann, der kann sich auf eine Weise setzen, die dieser Sitzstellung nahekommt und ihr ähnelt, sodass er sich beim Sitzen ruhig und entspannt fühlt.

16 Nach der ersten Niederwerfung erhebt der Betende seinen Kopf und setzt sich kurz. Zwischen den beiden Niederwerfungen sagt er, während er sitzt, Folgendes: **rabbi-ġfir lī wa-rḥamnī wa-hdinī wa-rzuqnī wa-ğburnī wa ʿāfinī.**
(O mein Herr vergib mir, erbarme Dich meiner, leite mich recht, versorge mich, hilf mir aus der Not und bewahre mich!)

17 Dann wirft man sich ein zweites Mal nieder, wie man es zuvor getan hat.

18 Nach der zweiten Niederwerfung steht man wieder auf, stellt sich auf die Beine und sagt beim Aufstehen „**Allāhu akbar**“.

19 Somit befindet man sich in der zweiten Gebetseinheit. Die zweite Gebetseinheit wird genau auf dieselbe Weise gebetet wie die erste Gebetseinheit.

20 Nachdem man in der zweiten Gebetseinheit die Niederwerfung vollzogen hat und sich aus der zweiten Niederwerfung erhebt, setzt man sich zum ersten Bezeugungsbittgebet (tašahhud al-awwal) hin und spricht:

attaḥiyyātu lillāhi wa-ṣ-ṣalawātu wa-ṭ-ṭayyibat(u), as-salāmu ʿalayka ayyuha-n-nabīyyu wa raḥmatu-l-lāhi wa barakātuh(u), as-salāmu ʿalaynā wa ʿalā ʿibādi-l-lāhi-ṣ-ṣāliḥīn(a), ašhadu al-lā ilāha illa-l-lāh(u) wa ašhadu anna muḥammadan ʿabduhū wa rasūluh

(Die Ehrbezeugungen, die Gebete und die guten Dinge seien für Allah! Der Friede sei mit dir, o Prophet, und auch Allahs Barmherzigkeit und Seine Segnungen! Der Friede sei auf uns und auf Allahs rechtschaffenen Diener! Ich bezeuge, dass es keinen zu Recht anbetungswürdigen Gott gibt, außer Allah, und ich bezeuge, dass Muḥammad Sein Diener und Gesandter ist.)

21 Besteht das Gebet aus drei oder vier Gebetseinheiten, steht der Betende hiernach auf und betet wie gewohnt weiter. Jedoch rezitiert er in der dritten und vierten Gebetseinheit im Stehen nur die Sure al-Fātiḥa.

- Besteht das Gebet jedoch nur aus zwei Gebetseinheiten, wie es beispielsweise beim Morgendämmerungsgebet (**fağr**) der Fall ist, dann sagt man im Sitzen nur das letzte Bezeugungsbittgebet (tašahhud al-aḫīr) auf. Wir werden auf diesen Punkt später näher eingehen.

22 Wenn man sich in der letzten Gebetseinheit befindet und sich nach der zweiten Niederwerfung erhebt, so setzt man sich zum letzten Bezeugungsbittgebet. Das letzte Bezeugungsbittgebet hat die gleiche Vorgehensweise wie das erste Bezeugungsbittgebet, außer dass man im Anschluss darauf auch die Segengrüße für den Propheten spricht. Die Segengrüße für den Propheten lauten wie folgt:

allāhumma ṣalli alā muḥammadin wa ʿalā āli muḥammad(in), kamā ṣallayta ʿalā ibrāhīma wa ʿalā āli ibrāhīm(a), innaka ḥamīdun mağīd(un)

allāhumma bārik ʿalā muḥammadin wa ʿalā āli muḥammad(in) kamā bārakta ʿalā ibrāhīma wa alā āli ibrāhīm(a), innaka ḥamīdun mağīd(un)

(O Allah, lobe und erwähne Muḥammad (bei Deinen hochrangigen Engeln), und (auch) die Familie Muḥammads, wie Du Ibrāhīm und die Familie Ibrāhīms (bei Deinen hochrangigen Engeln) gelobt und erwähnt hast; Du bist wahrlich Der zu Preisende, Der Rühmenswerte! O Allah, segne Muḥammad und die Familie Muḥammads, so wie Du Ibrāhīm und die Familie Ibrāhīms gesegnet hast; Du bist wahrlich Der zu Preisende, Der Rühmenswerte!)

Es ist islamisch empfohlen, dass man hiernach Folgendes sagt:

allāhumma inni aʿūḏu bika min ʿaḏābi ğahannam(a) wa min ʿaḏābi-l-qabr(i) wa min fitnati-l-maḥya wa-l-mamāt(i) wa min fitnati-l- masīḥi-d-dağğāl.

(O Allah, ich nehme Zuflucht bei Dir vor der Bestrafung im Höllenfeuer, vor der Bestrafung im Grab, vor der Versuchung des Lebens und des Todes und vor der Versuchung durch den falschen Messias.)

Es ist ebenfalls erwünscht, anschließend beliebige Bittgebete zu sprechen, indem man Allah um Dinge bittet, die man liebt.

23 Zum Schluss dreht man seinen Kopf zur rechten Seite und sagt den Friedensgruß:
as-salāmu ʿalaykum wa raḥmatullāh (Der Friede sei mit euch und die Barmherzigkeit Allahs!)
Dann dreht man seinen Kopf zur linken Seite und sagt dasselbe.
Durch den Friedensgruß hat der Muslim sein Gebet beendet. Der Prophet (Allahs Segen und Friede auf

ihm) sagte über das Gebet:
„Sein Verbot (von allen Worten und Handlungen, die nicht zum Gebet gehören) beginnt durch (das Sprechen der Eröffnungsformel) „Allāhu akbar“ und seine Erlaubnis (von allen Worten und Handlungen, die nicht zum Gebet gehören) beginnt durch (das Sprechen der Friedensgrußformel) „as-salāmu ʿalaikum“. (Abū Dāwūd Hadith Nr. 61 und Tirmiḏī Hadith Nr. 3)
Das bedeutet, dass man durch das Sprechen der Eröffnungsformel „Allāhu akbar“ das Gebet beginnt und durch das Sprechen der Friedensgrußformel „as-salāmu ʿalaikum“ das Gebet beendet.

24 Nach dem Beendigen des Pflichtgebets ist es für einen Muslim islamisch empfohlen, Folgendes zu sagen:

1. **astaġfirullāh, astaġfirullāh, astaġfirullāh**
   (Ich bitte Allah um Vergebung, ich bitte Allah um Vergebung, ich bitte Allah um Vergebung.)

2. Und anschließend:
   allāhumma anta-s-salām(u), wa minka-s-salām(u), tabārakta ya ḏāl-ǧalāli wa-l-ikrām
   (O Allah, du bist der Friede und von Dir kommt der Friede, Du bist Segensreich, o Besitzer der Erhabenheit und Ehre.)
   allāhumma lā māniʿa limā aʿṭayt(a), wa lā muʿṭiya limā manaʿt(a), wa lā yanfaʿu ḏa-l-ǧaddi minka-l-ǧadd.
   (O Allah, es gibt niemanden, der das zurückhalten könnte, was Du gibst, und niemanden, der das geben könnte, was Du zurückhälst; und einem reichen Menschen wird sein Reichtum vor Dir nichts nützen.)

3. Dann sagt er 33-mal:
   subḥān-Allāh (Allah ist vollkommen und frei von allen Mängeln;)
   und 33-mal:
   al-ḥamdu lillāh (Alles Lob gebührt Allah;)
   und 33-mal:
   Allāhu akbar (Allah ist größer (als alles).)

   Dann spricht man, um die Anzahl von 100 zu vollenden, folgende Gedenkworte einmal:
   lā ilāha illallāh waḥdahu lā šarīka lah(u), lahu-l-mulku wa lahu-l-ḥamdu wa hua ʿalā kulli šayʾin qadīr (Es gibt keinen zu Recht anbetungswürdigen Gott, außer Allah, Der keinen Teilhaber hat; Sein ist die Herrschaft und Ihm gebührt alles Lob und Er hat zu allem die Macht.)

> *Wie bete ich? (Das Aufrechtstehen, die Verbeugung und die Niederwerfung)*

1

Man sagt im Stehen: **Allāhu akbar**, während man die Hände bis zu den Schultern oder Ohren hebt.

2

Man legt die rechte Hand über die linke Hand und platziert sie auf der Brust. Dann liest man die Sure al-Fātiḥa. Wenn man sich in der ersten oder zweiten Gebetseinheit befindet, liest man nach der Sure al-Fātiḥa einige Verse aus dem edlen Koran.

3

Dann spricht man wieder Allāhu akbar, neigt seinen Körper in Gebetsrichtung, legt seine Hände auf seine Knie und sagt dreimal:
subḥāna rabbīya-l-ʿaẓīm
(Frei von allen Mängeln ist mein Herr, der Gewaltige!)

Das Gebet

4 Darauf richtet sich der Betende wieder aus der Verbeugung auf, bis er wieder aufrecht steht. Während des Wiederaufrichtens aus der Verbeugung hebt er seine Hände, wie er es bereits zu Beginn getan hatte. Wenn er als Vorbeter das Gebet leitet oder alleine betet, sagt er:

samiʿAllāhu liman ḥamidah

(Möge Allah denjenigen erhören, der Ihn lobpreist!)

Danach sagen alle:

rabbanā wa laka-l-ḥamd

(Unser Herr, und Dir gebührt alles Lob.)

5 Dann vollzieht man die Niederwerfung auf dem Boden. Hierfür spricht man: Allāhu akbar, ohne diesmal die Hände zu heben und geht in die Niederwerfung. Sieben Körperstellen müssen den Boden berühren: die Stirn mit der Nase, beide Hände, beide Knie und beide Füße. In dieser Stellung sagt man dreimal:

subḥāna rabbīya-l-aʿlā

(Frei von allen Mängeln ist mein Herr, der Allerhöchste!)

6 Nachdem man die erste Niederwerfung vollzogen und seinen Kopf wieder erhoben hat, sitzt man zwischen den beiden Niederwerfungen und sagt, während man sitzt, Folgendes:

rabbi-ġfir lī wa-rḥamnī

(O mein Herr vergib mir und erbarme Dich meiner!)

Dann vollzieht man die zweite Niederwerfung auf dieselbe Weise, wie man es zuvor getan hat.

> Wie bete ich? (Die zweite Gebetseinheit, das Bezeugungsbittgebet und der Friedensgruß)

7

Nach der zweiten Niederwerfung erhebt man sich wieder und steht aufrecht auf den Beinen. Somit befindet man sich in der zweiten Gebetseinheit. In der zweiten Gebetseinheit tut man alles genauso, wie man es zuvor in der ersten Gebetseinheit getan hat. Dazu gehört das Aufrechtstehen, das Rezitieren des Korans, die Verbeugung, das Wiederaufrichten nach der Verbeugung und die Niederwerfung.

8

In der zweiten Gebetseinheit bleibt man, nachdem man die zweite Niederwerfung vollzogen hat, sitzen. Man ruht auf derselben Weise in der Sitzstellung, wie zuvor zwischen den beiden Niederwerfungen. Dann spricht man das erste Bezeugungsbittgebet (tašahhud al-awwal), das folgenden Wortlaut hat:
attaḥiyyātu lil-lāhi wa-ṣ-ṣalawātu wa-ṭ-ṭayyibāt(u), as-salāmu ʿalayka ayyuha-n-nabīyyu wa raḥmatu-l-lāhi wa barakātuh(u), as-salāmu ʿalaynā wa ʿalā ʿibādi-l-lāhi-ṣ-ṣāliḥīn(a), ašhadu al-lā ilāha illallāh(u) wa ašhadu anna muḥammadan ʿabduhū wa rasūluh.
(Die Ehrbezeugungen, die Gebete und die guten Dinge seien für Allah! Der Friede sei mit dir, o Prophet, und auch Allahs Barmherzigkeit und Seine Segnungen! Der Friede sei auf uns und auf Allahs rechtschaffenen Diener! Ich bezeuge, dass es keinen zu Recht anbetungswürdigen Gott gibt, außer Allah, und ich bezeuge, dass Muḥammad Sein Diener und Gesandter ist.)

9

Wenn das Gebet aus drei oder vier Gebetseinheiten besteht, so steht der Betende auf, um sie zu verrichten. In der dritten Gebetseinheit tut er alles, was er zuvor in der ersten und der zweiten Gebetseinheit getan hat, außer dass er diesmal nach der Sure al-Fātiḥa nichts weiter rezitiert. Alle anderen Handlungen und Aussagen bleiben jedoch gleich.

10 In der letzten Gebetseinheit setzt sich der Betende nach der Niederwerfung in die Sitzstellung und spricht zuerst das erste Bezeugungsbittgebet und danach die Segengrüße für den Propheten. Die Segengrüße für den Propheten lauten wie folgt:
allāhumma ṣalli ʿalā muḥammadin wa ʿalā āli muḥammad(in), kamā ṣallayta ʿalā ibrāhīma wa ʿalā āli ibrāhīm(a), innaka ḥamīdun maǧīd(un)
allāhumma bārik ʿalā muḥammadin wa ʿalā āli muḥammad(in) kamā bārakta ʿalā ibrāhīma wa ʿalā āli Ibrāhīm(a), innaka ḥamīdun maǧīd(un)
(O Allah, lobe und erwähne Muḥammad (bei Deinen hochrangigen Engeln), und (auch) die Familie Muḥammads, wie Du Ibrāhīm und die Familie Ibrāhīms (bei Deinen hochrangigen Engeln) gelobt und erwähnt hast; Du bist wahrlich Der zu Preisende, Der Rühmenswerte!
O Allah, segne Muḥammad und die Familie Muḥammads, so wie Du Ibrāhīm und die Familie Ibrāhīms gesegnet hast; Du bist wahrlich Der zu Preisende, Der Rühmenswerte!)

11 Zum Schluss dreht man den Kopf zur rechten Seite und sagt den Friedensgruß:
as-salāmu ʿalaykum wa raḥmatullāh
(Der Friede sei mit euch und die Barmherzigkeit Allahs!)
Dann dreht man seinen Kopf zur linken Seite und sagt ebenso:
as-salāmu ʿalaykum wa raḥmatullāh
(Der Friede sei mit euch und die Barmherzigkeit Allahs!)

> Die Säulen und Pflichten des Gebets

Die Säulen des Gebets sind elementare Bestandteile des Gebets. Wird eine Säule ausgelassen, ganz gleich ob absichtlich oder aus Versehen, so ist das Gebet ungültig.

Die Säulen des Gebets sind:

Das Sprechen des ersten „**Allāhu akbar**“ zu Beginn des Gebets, wodurch das Gebet eröffnet wird (**takbīrat al-iḥrām**); das Aufrechtstehen für diejenigen, die dazu körperlich imstande sind; das Rezitieren der **Sure al-Fātiḥa** (das gilt nicht für diejenigen, die hinter einem Vorbeter beten); die Verbeugung; das Wiederaufrichten von der Verbeugung; die Niederwerfung; das Sitzen zwischen den beiden Niederwerfungen; das letzte Bezeugungsbittgebet; das Sitzen für das letzte Bezeugungsbittgebet; das Verbleiben in einer ruhigen und entspannten Lage bei jeder Gebetshaltung und der Friedensgruß zum Abschluss des Gebets.

Die Pflichten des Gebets sind Bestandteile im Gebet, die erfüllt werden müssen. Wird eine Handlung oder Aussage, die Pflicht im Gebet ist, absichtlich ausgelassen, so ist das Gebet ungültig. Wenn man jedoch eine Pflicht aus Versehen oder aus Unachtsamkeit unterlassen hat, so ist es vorgeschrieben, diesen Mangel wieder durch die zusätzlichen Niederwerfungen aufgrund von Vergesslichkeit (suǧūd as-sahu) zu beheben. Wir werden auf diese Thematik später näher eingehen.

Die Pflichten des Gebets sind:

Das Sprechen von jedem „**Allāhu akbar**“-Ruf im Gebet, (jedoch ist das **takbīrat al-iḥrām,** d. h. das erste Sprechen von „**Allāhu akbar**“ zu Beginn des Gebets, wodurch das Gebet eröffnet wird, eine Säule); einmal „**subḥāna rabbīya-l-ʿaẓīm**“ zu sagen; “samiʿAllāhu liman ḥamidah“ (gilt für den Vorbeter oder für denjenigen, der alleine betet); „**rabbanā wa laka-l-ḥamd**“ (gilt für alle); „**subḥāna rabbīya-l-aʿlā**“ während der Niederwerfung einmal zu sagen; „**rabbi-ġfir lī**“ beim Sitzen zwischen den beiden Niederwerfungen einmal zu sagen und das erste Bezeugungsbittgebet (tašahhud al-awwal). All diese Pflichten können bei Vergesslichkeit entfallen, müssen allerdings durch die beiden zusätzlichen Niederwerfungen am Ende des Gebets ausgeglichen werden.

Die zusätzlichen Niederwerfungen aufgrund von Vergesslichkeit (suǧūd as-sahu)

Sie bestehen aus zwei Niederwerfungen. Allah, der Erhabene hat sie festgelegt, um Mängel und Fehler auszugleichen, die während des Gebets auftreten können.

Wann ist es vorgeschrieben, die zwei zusätzlichen Niederwerfungen aufgrund von Vergesslichkeit im Gebet zu vollziehen?

In folgenden Fällen ist es vorgeschrieben, die zwei zusätzlichen Niederwerfungen aufgrund von Vergesslichkeit zu vollziehen:

1. Wenn der Mensch aus Irrtum und Vergesslichkeit etwas hinzugefügt hat, wie z.B. Verbeugung, Niederwerfung, Aufrechtstehen oder Sitzen, so vollzieht er die Niederwerfungen aufgrund von Vergesslichkeit.

2. Wenn man eine Säule des Gebets ausgelassen hat, so muss man diese ausgelassene Säule nachholen und am Ende des Gebets die Niederwerfungen aufgrund von Vergesslichkeit vollziehen.

3. Wenn man aus Unachtsamkeit und Vergesslichkeit eine Pflicht des Gebets ausgelassen hat, wie z.B. das erste Bezeugungsbittgebet, dann vollzieht man die Niederwerfungen aufgrund von Vergesslichkeit.

4. Wenn man Zweifel hat, wie viele Gebetseinheiten man tatsächlich gebetet hat, dann wählt man die Anzahl an Gebetseinheiten, von der man mit Gewissheit weiß, dass man sie bereits gebetet hat. In diesem Fall zählt man die Anzahl, die weniger ist und vollzieht darauf die Niederwerfungen aufgrund von Vergesslichkeit.

Die Weise, wie die beiden Niederwerfungen aufgrund von Vergesslichkeit ausgeführt werden:

Man vollzieht insgesamt zwei Niederwerfungen. Zwischen den beiden Niederwerfungen bleibt man kurz sitzen. Es ist die gleiche Weise, wie bei den Niederwerfungen und beim Sitzen im Gebet.

Der Zeitpunkt für die zwei Niederwerfungen aufgrund von Vergesslichkeit: Die Niederwerfungen aufgrund von Vergesslichkeit haben zwei Zeitpunkte. Man kann einen der folgenden beiden Zeitpunkte frei wählen:

- Vor dem Friedensgruß, nachdem man das letzte Bezeugungsbittgebet gesprochen hat. Darauf vollzieht man diese beiden Niederwerfungen aufgrund von Vergesslichkeit und spricht den Friedensgruß zum Abschluss des Gebets.

- Nach dem Friedensgruß, nachdem man den Friedensgruß gesprochen hat. Darauf vollzieht man diese beiden Niederwerfungen aufgrund von Vergesslichkeit und spricht noch einmal den Friedensgruß zum Abschluss des Gebets.

Was das Gebet ungültig macht:

1 Das Gebet wird dadurch ungültig, wenn man eine Säule oder Voraussetzung des Gebets auslässt, obwohl man dazu imstande war, sie zu erfüllen. Es gibt keinen Unterschied, ob man sie absichtlich oder aus Versehen ausgelassen hat.

2 Das Gebet wird dadurch ungültig, wenn man eine Pflicht des Gebets absichtlich auslässt.

3 Das Gebet wird durch absichtliches Sprechen ungültig.

4 Das Gebet wird durch lautes, hörbares Lachen ungültig.

5 Das Gebet wird durch übertrieben viele, kontinuierliche Bewegungen, ohne triftigen Grund, ungültig.

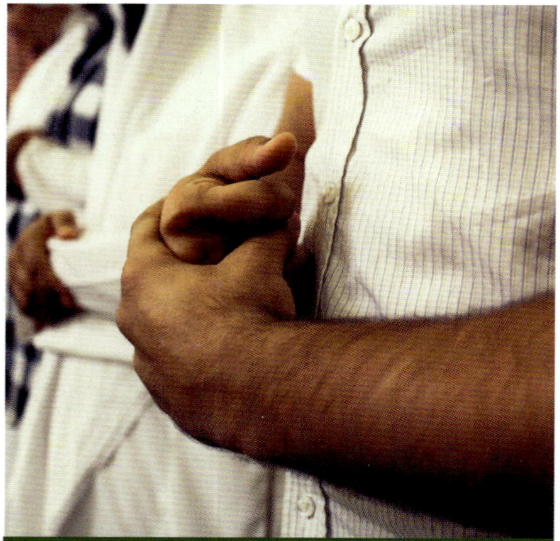

> Es ist verwerflich , während des Gebets das Gesicht unnötig zu berühren oder mit den Händen zu spielen.

Was während des Gebets verwerflich (makrūh) ist:

Hierbei handelt es sich um Handlungen, die, wenn sie begangen werden, die Belohnung für das Gebet verringern und Demut und Ehrfurcht im Gebet rauben. Hierbei handelt es sich um folgende Handlungen:

1 Es ist verwerflich, die Blicke beim Gebet umherschweifen zu lassen. Der Prophet (Allahs Segen und Friede auf ihm) wurde über das Umherschauen während des Gebetes gefragt und er sagte: „Es ist eine Unterschlagung, durch die der Satan vom Gebet des Dieners stiehlt." (Buḫārī Hadith Nr. 718)

2 Es ist verwerflich , während des Gebets das Gesicht unnötig zu berühren oder mit den Händen zu spielen sowie die Hände auf die Hüfte zu legen, die Finger ineinander zu verschränken oder die Finger zu knacken.

3 Es ist verwerflich , das Gebet zu beginnen, während man ein Bedürfnis hat, auf die Toilette zu gehen oder ein Bedürfnis nach Essen hat.

Der Prophet (Allahs Segen und Friede auf ihm) sagte: „Es soll kein Gebet verrichtet werden, wenn das Essen bereitsteht und auch nicht, wenn man unter dem Druck steht, die Notdurft zu verrichten." (Muslim Hadith Nr. 560)

> Welche empfohlenen, freiwilligen Gebete gibt es?

Der Muslim ist nur dazu verpflichtet, die fünf Pflichtgebete im Verlaufe jeweils eines Tages und einer Nacht zu verrichten.

Allerdings legt der Islam dem Muslim ans Herz, freiwillige, empfohlene Gebete zu vollbringen. Denn ihre Verrichtung ist ein Grund dafür, weshalb Allah Seinen Diener liebt. Außerdem vervollständigen diese islamisch empfohlenen Gebete diejenigen Pflichtgebete, die auf eine unvollständige Weise verrichtet wurden.

Es gibt sehr viele freiwillige Gebete. Die Wichtigsten sind Folgende:

1 Die **sunan ar-rawātib**. Das sind freiwillige Gebete, die jeweils zu den Pflichtgebeten verrichtet werden. Sie wurden rawātib genannt, weil sie an die Pflichtgebete geordnet, mit ihnen verbunden sind und von einem Muslim nicht unterlassen werden sollten.

Der Prophet (Allahs Segen und Friede auf ihm) sagte: „Es gibt keinen muslimischen Diener Allahs, der täglich zwölf Gebetseinheiten (rakaʿāt) neben den Pflichtgebeten freiwillig verrichtet, außer dass Allah für ihn ein Haus im Paradies errichtet." (Muslim Hadith Nr. 728)

Diese täglichen zwölf Gebetseinheiten sind Folgende:

1	**Zwei freiwillige Gebetseinheiten vor dem Morgendämmerungsgebet (faǧr).**
2	**Vier freiwillige Gebetseinheiten vor dem Mittagsgebet (ẓuhr), wobei man jeweils nach zwei Gebetseinheiten das Gebet beendet. Und zusätzlich zwei weitere Gebetseinheiten, die man nach dem Mittagsgebet verrichtet.**
3	**Zwei freiwillige Gebetseinheiten nach dem Sonnenuntergangsgebet (maġrib).**
4	**Zwei freiwillige Gebetseinheiten nach dem Nachtgebet (ʿišāʾ)**

2 Das **witr**-Gebet. Es wurde **witr** (ungerade) genannt, weil das Gebet aus einer ungeraden Zahl an Gebetseinheiten besteht. Das witr-Gebet ist das vorzüglichste aller freiwilligen Gebete. Der Prophet (Allahs Segen und Friede auf ihm) sagte: „So verrichtet das witr-Gebet, ihr Leute des Korans!" (Tirmiḏī Hadith Nr. 453 und Ibn Māǧah Hadith Nr. 1170)

Die beste Zeit für das witr-Gebet ist im letzten Teil der Nacht. Es ist dem Muslim auch erlaubt, das witr-Gebet jederzeit nach Beendigung des Nachtgebets (ʿ**išā**ʾ) bis zum Aufbruch der Morgendämmerung zu verrichten.

Die Anzahl für das witr-Gebet ist unbegrenzt. Die Mindestanzahl an Gebetseinheiten ist eine Gebetseinheit. Jedoch ist es besser, drei Gebetseinheiten zu verrichten. Man kann auch zusätzliche Gebetseinheiten beten, so viele man möchte. Der Gesandte Allahs (Allahs Segen und Friede auf ihm) pflegte das witr-Gebet mit elf Gebetseinheiten zu verrichten.

Grundsätzlich bestehen freiwillige Gebete aus jeweils zwei Gebetseinheiten. Das heißt, man sollte je zwei Gebetseinheiten beten, dann mit dem Friedensgruß das Gebet beenden, dann ein weiteres Gebet aus zwei Gebetseinheiten verrichten usw. Das gilt ebenfalls für das witr-Gebet. Das letzte Gebet wird mit nur einer Gebetseinheit verrichtet. In dieser letzten Gebetseinheit ist es erwünscht, dass man nach dem Wiederaufrichten aus der Verbeugung und vor der Niederwerfung kurz stehen bleibt und die Gedenkworte spricht, die für diese Stellung authentisch überliefert worden sind. Darauf hebt man seine Hände und spricht beliebige Bittgebete, die man an Allah, den Erhabene wendet. Dieses inständige Bittgebet wird duʿāʾ al-qunūt genannt.

Zeiten, an denen das Verrichten von freiwilligen Gebeten verboten ist:

Es ist dem Menschen erlaubt, jederzeit und grenzenlos freiwillige Gebete zu verrichten. Eine Ausnahme gilt für Zeiten, bei denen der Islam das Verrichten von Gebeten untersagt hat. Der Grund hierfür ist die Tatsache, dass zu diesen Zeiten die Gottesdienste der Ungläubigen stattfinden. Deshalb darf in diesen Zeiten nicht gebetet werden; außer in Ausnahmefällen, wie z. B. für das Nachholen von versäumten Pflichtgebeten oder für das Verrichten von freiwilligen Gebeten, die einen triftigen Grund haben, beispielsweise das Begrüßungsgebet beim Betreten der Moschee. Das Verbot, an bestimmten Zeiten nicht beten zu dürfen, gilt jedoch nur für das rituelle Gebet. Das Gedenken Allahs und das Richten von Bittgebeten an Ihn dürfen immer und zu jeder Zeit vollbracht werden.

Die Zeiten, an denen das Verrichten von freiwilligen Gebeten verboten ist, werden im Folgenden aufgezählt:

1	Nach dem Morgendämmerungsgebet (**fağr**) bis die Sonne aufgeht und sie über den Horizont eine Höhe erreicht, die im islamischen Recht mit der Länge eines Speeres festgelegt wurde. In Ländern mit gemäßigtem Klima wird diese Höhe ca. 20 Minuten nach Sonnenaufgang erreicht.
2	In der Mittagszeit, wenn die Sonne den höchsten Punkt im Himmel (Zenit) erreicht hat, bis sie sich neigt und sich wieder von ihm entfernt. Diese Zeitspanne ist ziemlich kurz und tritt vor Beginn der Gebetszeit für das Mittagsgebet (**ẓuhr**) ein.
3	Nach der Verrichtung des Nachmittagsgebets (**ʿaṣr**), bis die Sonne untergegangen ist.

> Es ist verboten, freiwillige Gebete in der Zeit nach dem Nachmittagsgebet (ʿaṣr) bis zum Sonnenuntergang zu verrichten.

Das Gebet

> Das Gemeinschaftsgebet

Allah, der Mächtige und Majestätische hat den Männern vorgeschrieben, die fünf täglichen Gebete in der Gemeinschaft zu verrichten. Der Vorzug und die Belohnung hierfür sind gewaltig. Der Gesandte Allahs (Allahs Segen und Friede auf ihm) sagte: „Das Gebet in der Gemeinschaft ist um siebenundzwanzig Stufen besser als das Gebet des Einzelnen." (Buḫārī Hadith Nr. 619 und Muslim Hadith Nr. 650)

Die Mindestanzahl an Menschen, die zustande kommen muss, damit ein Gemeinschaftsgebet abgehalten werden kann, sind zwei: der Vorbeter und jemand, der mit ihm betet. Je größer die Anzahl der Gemeinschaft ist, desto besser und beliebter ist es bei Allah.

Das Befolgen des Vorbeters während des Gebets bedeutet:

Es bedeutet, dass der Betende sein Gebet nach dem Gebet des Vorbeters abstimmt. So folgt er ihm in allen Bewegungsabläufen, wie etwa in seiner Verbeugung und Niederwerfung. Er hört bei lauten Gebeten konzentriert der Rezitation des Vorbeters zu. Es ist dem Betenden nicht erlaubt, dem Vorbeter zuvorzukommen und die Bewegungen vor ihm auszuführen. Ebenfalls darf man ihm in keiner Weise zuwiderhandeln oder sich von ihm unterscheiden. Im Gegenteil, man muss dem Vorbeter folgen und die Gebetshandlungen direkt nach ihm ausführen.

Der Prophet (Allahs Segen und Friede auf ihm) sagte: „Der Vorbeter ist nur deshalb da, um befolgt zu werden. Wenn er den takbīr (Allāhu akbar) spricht, so sprecht auch den takbīr nach! Aber sprecht nicht eher den takbīr, bis er ihn ausgesprochen hat! Und wenn er eine Verbeugung vornimmt, so verbeugt euch auch. Aber verbeugt euch nicht eher, bis er sich verbeugt hat! Und wenn er sich niederwirft, so werft euch auch nieder! Aber werft euch nicht eher nieder, bis er sich niedergeworfen hat ... (Buḫārī Hadith Nr. 701, Muslim Hadith Nr. 414 und Abū Dāwūd Hadith Nr. 603)

Wer sollte als Vorbeter das Gebet leiten?

Es sollte derjenige als Vorbeter das Gebet leiten, der am meisten vom Koran auswendig kann. Dann kommt derjenige, der nach ihm der Geeignetste wäre usw. Der Prophet (Allahs Segen und Friede auf ihm) sagte: „Derjenige soll (als Vorbeter) das Gebet mit den Leuten (im Gemeinschaftsgebet) leiten, der Allahs Buch am besten vortragen kann, wenn sie in dieser Hinsicht gleich sind, dann derjenige, der sich am besten in der Sunna auskennt..." (Muslim Hadith Nr. 673)

Wo sollten der Vorbeter und der Mitbeter stehen?

Der Vorbeter sollte vortreten und vor den Betenden stehen. Die Betenden hinter ihm sollten eng nebeneinander in einer Reihe stehen. Ist die erste Reihe voll, so beginnt man eine neue Reihe, bis sie ebenfalls vollständig gefüllt ist usw. Wenn es nur einen Mitbetenden gibt, so steht er an der rechten Seite des Vorbeters.

Wie vervollständigt man die verpassten Gebetseinheiten, wenn der Vorbeter bereits mit dem Gebet begonnen hat?

Wer zu spät zum Gemeinschaftsgebet kommt und sieht, dass der Vorbeter bereits mit dem Gebet begonnen hat, der soll sich sofort dem Gemeinschaftsgebet anschließen. Nachdem der Vorbeter das Gebet mit dem Friedensgruß beendet, steht man auf und vervollständigt die übrig gebliebene Anzahl an Gebetseinheiten.

Man zählt die Anzahl an Gebetseinheiten, die man noch mit dem Vorbeter zusammengebetet hat und verrichtet darauf die übrig gebliebene Anzahl an Gebetseinheiten.

Welche Gebetshaltung muss man mit dem Vorbeter erreicht haben, damit eine vollständige Gebetseinheit gültig ist?

Das Gebet wird nach Anzahl der Gebetseinheiten gezählt. Wer die Verbeugung (**rukū**ʻ) mit dem Vorbeter erreicht, der hat eine vollständige Gebetseinheit verrichtet. Wer aber die Verbeugung mit dem Vorbeter verpasst, der hat diese Gebetseinheit verpasst. Die übrigen Handlungen und Worte im Gebet, die nach der Verbeugung folgen, werden nicht als Gebetseinheit gezählt.

Das Gebet

Wer das Gebet mit dem Vorbeter in der zweiten Gebetseinheit des Morgendämmerungsgebets (**fağr**) erreicht, der muss, nachdem der Vorbeter sein Gebet mit dem Friedensgruß beendet hat, aufstehen und die übrig gebliebene Gebetseinheit ergänzen. Er darf nicht sein Gebet zusammen mit dem Vorbeter beenden, sondern muss aufstehen und sein Gebet zu Ende führen. Denn das Morgendämmerungsgebet besteht aus zwei Gebetseinheiten. Da er aber nur eine Gebetseinheit erreicht hatte, muss er die zweite Gebetseinheit ergänzen.

Wer das Gebet mit dem Vorbeter in der dritten und letzten Gebetseinheit des Sonnenuntergangsgebets (**maġrib**) erreicht, während der Vorbeter das letzte Bezeugungsbittgebet (**tašahhud al-aḫīr**) spricht, der muss, nachdem der Vorbeter sein Gebet mit dem Friedensgruß beendet hat, aufstehen und drei ganze Gebetseinheiten beten. Denn der Betende hatte sich erst dem Vorbeter im Gebet angeschlossen, als dieser das letzte Bezeugungsbittgebet (**tašahhud al-aḫīr**) gesprochen hat. Eine gültige Gebetseinheit erreicht aber nur derjenige, der zusammen mit dem Vorbeter die Verbeugung (**rukū'**) vollzieht.

Beispiele für den Mitbetenden, der den Beginn des Gemeinschaftsgebets mit dem Vorbeter verpasst hat

Wer sich dem Gemeinschaftsgebet anschließt, während sich der Vorbeter in der Verbeugung von der dritten Gebetseinheit des Mittagsgebets (**ẓuhr**) befindet, der hat die dritte Gebetseinheit erreicht. Die dritte Gebetseinheit des Vorbeters ist die erste Gebetseinheit für den neu dazu gekommenen Mitbeter. Und die vierte Gebetseinheit des Vorbeters ist die zweite Gebetseinheit für diesen Mitbeter. Er betet also zwei Gebetseinheiten zusammen mit dem Vorbeter. Wenn der Vorbeter sein Gebet mit dem Friedensgruß beendet, steht der Mitbeter auf und ergänzt die fehlenden Gebetseinheiten. In diesem Fall müsste er zwei weitere Gebetseinheiten beten, d.h. die dritte und die vierte Gebetseinheit, weil das Mittagsgebet aus insgesamt vier Gebetseinheiten besteht.

> Ein Mitbetender, der den Beginn des Gemeinschaftsgebets verpasst hat, muss sich direkt dem Gebet anschließen, ganz gleich in welcher Gebetsstellung sich der Vorbeter befindet.

> Der Gebetsruf (al-aḏān)

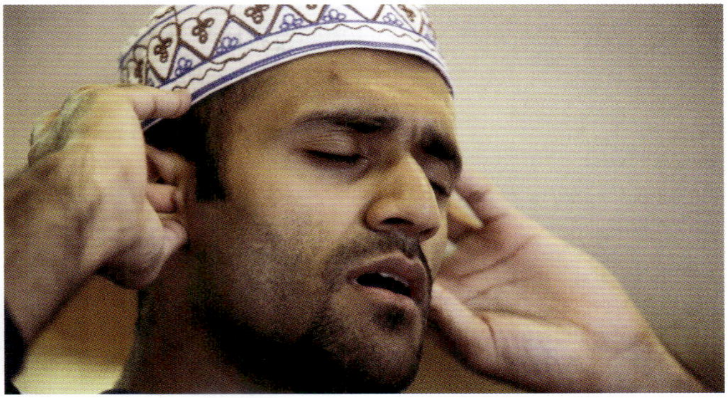

> Der Gebetsruf zählt bei Allah, dem Erhabenen zu den vorzüglichsten Taten.

Allah, der Erhabene legte für die Muslime den Gebetsruf (**al-aḏān**) fest, um die Menschen zum Gebet zu rufen und ihnen bekannt zu geben, dass die Zeit zum Gebet begonnen hat. Auch legte Allah, der Erhabene den Ruf zum Gebetsbeginn (**al-iqāma**) unmittelbar vor dem Gebet fest, um dadurch den Menschen mitzuteilen, dass das Gebet gleich beginnen und in wenigen Augenblicken verrichtet wird. Bevor es den Gebetsruf gab, versammelten sich die Muslime und warteten dort auf den günstigsten Augenblick für das Gebet. Es gab niemanden, der zum Gebet gerufen hat. Eines Tages sprachen sie über diese Angelegenheit. Einige von ihnen sagten: „Lasst uns eine Glocke für den Gebetsruf nehmen, wie die Kirchenglocke der Christen!" Andere wiederum sagten: „Lasst uns lieber ein Widderhorn für den Gebetsruf verwenden, wie das Horn, das die Juden benutzen!" Da sagte ʿUmar ibn al-Ḫaṭṭāb (Allahs Wohlgefallen auf ihm) zu ihnen: „Wollt ihr nicht lieber einen Mann beauftragen, der für euch zum Gebet ruft?" Da sagte der Gesandte Allahs (Allahs Segen und Friede auf ihm): „O Bilal, steh auf und rufe zum Gebet!" (Buḫārī Hadith Nr. 579 und Muslim Hadith Nr. 377)

Wie der Gebetsruf (al-aḏān) und der Ruf zum Gebetsbeginn (al-iqāma) ausgeführt werden:

- Der Gebetsruf und der Ruf zum Gebetsbeginn sind Pflicht für die Gemeinschaft, jedoch nicht für eine Einzelperson. Wenn die Gemeinschaft diese Rufe absichtlich unterlässt, ist ihr Gebet gültig. Allerdings haben sie dadurch eine Sünde begangen.
- Es ist erwünscht, den Gebetsruf laut und mit einer schönen Stimme zu verkünden, damit die Menschen ihn hören und zum Gebet kommen.
- Für die Ausführung des Gebetsrufs und des Rufs zum Gebetsbeginn gibt es einige Wortlaute, die vom Propheten (Allahs Segen und Friede auf ihm) authentisch überliefert worden sind. Der bekannteste Wortlaut ist der Folgende:

Der Wortlaut des Gebetsrufs (al-aḏān):

1 **Allāhu akbar. Allāhu akbar. Allāhu akbar. Allāhu akbar.**

Allah ist größer (als alles). Allah ist größer (als alles). Allah ist größer (als alles). Allah ist größer (als alles).

2 **Ašhadu al-lā ilāha illallāh. Ašhadu al-lā ilāha illallāh.**

Ich bezeuge, dass es keinen zu Recht anbetungswürdigen Gott gibt, außer Allah. Ich bezeuge, dass es keinen zu Recht anbetungswürdigen Gott gibt, außer Allah.

3 **Ašhadu anna muḥammadar-rasūlul-lāh. Ašhadu anna muḥammadar-rasūlul-lāh.**

Ich bezeuge, dass Muḥammad der Gesandte Allahs ist. Ich bezeuge, dass Muḥammad der Gesandte Allahs ist.

4 **Ḥayya ʿala-ṣ-ṣalāh. Ḥayya ʿala-ṣ-ṣalāh.**

Auf zum Gebet! Auf zum Gebet!

5 **Ḥayya ʿala-l-falāḥ. Ḥayya ʿala-l-falāḥ.**

Auf zum Erfolg! Auf zum Erfolg!

6 **Allāhu akbar. Allāhu akbar.**

Allah ist größer (als alles). Allah ist größer (als alles).

7 **Lā ilāha illallāh.**

Es gibt keinen zu Recht anbetungswürdigen Gott, außer Allah.

> Wenn der Muslim in die Moschee geht, belohnt ihn Allah, der Erhabene für jeden einzelnen Schritt, den er auf dem Weg dorthin macht.

Der Wortlaut für den Ruf zum Gebetsbeginn (al-iqāma):

1 **Allāhu akbar. Allāhu akbar.**

Allah ist größer (als alles). Allah ist größer (als alles).

2 **Ašhadu al-lā ilāha illallāh.**

Ich bezeuge, dass es keinen zu Recht anbetungswürdigen Gott gibt außer Allah.

3 **Ašhadu anna muḥammadar-rasūlul-lāh.**

Ich bezeuge, dass Muḥammad der Gesandte Allahs ist.

4 **Ḥayya ʿala-ṣ-ṣalāh.**

Auf zum Gebet!

5 **Ḥayya ʿala-l-falāḥ.**

Auf zum Erfolg!

6 **Qad qāmati-ṣ-ṣalāh. Qad qāmati-ṣ-ṣalāh.**

Das Gebet steht nun unmittelbar bevor. Das Gebet steht nun unmittelbar bevor.

7 **Allāhu akbar. Allāhu akbar.**

Allah ist größer (als alles). Allah ist größer (als alles).

8 **Lā ilāha illallāh.**

Es gibt keinen zu Recht anbetungswürdigen Gott außer Allah.

Die Worte des Gebetsrufers nachsprechen:

Es ist für denjenigen, der den Gebetsruf hört, islamisch erwünscht, die Worte des Gebetsrufers nachzusprechen. So soll man genau das sagen, was der Gebetsrufer ruft. Außer wenn der Gebetsrufer: ḥayya ʿala-ṣ-ṣalāh oder ḥayya ʿala-l-falāḥ sagt, dann sagt man jeweils: **lā ḥaula wa lā quwata illa billāh**

Es gibt keine Macht noch Kraft außer bei Allah!

Darauf sprechen diejenigen, die den Gebetsruf gehört und nachgesprochen haben, folgendes Bittgebet:

Allāhumma rabba hāḏihi-d-daʿwati-t-tāmmah, wa-ṣ-ṣalāti-l-qāʾimah, āti muḥammadani-l-wasīlata wa-l-faḍīlah, wa-bʿaṯ-hu-l-maqāma-l-maḥmūda-llaḏī waʿadtah

O Allah, Herr dieses vollkommenen Rufes und dieses zu verrichtenden Gebetes, gewähre Muḥammad „al-Wasīlah" die Stufe im Paradies, die in Deiner Nähe ist und „al-Faḍīlah", den Vorzugsplatz über alle Geschöpfe, und erwecke ihn (am Tag der Auferstehung) zur ruhmvollen Stellung, die Du ihm versprochen hast!

> Die Demut im Gebet

Die Demut im Gebet ist das wahre Wesen und der Kern des Gebets. Demut im Gebet bedeutet, während des Gebets mit dem Herzen bei Allah zu sein, indem man sich Ihm unterwirft, sich Ihm willig ergibt und die Bedeutungen der Verse, Bittgebete und Gedenkworte versteht und im Herzen fühlt.

Die Demut im Gebet gehört zu den größten und bedeutendsten Gottesdiensten und Gehorsamshandlungen gegenüber Allah. Aus diesem Grund betonte Allah in Seinem Buch nachdrücklich, dass Demut im Gebet zu den Eigenschaften gehört, die einen wahren Gläubigen auszeichnen.

> Der Gottesdiener ist seinem Herrn in der Niederwerfung am nächsten.

Allah, der Majestätische und Höchste sagte:

Den Gläubigen wird es ja wohl ergehen, denjenigen, die in ihrem Gebet demütig sind. (Sure 23 al-Mu'minūn Vers 1-2)

Und wer die Demut im Gebet erlebt und durchlebt, der wird den süßen Genuss kosten, der im Gottesdienst und im Glauben enthalten ist. Deshalb sagte der Gesandte Allahs (Allahs Segen und Friede auf ihm): „Meine Augenweide ist das Gebet." (Nasā'ī Hadith Nr. 3940)

Denn „Augenweide" bedeutet, dass man die höchste Form von Freude und Glückseligkeit fühlt. Es bedeutet, dass man ein vertrautes Gefühl und Genuss empfindet.

Mittel, die dabei helfen, Demut im Gebet zu erlangen:

Es gibt viele Mittel, die helfen, dass man Demut im Gebet entwickelt. Dazu gehören:

1 Sich richtig auf das Gebet vorbereiten:

Das beinhaltet, dass man sich früh auf das Gebet vorbereitet. Für Männer gilt, dass sie sich frühzeitig in die Moschee begeben sollen. Außerdem sollte man die freiwilligen Sunna-Gebete verrichten, die es vor dem Pflichtgebet gibt. Man sollte schöne und angemessene Kleidung für das Gebet tragen. Auch sollte man in Ruhe und Gelassenheit zum Gebet gehen.

2 Alle Ablenkungen und störenden Faktoren entfernen:

So sollte man nicht vor einem Gegenstand beten, der den Betenden im Gebet beschäftigen könnte, wie etwa Bilder oder andere Ablenkungen. Ebenso sollte der Betende nicht in der Nähe von Stimmen und Geräuschen beten, die ihn während des Gebets ablenken könnten. Außerdem darf man sich nicht zum Gebet begeben, während man ein Bedürfnis hat, zur Toilette zu gehen. Genauso gilt, dass man nicht hungrig oder durstig beten darf, wenn Essen und Trinken bereitstehen. All das muss beachtet werden, damit der Betende seine Gedanken sammeln und sich auf das Wichtigste konzentrieren kann; und das ist das Gebet und das vertrauliche Gespräch mit seinem Herrn.

3 Die Bewegungsabläufe des Gebets vollständig und in einer ruhigen und entspannten Weise ausführen:

Der Prophet (Allahs Segen und Friede auf ihm) hat immer in der Verbeugung und in der Niederwerfung eine ruhige und entspannte Stellung eingenommen, sodass er jedem Knochen und Wirbel die Möglichkeit gab, zur Ruhe zu gelangen. Und er befahl jemandem, der das Gebet auf eine schlechte Weise verrichtet hatte, in allen Bewegungsabläufen des Gebets eine ruhige und entspannte Stellung einzunehmen. Allahs Gesandter (Allahs Segen und Friede auf ihm) verbot Eile und Hektik im Gebet und verglich diese Tat mit dem Picken eines Rabens auf dem Boden.

Der Prophet (Allahs Segen und Friede auf ihm) sagte: „Der schlimmste Dieb ist derjenige, der von seinem Gebet stiehlt." Darauf fragten sie (die Gefährten): „O Gesandter Allahs, wie kann jemand von seinem Gebet stehlen?" Er sagte: „Indem er die Verbeugung (**rukūʿ**) und die Niederwerfung (**suǧūd**) nicht vollständig ausführt." (Aḥmad Hadith Nr. 22642)

Derjenige, der in seinem Gebet keine ruhige und entspannte Stellung einnimmt, der kann auch keine Demut im Gebet haben. Denn die Hektik entzieht die Demut und das Picken wie ein Rabe entzieht die Belohnung.

4 An die unermessliche Größe Desjenigen zu denken, vor Dem man im Gebet steht:

So ruft sich der Betende die unermessliche Größe und Erhabenheit des Schöpfers ins Bewusstsein. Gleichzeitig erkennt er, wie schwach und hilflos er doch eigentlich ist. Und er weiß, dass er nun vor seinem Herrn stehen und mit Ihm ein vertrauliches Gespräch führen wird. Ein Gespräch voller Hingabe, Ergebenheit und Niedergeschlagenheit vor Allah. Er erinnert sich an die Belohnung, die Allah im Jenseits für die Gläubigen vorbereitet hat, und denkt an die Strafe, die Allah für die Beigeseller bestimmt hat. Und er führt sich vor Augen, wie er im Jenseits vor Allah stehen wird.

Wenn sich der Gläubige während des Gebets all das in Erinnerung bringt, dann wird er sicherlich zu denen gehören, die Allah in Seinem edlen Buch damit beschrieben hat, dass sie davon überzeugt sind, dass sie ihrem Herrn begegnen werden.

Allah, der Erhabene sagte:

Es (das Gebet) ist freilich schwer, nur nicht für die Demütigen, die daran glauben, dass sie ihrem Herrn begegnen werden, und dass sie zu Ihm zurückkehren. (Sure 2 al-Baqara Vers 45-46)

Wenn der Betende daran denkt, dass Allah, der Erhabene ihn gerade hört, ihm alles gewähren und ihn sicher erhören wird, dann wird er Demut im Gebet entwickeln. Und je intensiver er sich das bewusst macht, desto stärker wird seine Demut sein.

5 Das Nachsinnen und Nachdenken über die rezitierten Verse und die gesprochenen Gedenkworte des Gebets sowie im Gebet aktiv auf die Verse reagieren:

Der edle Koran wurde herabgesandt, damit man über die Verse nachsinnt und nachdenkt. Allah, der Erhabene sagte:

(Dies ist) ein gesegnetes Buch, das Wir zu dir hinabgesandt haben, damit sie über seine Zeichen nachsinnen und damit diejenigen bedenken, die Verstand besitzen. (Sure 38 Ṣād Vers 29)

Es ist nicht möglich, über den Koran nachzusinnen, außer wenn man Wissen darüber hat, was die Verse, die Gedenkworte und die Bittgebete, die im Gebet gelesen werden, eigentlich bedeuten. Wenn man die Bedeutungen versteht, dann kann man einerseits den eigenen Zustand betrachten und die Realität, in der man sich befindet. Und dann kann man andererseits diesen Zustand und diese Realität mit den Bedeutungen der rezitierten Verse und gesprochenen Gedenkworte vergleichen. Tut man das intensiv, erlangt man Demut und Unterwerfung im Gebet. Und man fühlt sich im Herzen berührt. Vielleicht sogar laufen den Betenden aus Rührung Tränen aus den Augen. Es werden keine Verse mehr rezitiert, ohne dass sie den Gläubigen im Herzen tief bewegen. In diesem Moment ist es so, als ob der Betende nichts hören und nichts sehen kann, außer Allahs Zeichen.

Allah, der Erhabene sagte:

Und diejenigen, die, wenn sie mit den Zeichen ihres Herrn ermahnt werden, ihnen gegenüber nicht taub und blind niederfallen. (Sure 25 al-Furqān Vers 73)

> *Das Freitagsgebet*

Allah, der Erhabene hat das Freitagsgebet (**ṣalātu-l-ǧumuʿa**) zur Pflicht gemacht und es zur Zeit des Mittagsgebets angesetzt. Es ist ein Gebet, das zu den gewichtigsten Riten des Islams und zu den größten Pflichten gehört. Für das Freitagsgebet versammeln sich die Muslime einmal wöchentlich und hören einer Predigt zu, die Ermahnungen und Anweisungen enthält. Die Predigt wird von einem Imam gehalten. Im Anschluss verrichten alle Muslime gemeinschaftlich das Freitagsgebet.

Die Vorzüglichkeit des Freitags:

Der Tag Freitag ist der beste, wichtigste und ehrenvollste aller Wochentage. Allah, der Erhabene hat ihn vor den übrigen Tagen und Zeiten auserwählt und bevorzugt. Er zeichnete den Freitag mit vielen besonderen Merkmalen und Vorzügen aus. Dazu gehören:

- Allah, der Erhabene hat diesen Tag keiner anderen Gemeinschaft gegeben, sondern allein der Gemeinschaft des Propheten Muḥammad vorbehalten.

  Der Gesandte Allahs (Allahs Segen und Friede auf ihm) sagte: „Allah führte diejenigen, die vor uns waren, vom Freitag weg. Die Juden hatten den Samstag und die Christen den Sonntag. Dann brachte Allah uns hervor und leitete uns zum Freitag recht." (Muslim Hadith Nr. 856)

- An einem Freitag wurde Adam erschaffen und die Letzte Stunde wird an einem Freitag sein. Der Prophet (Allahs Segen und Friede auf ihm) sagte: „Der beste Tag, an dem die Sonne aufgeht, ist der Freitag. An diesem Tag wurde Adam erschaffen und an diesem Tag wurde er aus dem Paradies herausgebracht. Und eintreffen wird die Stunde (der Auferstehung) nur an einem Freitag." (Muslim Hadith Nr. 854)

Für wen ist das Freitagsgebet Pflicht?

Das Freitagsgebet ist für folgende Personengruppen verpflichtend:

1. Für den Mann, nicht für die Frau.
2. Für Zurechnungsfähige, d.h. für den geistig gesunden und geschlechtsreifen Menschen. Somit sind sowohl Menschen mit geistiger Behinderung als auch Kinder, die die Reife noch nicht erreicht haben, von der Pflicht befreit.
3. Für Ortsansässige. So ist das Freitagsgebet keine Pflicht für Reisende und Menschen, die in der Wüste oder auf dem Land wohnen, außerhalb von Stadt und Dorf.
4. Für körperlich gesunde Personen. So ist das Freitagsgebet keine Pflicht für Erkrankte, die aufgrund von Krankheit nicht daran teilnehmen können.

Ablauf und Vorschriften des Freitagsgebets

1. Es ist islamisch erwünscht, vor dem Freitagsgebet eine Ganzkörperwaschung (ġusl) zu vollziehen und sich frühzeitig zur Moschee zu begeben, ehe die Freitagsansprache (ḫuṭba) beginnt. Ebenso ist es erwünscht, die schönste Kleidung zu tragen.

2. Die Muslime versammeln sich in der Freitagsmoschee und der Imam steigt auf das Podest. Er wendet sich mit seinem Gesicht den Gläubigen zu und hält zwei Predigten. Der Prediger trennt beide Predigten voneinander, indem er sich zwischen den beiden Predigten kurz hinsetzt. In der Freitagsansprache (ḫuṭba) erinnert der Prediger die Anwesenden an die Gottesfurcht, ermahnt sie, weist sie zum Guten und rezitiert Verse aus dem Koran.

3. Es ist eine Pflicht für die Betenden, die am Freitagsgebet teilnehmen, dass sie der Freitagsansprache konzentriert zuhören. Es ist verboten, während der Ansprache zu sprechen oder sich mit etwas anderem als dem Inhalt der Ansprache zu beschäftigen. Jede Art von Ablenkung ist verboten, und sei es auch nur das Herumspielen mit dem Teppich, mit Steinen oder Sand.

4. Nach Beendigung der Freitagsansprache steigt der Imam vom Podest hinab und es wird ein gemeinschaftliches Gebet verrichtet. Er betet mit den Menschen ein Gebet, das aus zwei Gebetseinheiten besteht und in dem er den Koran laut hörbar rezitiert.

> Die Betenden sind verpflichtet, der Freitagsansprache konzentriert zuzuhören und dürfen sich nicht mit etwas anderem als dem Inhalt der Ansprache beschäftigen.

5 Es ist dann nur statthaft das Freitagsgebet abzuhalten, wenn eine bestimmte Anzahl an Menschen anwesend ist. Wer also das Freitagsgebet aufgrund eines legitimen Hinderungsgrunds verpasst oder nicht daran teilnehmen konnte, der muss stattdessen das Mittagsgebet (ẓuhr) verrichten. Das Nachholen des Freitagsgebets wäre für ihn nicht gültig.

6 Wer zu spät zum Freitagsgebet kommt und im Gemeinschaftsgebet weniger als eine Gebetseinheit mit dem Vorbeter erreicht, der muss sein Gebet als Mittagsgebet vervollständigen.

7 Jede Person, für die das Freitagsgebet keine Pflicht ist, wie z. B. für die Frau oder den Reisenden, darf trotzdem am Freitagsgebet teilnehmen. Das Gebet ist gültig, wenn sie es zusammen mit der Gemeinschaft der Muslime in der Freitagsmoschee verrichten. Wer das Freitagsgebet verrichtet, für den entfällt das Mittagsgebet (ẓuhr).

Welche legitime Hinderungsgründe gibt es, um am Freitagsgebet nicht teilzunehmen?

Das islamische Recht betont nachdrücklich, dass die Teilnahme am Freitagsgebet für die Verpflichteten unbedingt einzuhalten ist. Der Koran warnt die Menschen davor, sich nicht mit den Genüssen des diesseitigen Lebens ablenken zu lassen.

Allah, der Erhabene sagte:

O die ihr glaubt, wenn zum Gebet gerufen wird am Freitag, dann eilt zu Allahs Gedenken und lasst das Kaufgeschäft! Das ist besser für euch, wenn ihr es nur wüsstet. (Sure 62 al-Ǧumuʿa Vers 9)

Der Islam warnt denjenigen, der ohne islamisch-legitimen Hinderungsgrund dem Freitagsgebet fernbleibt, dass ihm deswegen das Herz versiegelt werden kann.

Der Prophet (Allahs Segen und Friede auf ihm) sagte: „Wer dreimal am Freitagsgebet aus Nachlässigkeit und ohne Entschuldigungsgrund fehlt, dessen Herz wird Allah versiegeln." (Abū Dāwūd Hadith Nr. 1052 und Aḥmad Hadith Nr. 15498)

Mit „dessen Herz wird Allah versiegeln" ist gemeint, dass Allah dessen Herz verschließt, es bedeckt und darin Unwissenheit und Entfernung vom Guten legt, sodass sein Herz wie das des Heuchlers und Sünders sein wird.

Legitime Hinderungsgründe, die das Fernbleiben vom Freitagsgebet entschuldigen, sind jede wirklich schwierigen Umstände und ungewohnte, abnormale Zustände. Ebenfalls legitime Hinderungsgründe sind berechtigte Ängste um Leib und Leben sowie um Gesundheit, wie z. B. Krankheit oder Notfälle.

Sind lange Arbeitszeiten legitime Hinderungsgründe, um vom Freitagsgebet fernzubleiben?

Grundsätzlich gilt, dass Arbeit und Beschäftigung, die dauerhaft ausgeübt werden, für einen Muslim keine Hinderungsgründe darstellen, um nicht am Freitagsgebet teilzunehmen. Allah, der Erhabene befiehlt uns im edlen Koran, unsere Arbeiten einzustellen und uns für das Gebet Zeit zu nehmen.

Allah, der Erhabene sagte:

O die ihr glaubt, wenn zum Gebet gerufen wird am Freitag, dann eilt zu Allahs Gedenken und lasst das Kaufgeschäft! (Sure 62 al-Ǧumuʿa Vers 9)

Der Muslim sollte eine Arbeit oder eine Stelle wählen, in der es ihm möglich ist, die Riten Allahs wahrzunehmen. Auch wenn er dadurch einen niedrigeren Lohn erhalten würde als bei einer anderen Arbeitsstelle.

Allah, der Erhabene sagte:

Und wer Allah fürchtet, dem schafft Er einen Ausweg und gewährt ihm Versorgung, von wo (aus) er damit nicht rechnet. (Sure 65 aṭ-Ṭalāq Vers 2-3)

> **Sag: Was bei Allah ist, ist besser als Vergnügen und als der Handel.** (Sure 62 al-Ǧumuʿa Vers 11)

Das Gebet

In welchen Fällen ist die Arbeit ein legitimer Hinderungsgrund, um vom Freitagsgebet fernzubleiben?

Allgemein ist Arbeit kein legitimer Hinderungsgrund, um vom Freitagsgebet fernzubleiben. Allerdings gibt es zwei Ausnahmen:

1 Die Arbeit ist von großem Nutzen und Interesse. Dieser Nutzen lässt sich nur dadurch erreichen, indem man am Arbeitsplatz verbleibt und das Freitagsgebet auslässt. Wenn der Ausführende den Arbeitsplatz verließe, so würde ein großer Schaden entstehen. Dazu kommt, dass es tatsächlich niemanden gibt, der ihn bei dieser Arbeit ersetzen könnte.

Beispiele:

- Der Arzt in der Notaufnahme, der sich um Notfälle und Verletzungen kümmert, die dringend behandelt werden müssen.
- Wächter und Polizisten, die das Vermögen und die Häuser der Menschen vor Diebstahl und anderen Verbrechen schützen.
- Leitende Verantwortliche in Unternehmen und in großen Fabriken usw., deren Anwesenheit äußerst notwendig ist, da sie Arbeitsprozesse kontrollieren, die rund um die Uhr überprüft werden müssen.

2 Wenn diese Arbeit die einzige Erwerbsquelle ist, von der der Arbeitnehmer seinen Lebensunterhalt bestreitet und der Arbeitgeber ihm nicht die Gelegenheit gibt, um am Freitagsgebet teilzunehmen. Und wenn er über keine finanziellen Mittel verfügt, um für sich und seine Familie zu sorgen, die Grundbedürfnisse wie Essen und Trinken zu sichern und sich andere lebenswichtige Güter zu kaufen. In diesem Fall darf er an seinem Arbeitsplatz verbleiben. Das Fernbleiben vom Freitagsgebet geschieht nur aus Notwendigkeit und gilt solange, bis er eine andere Arbeitsstelle findet oder eine andere Quelle der Versorgung hat, aus der er für sich und seine Familie ausreichend Essen, Trinken und andere lebenswichtige Güter beziehen kann.

> Das Gebet des Kranken

Das Verrichten des Gebets ist für einen Muslim in jeder Situation und Lage verpflichtend, solange er bei Verstand und bei Bewusstsein ist. Allerdings beachtet der Islam die unterschiedlichen Umstände und Bedürfnisse des Menschen. Demgemäß berücksichtigt der Islam erkrankte Personen.

Detaillierte Erläuterung zum Gebet des Kranken:

- Die Pflicht, während des Gebets auf den Beinen zu stehen, entfällt für den Kranken, wenn er nicht stehen kann oder ihm das Stehen schwerfällt oder wenn sich durch das Stehen die Heilung seiner Krankheit verzögern würde. In diesem Fall kann er im Sitzen beten. Wenn er das auch nicht kann, dann im Liegen auf seiner Körperseite.

Der Prophet (Allahs Segen und Friede auf ihm) sagte: „Bete im Stehen, und wenn du das nicht kannst, so bete im Sitzen, und wenn du dies auch nicht tun kannst, dann auf der Seite.“ (Buḫārī Hadith Nr. 1066)

- Wer nicht die Verbeugung oder die

Niederwerfung im Gebet vollziehen kann, der kann stattdessen, so gut er kann, mit seinem Kopf nach vorne nicken, als Andeutung für die Verbeugung oder die Niederwerfung.

- Wer Schwierigkeiten hat, um auf dem Boden zu sitzen, der kann auch auf einem Stuhl oder Ähnlichem sitzen.
- Wem es aufgrund seiner Krankheit große Mühen bereitet, sich für jedes Gebet zu reinigen, dem ist es erlaubt, zwei Pflichtgebete in einer Zeit zusammenlegen: das Mittagsgebet (**ẓuhr**) zusammen mit dem Nachmittagsgebet (ʿ**aṣr**) sowie das Sonnenuntergangsgebet (**maġrib**) zusammen mit dem Nachtgebet (ʿišāʾ).
- Wem es aufgrund seiner Krankheit schwerfällt, Wasser zu benutzen, dem ist es erlaubt die Ersatzwaschung mit der Erde (**tayammum**) durchzuführen, um das Gebet zu verrichten.

> Gebet des Reisenden

- Es ist Sunna für den Reisenden, während er unterwegs ist oder wenn er sich an einem fernen Ort weniger als vier Tage aufhält, sein Gebet zu verkürzen. Die Pflichtgebete, die aus vier Gebetseinheiten (**rakaʿāt**) bestehen, verrichtet der Reisende stattdessen mit zwei Gebetseinheiten. So verrichtet er das Mittagsgebet (**ẓuhr**), Nachmittagsgebet (ʿ**aṣr**) und Nachtgebet (ʿ**išā**ʾ) mit je zwei Gebetseinheiten. Wenn er jedoch mit einem ortsansässigen Vorbeter das Gebet verrichtet, so muss er dem Vorbeter folgen und genauso wie er, vier Gebetseinheiten beten.
- Auf der Reise ist es islamisch rechtens, die sunan ar-rawātib-Gebete, d. h. die freiwilligen Gebete, die jeweils zu den Pflichtgebeten verrichtet werden, nicht zu beten. Eine Ausnahme bildet das Sunna-Gebet des Morgendämmerungsgebets (**faǧr**), das auch während der Reise verrichtet werden soll.
- Es ist für den Reisenden erlaubt, zwei Pflichtgebete in einer Zeit zusammenzulegen: das Mittagsgebet (**ẓuhr**) zusammen mit dem Nachmittagsgebet (ʿ**aṣr**) sowie das Sonnenuntergangsgebet (**maġrib**) zusammen mit dem Nachtgebet (ʿ**išā**ʾ). Ebenfalls können die zusammengelegten Gebete wahlweise während der für das erste oder zweite Gebet festgelegten Gebetszeit verrichtet werden. Besonders für den Reisenden, der unterwegs ist oder sich kurzzeitig an einem Ort niederlässt, ist diese Regelung eine Erleichterung und eine Barmherzigkeit von Allah, um Seinen Dienern Erschwernisse zu ersparen.

Dein Fasten

4

Allah, der Erhabene hat den Muslimen zur Pflicht gemacht, einmal im Jahr für einen Monat zu fasten. Dieser Fastenmonat ist der gesegnete Ramadan. Allah, der Erhabene hat das Fasten im Ramadan zur vierten Säule des Islams und zu den wichtigen Fundamenten der Religion bestimmt.

Allah, der Erhabene sagte:

O die ihr glaubt, vorgeschrieben ist euch das Fasten, so wie es denjenigen vor euch vorgeschrieben war, auf dass ihr gottesfürchtig werden möget. (Sure 2 al-Baqara Vers 183)

Inhaltsverzeichnis des Kapitels:

Das Fasten im Ramadan

Die Bedeutung des Fastens:

Die Bedeutung des Fastens im Islam: Das Fasten ist ein Gottesdienst, den man für Allah erbringt, indem man sich von Essen, Trinken, Beischlaf und allen übrigen fastenbrechenden Handlungen enthält, und zwar vom Anbruch der Morgendämmerung (Zeit für den Gebetsruf zum Morgendämmerungsgebet) bis zum Sonnenuntergang (Zeit für den Gebetsruf zum Sonnenuntergangsgebet).

> Die Vorzüglichkeit des Ramadans

Der Monat Ramadan ist der neunte Mondmonat des islamischen Kalenders. Er ist der beste Monat im gesamten Jahr. Allah, der Erhabene hat ihn mit zahlreichen Vorzügen ausgezeichnet, die Er keinem anderen Monat außer diesem gab. Zu diesen Vorzügen gehören:

1 Der Monat Ramadan ist der Monat, den Allah auserwählte, um das vorzüglichste und edelste aller Himmelsbücher herabzusenden. Dieses Buch ist der heilige Koran.

Allah, der Erhabene sagte:

Der Monat Ramadan (ist es), in dem der Koran als Rechtleitung für die Menschen herabgesandt worden ist und als klare Beweise der Rechtleitung und der Unterscheidung. Wer also von euch während dieses Monats anwesend ist, der soll ihn fasten... (Sure 2 al-Baqara Vers 185)

2 Der Prophet (Allahs Segen und Friede auf ihm) sagte: „Wenn Ramadan beginnt, werden die Tore des Paradieses geöffnet, die Tore des Höllenfeuers geschlossen und die Satane in Ketten gefesselt.“ (Buḫārī Hadith Nr. 3103 und Muslim Hadith Nr. 1079)

Allah, der Erhabene hat diesen Monat für Seine Diener vorbereitet, damit sie sich während dieses Monats anstrengen, um sich Allah mit Gehorsamshandlungen zu nähern und sündhafte Taten zu unterlassen.

3 Wer den Tag des Ramadans mit Fasten und die Nacht mit Gebeten verbringt, dem werden seine vergangenen Sünden vergeben.

Der Prophet (Allahs Segen und Friede auf ihm) sagte: „Wer (den Monat) Ramadan aus dem Glauben heraus und der Hoffnung auf den Lohn Allahs fastet, dem werden seine vergangenen Sünden vergeben.“ (Buḫārī Hadith Nr. 1910 und Muslim Hadith Nr. 760).

Ebenfalls sagte der Prophet (Allahs Segen und Friede auf ihm): „Wer die Nacht der Bestimmung (**lailat al-qadr**) aus dem Glauben heraus und aus der Hoffnung auf den Lohn Allahs im Beten verbringt, dem werden seine vergangenen Sünden vergeben.“ (Buḫārī Hadith Nr. 1905 und Muslim Hadith Nr. 759)

4 Im Ramadan gibt es die beste und wichtigste Nacht des gesamten Jahres: die Nacht der Bestimmung (lailat al-qadr). Allah, der Erhabene hat uns in Seinem edlen Buch mitgeteilt, dass die gute und rechtschaffene Tat in dieser Nacht viel besser ist als Anbetungshandlungen, die man in einem sehr langen Zeitraum verrichten würde. Allah, der Erhabene sagte:

Die Nacht der Bestimmung ist besser als tausend Monate. (Sure 97 al-Qadr Vers 3)

Und wer die Nacht der Bestimmung (im Gebet) stand, mit wahrem Glauben und auf Allahs Lohn hoffend, dem werden seine vergangenen Sünden vergeben.

Bei dieser Nacht handelt es sich um eine Nacht in den letzten zehn verbliebenen Nächten im Ramadan. Niemand weiß genau, in welcher Nacht sie genau liegt.

> Die Weisheit, die hinter dem Fasten steckt

Die Feinsinnigkeiten und Weisheiten, die sich hinter der Pflicht des Fastens verbergen und die einen großen Nutzen im Dies- und Jenseits haben, sind sehr zahlreich. Einige Feinsinnigkeiten und Weisheiten sind Folgende:

1 Das Erreichen von Gottesfurcht gegenüber Allah, dem Mächtigen und Majestätischen:

Das Fasten ist ein Gottesdienst, durch das der Gottesdiener die Nähe seines Herrn erlangen kann, indem er auf viele Dinge, die er liebt, verzichtet und seine Triebe und Begierden zurückhält. So erzieht er seine eigene Seele mit Gottesfurcht gegenüber Allah. Er lehrt sie, dass Allah, der Erhabene sie an jedem Ort und zu jeder Zeit beobachtet und bewacht. Und er bringt ihr bei, dass Allah gewiss seine innersten Geheimnisse und sein Offenkundiges genau kennt.

Aus diesem Grund sagte Allah, der Erhabene:

O die ihr glaubt, vorgeschrieben ist euch das Fasten, so wie es denjenigen vor euch vorgeschrieben war, auf dass ihr gottesfürchtig werden möget. (Sure 2 al-Baqara Vers 183)

2 Das Fasten ist eine gute Übung, um Ungehorsamkeiten und Sünden endgültig aufzugeben:

Wenn es der Fastende schafft, sich von erlaubten Dingen fernzuhalten, um Allahs Gebot zu befolgen, dann schafft er es erst recht, seine Begierden zu zügeln und sich von Ungehorsamkeiten und Sünden fernzuhalten. Und er schafft es auch, die Grenzen Allahs einzuhalten und unterlässt es, Falsches weiterhin zu begehen. Der Prophet (Allahs Segen und Friede auf ihm) sagte: „Wer die falsche Aussage und das Handeln mit ihr nicht unterlässt, so hat Allah kein Bedürfnis danach, dass er (der Fastende) seine Speise und seinen Trank sein lässt.“ (Buḫārī Hadith Nr. 1804)

3 Durch das Fasten erinnert sich der Muslim an die sozial Schwachen und empfindet tiefes Mitgefühl für sie:

Der Fastende kann das Leid und den Hunger der Armen und Bedürftigen nachempfinden. Er erinnert sich daran, dass sie jeden Tag hungern und leiden müssen. Der Muslim denkt an seine armen Glaubensgeschwister und weiß, wie sehr sie von Hunger und Durst betroffen sind. Das veranlasst ihn, seinen in Not befindlichen Glaubensgeschwistern Hilfe zu bieten und sie zu unterstützen.

> Für den Fastenden gibt es zwei Gelegenheiten sich zu freuen: einmal, wenn er sein Fasten bricht, und ein weiteres Mal, wenn er seinem Herrn begegnet.

> Die Vorzüglichkeit des Fastens

Im islamischen Recht hat das Fasten viele Vorzüge. Dazu gehören Folgende:

1 Wer den Monat Ramadan fastet, weil er an Allah glaubt und weil er Allahs Gebote befolgen will und weil er von den Vorzügen, die im Koran und der Sunna enthalten sind, überzeugt ist und weil er auf die Belohnung von Allah hofft, dem werden seine vergangenen Sünden vergeben.

Der Gesandte Allahs (Allahs Segen und Friede auf ihm) sagte: „Wer (den Monat) Ramadan aus dem Glauben heraus und der Hoffnung auf den Lohn Allahs fastet, dem werden seine vergangenen Sünden vergeben." (Buḫārī Hadith Nr. 1910 und Muslim Hadith Nr. 760)

2 Der Fastende freut sich auf den großen Lohn und die beständige Wonne, die er sich aufgrund seines Fastens erhofft, wenn er am Tage der Auferstehung Allah begegnen wird.

Der Gesandte Allahs (Allahs Segen und Friede auf ihm) sagte: „Für den Fastenden gibt es zwei Gelegenheiten sich zu freuen: einmal, wenn er sein Fasten bricht, und ein weiteres Mal, wenn er seinem Herrn begegnet." (Buḫārī Hadith Nr. 1805 und Muslim Hadith Nr. 1151)

3 Im Paradies gibt es ein Tor, das „Ar-Rayyān" heißt. Durch dieses Tor werden nur die Fastenden in das Paradies eintreten.

Der Prophet (Allahs Segen und Friede auf ihm) sagte: „Es gibt im Paradies ein Tor, das Ar-Rayyān heißt, durch das die Fastenden am Tage der Auferstehung eintreten werden, und kein anderer außer ihnen wird hindurch eintreten. (An jenem Tage) wird ausgerufen: „Wo sind die Fastenden?" Da stehen diese dann auf, und sonst kein anderer außer ihnen wird hineintreten. Wenn sie darin sind, wird das Tor geschlossen, und danach tritt keiner mehr durch dieses ein." (Buḫārī Hadith Nr. 1797 und Muslim Hadith Nr. 1152)

4 Allah, der Erhabene hat den Lohn für das Fasten als Ihm zugehörig beschrieben und gesagt, dass Er selbst für den Lohn des Fastenden sorgen wird. Und wen Allah, der großzügig, gewaltig, freigebig, edelmütig und barmherzig ist, belohnen wird, der kann sich wahrlich auf diesen unermesslichen Lohn freuen, den Allah für ihn vorbereitet hat.

Der Prophet (Allahs Segen und Friede auf ihm) sagte: „Allah, Preis sei Ihm, sprach":

„Jede (gute) Tat, die der Sohn Adams begeht, ist für ihn selbst (vorteilhaft). Nur das Fasten begeht er Meinetwegen und die Belohnung dafür wird nach Meinem Ermessen gemacht." (Buḫārī Hadith Nr. 1805 und Muslim Hadith Nr. 1151)

> **Der Monat Ramadan ist der neunte Mondmonat des islamischen Kalenders.**

> Die fastenbrechenden Handlungen

Hierbei handelt es sich um Angelegenheiten, auf die der Fastende während des Fastens verzichten muss, weil ansonsten das Fasten nicht gültig ist. Diese fastenbrechenden Handlungen sind wie folgt:

1 Vorsätzliches Essen und Trinken:

Allah, der Erhabene sagte ... und esst und trinkt, bis sich für euch der weiße vom schwarzen Faden der Morgendämmerung klar unterscheidet! (Sure 2 al-Baqara Vers 187)

Wer etwas versehentlich isst oder trinkt, weil er es vergessen hat, dessen Fasten ist gültig und für den ist es keine Sünde. So sagte der Prophet (Allahs Segen und Friede auf ihm): „Wer aus Vergesslichkeit (während seines Fastens) isst oder trinkt, der soll sein Fasten fortsetzen; denn Allah hat ihm damit Speise und Trank gegeben." (Buḫārī Hadith Nr. 1831 und Muslim Hadith Nr. 1155)

2 Angelegenheiten, die zur Kategorie des Essens und des Trinkens gehören. Beispiele hierfür sind:

- Infusionen und Injektionen. Das Zuführen von Nahrung und Flüssigkeit mittels Spritze oder Infusion in den Körper, wodurch der Mensch mit Nährstoffen und Salzen versorgt wird, die dem Körper fehlen. Da Infusionen und Injektionen als Nahrungsersatz für Speise und Trank dienen, gelten für sie dieselbe Regelung wie für das Essen und Trinken.
- Blutinjektion oder Bluttransfusion für Kranke. Denn das vorrangige Ziel vom Essen und Trinken ist ja Blut zu bilden.
- Das Rauchen sowie alle Arten des Rauchens brechen das Fasten, da durch das Inhalieren des Rauches Gift- und Schadstoffe in den Körper gelangen.

3 Der Geschlechtsverkehr.

Wenn beim Beischlaf die Eichel des Mannes in die Scheide der Frau eindringt. Es gibt hierbei keinen Unterschied, ob der Mann einen Samenerguss hat oder nicht.

4 Absichtliche Herbeiführung des Samenergusses durch Geschlechtsverkehr, Selbstbefriedigung oder Ähnlichem.

Was jedoch den unwillkürlichen Samenerguss während des Schlafes den sogenannten feuchten Traum, anbelangt, so bricht er nicht das Fasten.

Es ist dem fastenden Mann erlaubt, seine Frau zu küssen und ähnliche Zärtlichkeiten mit ihr auszutauschen, aber nur, wenn er sich beherrschen kann, sodass er nicht sein Fasten durch Geschlechtsverkehr bricht.

5 Das absichtliche Erbrechen. Wer sich aber unfreiwillig übergeben hat, dessen Fasten ist gültig

Der Gesandte Allahs (Allahs Segen und Friede auf ihm) sagte: „Wen das Erbrechen überwältigt, während er fastet, der braucht nicht (das Fasten) nachholen, und wer das Erbrechen absichtlich herbeiführt, der muss (das Fasten) nachholen. (Tirmiḏī Hadith Nr. 720 und Abū Dāwūd Nr. 2380)

6 Austritt von Menstruationsblut und Wochenfluss

Wann immer Menstruationsblut oder Wochenfluss austritt, ist das Fasten der Frau gebrochen, auch wenn es im letzten Teil des Tages geschehen sollte. Ebenfalls gilt für eine Frau, die ihre Menstruation hatte, aber erst nach Aufbruch der Morgendämmerung ihre rituelle Reinheit wiedererlangt hat, dass ihr Fasten an diesem Tag nicht gültig, sondern gebrochen ist.

Der Prophet (Allahs Segen und Friede auf ihm) sagte: „Und ist es nicht so, dass eine Frau während ihrer Menstruation nicht betet und nicht fastet?“ (Buḫārī Hadith Nr. 1850)

Was jedoch das Blut anbelangt, das aufgrund von Erkrankung der Frau ausfließt, so verhindert es nicht das Fasten. Bei diesem Blut handelt es sich weder um die Menstruationsblutung, die an begrenzten Tagen im Monat austritt, noch handelt es sich um den Wochenfluss, der nach der Geburt abgesondert wird.

> Personen, die Allah vom Fasten entschuldigt hat

Allah, der Erhabene erlaubte einer Anzahl von Personengruppen, im Ramadan das Fasten zu brechen. Dies ist eine Entlastung, eine Erleichterung und Barmherzigkeit von Allah. Bei diesen Personengruppen handelt es sich um Folgende:

1. Der Kranke, der durch das Fasten zu Schaden kommen würde. Ihm ist es erlaubt, an den Krankheitstagen nicht zu fasten. Diese Person muss nach dem Ramadan die versäumten Fastentage nachholen.

2. Derjenige, der aufgrund einer chronischen Krankheit oder aufgrund von Altersschwäche. nicht zum Fasten imstande ist. Dieser Person ist es erlaubt, nicht zu fasten und stattdessen für jeden Tag, den sie nicht gefastet hat, einen Armen zu speisen. Die Speise entspricht 1,5 Kilogramm an üblichen Lebensmitteln des Landes.

3. Der Reisende, während er unterwegs ist oder während er sich an einem Ort weniger als vier Tage aufhält. Ihm ist es erlaubt, an den Reisetagen das Fasten zu brechen. Er muss nach dem Ramadan die versäumten Fastentage nachholen.

   Allah, der Erhabene sagte:

   ... wer jedoch krank ist oder sich auf einer Reise befindet, der soll eine (gleiche) Anzahl von anderen Tagen (fasten). Allah will für euch Erleichterung; Er will für euch nicht Erschwernis. (Sure 2 al-Baqara Vers 185)

4. Die menstruierende Frau und die Wöchnerin. Für diese beiden ist das Fasten während dieser Zeit verboten und ungültig. Sie müssen nach dem Ramadan die versäumten Fastentage nachholen (siehe Seite 111).

5. Die schwangere und die stillende Frau. Wenn sie befürchten, dass aufgrund des Fastens sie selbst oder ihr Kind zu Schaden kommen könnten, dann dürfen sie das Fasten brechen. Sie müssen nach dem Ramadan die versäumten Fastentage nachholen.

Wie lautet das islamische Urteil über jemanden, der im Ramadan das Fasten gebrochen hat?

Jeder, der im Ramadan das Fasten gebrochen hat, ohne hierfür einen legitimen Hinderungsgrund gehabt zu haben, muss sich in aufrichtiger Reue zu Allah wenden. Denn diese Person hat eine gewaltige Sünde begangen und sich seinem Schöpfer, Preis sei Ihm und Erhaben ist Er, widersetzt. Er muss nur den Tag nachholen, den er nicht gefastet hat. Anders verhält es sich mit derjenigen Person, die am helllichten Tage des Ramadans Geschlechtsverkehr hatte und dadurch das Fasten gebrochen hat. Diese Person muss diesen Tag nachholen und als Sühne für diese Sünde zusätzlich einen Sklaven befreien. Das heißt, er kauft einen muslimischen Sklaven frei und schenkt ihm die Freiheit. Der Islam legt großen Wert darauf, bei jeder sich bietenden Gelegenheit, Menschen aus der Sklaverei und Dienerschaft zu befreien. Wenn es keine Sklaven zu befreien gibt, wie es heutzutage der Fall ist, so fastet er zwei aufeinanderfolgende Monate. Wenn er das nicht kann, so speist er sechzig arme Menschen.

> *Freiwilliges Fasten*

Allah, der Erhabene hat den Muslimen nur zur Pflicht gemacht, einmal im Jahr für einen Monat zu fasten. Dennoch empfiehlt der Islam den Muslimen, welche die Fähigkeit und Bereitschaft haben, dass sie zusätzlich freiwillige Tage fasten sollen, damit sie noch mehr Lohn von Allah erhalten. Zu diesen empfohlenen, freiwilligen Fastentagen gehören Folgende:

1. Der Aschura-Tag (**yaum ʿāšūrā**ʾ) sowie einen Tag davor oder einen Tag danach. Der Aschura-Tag ist der zehnte Tag des Monats Muharram, dem ersten Monat des islamischen Kalenders.

   Der Aschura-Tag war der Tag, an dem Allah, der Erhabene Seinen Propheten Mūsā vor Pharao rettete und Pharao sowie seine Anhänger ertrinken ließ. Deshalb fastet der Muslim diesen Tag aus Dankbarkeit für die Errettung von Mūsā. Ebenso fastet ihn der Muslim, um damit dem Vorbild unseres geliebten Gesandten Muḥammad (Allahs Segen und Friede auf ihm) zu folgen, der an diesem Tag fastete und uns empfahl: „Fastet (zusätzlich) einen Tag davor oder einen Tag danach.“ (Aḥmad Hadith Nr. 2154)

   Als der Prophet (Allahs Segen und Friede auf ihm) über die Belohnung des Fastens von Aschura gefragt wurde, antwortete er: „Es löscht die (kleinen) Sünden des vergangenen Jahres aus.“ (Muslim Hadith Nr. 1162)

2. Der Tag von ʿArafah (**ʿārafah oder ʿarafāt**) ist der neunte Tag des Monats „Ḏu-l-Ḥiǧǧah“, dem zwölften Monat des islamischen Kalenders. An diesem Tag versammeln sich die Pilger, welche die Pilgerfahrt (**Ḥaǧǧ**) zum Hause Allahs unternehmen, im Gebiet von ʿArafah bei Mekka. Dort stehen sie und richten Bittgebete an Allah, den Mächtigen und Majestätischen und flehen Ihn inständig an. Dieser Tag gehört zu den besten Tagen des ganzen Jahres. Für diejenigen, die an diesem Tag nicht die Pilgerfahrt durchführen, ist es erwünscht, den Tag von ʿArafah zu fasten.

Als der Prophet (Allahs Segen und Friede auf ihm) über die Belohnung des Fastens von ʿArafah gefragt wurde, antwortete er: „Es löscht die (kleinen) Sünden des vergangenen und kommenden Jahres aus. (Muslim Hadith Nr. 1162)

3. Sechs Tage im Monat Schawwal (**šawwāl**). Der Monat Schawwal ist der zehnte Monat des islamischen Kalenders.

Der Prophet (Allahs Segen und Friede auf ihm) sagte: „Wer den Monat Ramadan (vollständig) gefastet hat und danach sechs Tage im (darauf folgenden) Monat Schawwal fastet, der erhält (so viel Lohn) als ob er das ganze Jahr gefastet hätte." (Muslim Hadith Nr. 1164)

> Das gesegnete Fest des Fastenbrechens

Die Feste gehören zu den sichtbaren Riten des Islams. Als der Prophet (Allahs Segen und Friede auf ihm) nach Medina kam, sah er, dass die muslimischen Einwohner von Medina an zwei Tagen feierten und sich freuten. Da fragte er: „Was sind diese beiden Tage?" Sie antworteten: „Wir pflegten sie in der vorislamischen Zeit zu feiern." Daraufhin sagte der Prophet (Allahs Segen und Friede auf ihm): „Allah hat sie für euch mit zwei besseren Tagen ersetzt: mit dem Tag des Opferfestes und dem Tag des Fastenbrechens." (Abū Dāwūd Hadith Nr. 1134)

Auch machte der Prophet (Allahs Segen und Friede auf ihm) deutlich, dass Feste zu den rituellen Merkmalen der Religionen gehören. Deshalb sagte er: „Jedes Volk hat seinen Festtag; und dieser hier ist unser Festtag." (Buḫārī Hadith Nr. 909 und Muslim Hadith Nr. 892)

Der Festtag im Islam:

Der Festtag im Islam ist ein Tag, an dem man sich darüber freut, dass man den Gottesdienst für Allah vollendet hat. Es ist ein Tag der Dankbarkeit gegenüber Allah, dem Erhabenen. Wir sind Ihm dankbar dafür, dass Er uns rechtgeleitet und uns die Erfüllung dieses Gottesdienstes ermöglicht hat. An diesem Tag ist es erwünscht, Freude in die Herzen aller Menschen zu bringen. So soll man seine schönste Kleidung anziehen und gut zu den Armen und Bedürftigen sein. Außerdem kann man alle erlaubten Mittel nutzen, um das Herz jedes Muslims mit Freude zu erfüllen und sie an Allahs Gnadengaben zu erinnern, die Er ihnen erwiesen hat. Hierzu kann man beispielweise Festveranstaltungen und Aktivitäten durchführen.

Die Festtage der Muslime:

Die Muslime haben im Jahr zwei Festtage, die sie feiern. Es ist nicht erlaubt, neben diesen beiden Festen, einen weiteren Tag einzuführen, den sich die Menschen dann zum Festtag nehmen. Die zwei Festtage des Islams sind: das Fest des Fastenbrechens, das am ersten Tag im Monat Schawwal stattfindet, und das Opferfest, das sich am Zehnten des Monats **Ḏu-l-Ḥiğğah** ereignet.

Fest des Fastenbrechens (ʿīdu-l-fiṭr):

Das Fest des Fastenbrechens findet am ersten Tag des zehnten Monats statt. Er beginnt direkt nach der letzten Nacht des Monats Ramadan. Der Festtag wurde das Fest des Fastenbrechens genannt, weil die Menschen an diesem Tag durch das Fastenbrechen einen Gottesdienst für Allah erfüllen, genau wie sie zuvor den Gottesdienst durch das Fasten des Ramadans erfüllt hatten. Sie feiern das Fest, weil sie Allah für Seine vollendete Gnadengabe dankbar sind. Sie danken Ihm für Seine Güte, da Er es ihnen leicht machte, das Fasten des gesegneten Monats Ramadan zu vollenden.

Allah, der Erhabene sagte:

... damit ihr die Anzahl vollendet und Allah als den Größten dafür preist, dass Er euch rechtgeleitet hat, auf dass ihr dankbar sein möget. (Sure 2 al-Baqara Vers 185)

Was sollte man am Festtag tun?

1 Das Festgebet (**ṣalātu-l-ʿīd**): Der Islam unterstreicht die enorme Wichtigkeit dieses Gebets und empfiehlt eindringlich den Muslimen, daran teilzunehmen. So sollen sich Männer, Frauen und Kinder zum Gebetsplatz begeben und es verrichten. Die Zeit für das Festgebet beginnt, nachdem die Sonne aufgegangen und über den Horizont eine Höhe von einer Speerlänge erreicht hat. Die Zeit für das Festgebet endet mittags, nachdem sich die Sonne neigt.

Die Weise, wie das Festgebet verrichten wird: Das Festgebet besteht aus zwei Gebetseinheiten, in denen der Vorbeter den Koran laut hörbar rezitiert. Nach dem Gebet hält er zwei Ansprachen. Am Festgebet ist besonders, dass es vorgeschrieben ist, am Anfang der Gebetseinheiten mehrmals „Allāhu akbar" zu sprechen. So spricht man zu Beginn des Gebets die Eröffnungsformel „Allāhu akbar". Darauf spricht man in der ersten Gebetseinheit, vor der Rezitation, sechsmal „Allāhu akbar". In der zweiten Gebetseinheit spricht man für das Erheben aus der Niederwerfung einmal **„Allāhu akbar"** und dann während des Stehens fünfmal **„Allāhu akbar"**.

2 Die Abgabe der zakātu-l-fiṭr: **Zakātu-l-fiṭr** ist eine Spende an Bedürftige zum Fest des Fastenbrechens. Allah, der Erhabene hat den Menschen, die mehr Lebensmittel besitzen als sie am Festtag und in der Festnacht benötigen, zur Pflicht auferlegt, den armen und bedürftigen Muslimen einen bestimmten Anteil davon zu spenden. So soll eine Maßeinheit an üblichen Lebensmitteln des Landes, wie Reis, Weizen oder Datteln, an Arme und Mittellose gespendet werden, sodass am Festtag keine Bedürftige übrig bleiben.

Der Zeitraum für die Abgabe der **zakātu-l-fiṭr**: Die Zeit beginnt am letzten Tag im Monat Ramadan und dauert bis zum Morgen an, bevor das Festgebet verrichtet wird. Es ist ebenfalls erlaubt, die zakātu-l-fiṭr eine oder zwei Nächte vor dem Festtag abzugeben.

Die Menge der zakātu-l-fiṭr beträgt eine Maßeinheit, die ṣāʿ genannt wird. Sie wird aus üblichen Lebensmitteln des Landes, wie etwa Weizen, Reis, Datteln usw., entnommen. Die Maßeinheit ṣāʿ beträgt ein Hohlmaß (kayl). Jedoch ist die Messung mit modernen Gewichtseinheiten einfacher zu bestimmen. So beträgt das Gewicht für die abzugebenden Lebensmittel ca. 3 Kilogramm.

Die Abgabe der zakātu-l-fiṭr ist für Folgende eine Pflicht: für die eigene Person und für die Familienmitglieder, zu deren Unterhalt man verpflichtet ist, wie z. B. für die Ehefrau und die Kinder. Es ist islamisch erwünscht, auch für den Embryo, der sich noch im Bauch seiner Mutter befindet, die zakātu-l-fiṭr abzugeben. Folglich spendet man für jede Seele eine Maßeinheit von 3 Kilogramm an landesüblichen Nahrungsmitteln.

Der Gesandte Allahs (Allahs Segen und Friede auf ihm) hat sie zur Pflicht gemacht, denn sie dient als Reinigung des (**im Ramadan**) Fastenden von jeglichem unnützen Gerede und Handlungen, und sie dient als Speise für die Armen. Wer sie also vor dem (Fest-)Gebet entrichtet, für den ist es eine angenommene **Zakāh**. Wer sie aber erst nach dem Gebet entrichtet, für den ist sie eine Spende wie jede andere. (Abū Dāwūd Hadith Nr. 1609)

3 Es ist erwünscht, Freude und gute Laune bei der ganzen Familie zu verbreiten, bei den Älteren und bei den Kindern, bei den Männern und bei den Frauen, und hierzu jedes erlaubte Mittel einzusetzen. Man zieht seine schönste und beste Kleidung an. Ebenfalls isst man an diesem Tag etwas, um durch das Fastenbrechen einen Gottesdienst für Allah zu erfüllen. Aus diesem Grund ist das Fasten am Festtag verboten.

4 Es ist erwünscht, Allah, den Mächtigen und Majestätischen als den Größten zu preisen und oft „Allāhu akbar“ zu sprechen. Die Zeit für das Sprechen von „**Allāhu akbar**“ beginnt in der Nacht zum Festtag. Außerdem ruft man es ständig, wenn man sich auf den Weg zum Festtagsgebet begibt. Die Zeit für die „**Allāhu akbar**“-Wortformeln enden mit dem Verrichten des Festtagsgebets. Hierdurch zeigt der Muslim seine Freude darüber, dass er das Fasten des gesegneten Monats Ramadan vollendet hat. Er ist Allah für alle Seine Gnadengaben dankbar. Er dankt Ihm dafür, dass Er ihn zum Fasten rechtgeleitet hat.

Allah, der Erhabene sagte:

... damit ihr die Anzahl vollendet und Allah als den Größten dafür, preist, dass Er euch rechtgeleitet hat, auf dass ihr dankbar sein möget. (Sure 2 al-Baqara Vers 185)

Die „Allāhu akbar“-Wortformeln, die zu Anlässen der Festtage gesprochen werden, lauten wie folgt:

Allāhu akbar, Allāhu akbar, lā ilāha illallāh, Allāhu akbar, Allāhu akbar, wa lillāhi-l-ḥamd, Allah ist größer (**als alles**). Allah ist größer (**als alles**). Es gibt keinen zu Recht anbetungswürdigen Gott, außer Allah. Allah ist größer (**als alles**). Allah ist größer (**als alles**). Und Allah gehört alles Lob.

Man kann ebenfalls folgende „**Allāhu akbar**“-Wortformeln sprechen:

Allāhu akbar kabīra(n), Wa-l-ḥamdu lillāhi kaṯīra(n)

wa subḥan-Allāhi bukratan wa aṣīla(n)

Ich verherrliche Allah als den Größten. Alles Lob gebührt Allah, immer wieder. Und Preis sei Allah, morgens und abends!

Es ist für Männer erwünscht, ihre Stimmen mit den genannten Wortformeln zu erheben. Jedoch nur auf eine Weise, die keinen Menschen belästigt oder stört. Frauen sprechen dagegen die genannten Wortformeln leise.

> Muslime, die vom Festtag kommen

Deine Zakāh

5

Allah, der Erhabene hat den Muslimen die Abgabe der **Zakāh** auferlegt und sie zur dritten Säule des Islams bestimmt. Er drohte denjenigen, die nicht die **Zakāh**-Abgabe entrichten, eine schwere Strafe an. Außerdem verknüpfte der Erhabene die islamische Brüderschaft unter den Muslimen mit der Reue, dem Verrichten des Gebets und dem Entrichten der **Zakāh**.

Allah, der Erhabene sagte:

Wenn sie aber bereuen, das Gebet verrichten und die Abgabe entrichten, dann sind sie eure Brüder in der Religion. (Sure 9 at-Tauba Vers 11)

Der Gesandte Allahs (Allahs Segen und Friede auf ihm) sagte: „Der Islam wurde auf fünf (**Säulen**) gebaut: ... dem Verrichten des Gebets, dem Entrichten der Zakāh...“ (Buḫārī Hadith Nr. 8 und Muslim Hadith Nr. 16)

Inhaltsverzeichnis des Kapitels:

*Die **Zakāh***

Die Zakāh ist die islamische Sozialabgabe, die Allah den Muslimen auferlegt hat. Den wohlhabenden Muslimen ist vorgeschrieben, einen geringen Anteil ihres Vermögens an Arme und Bedürftige zu geben, um deren Not und Bedürftigkeit aufzuheben. Außerdem gibt es weitere angestrebte Ziele durch die Abgabe der Zakāh.

Ziele der Zakāh:

Allah, der Erhabene hat den Muslimen die Abgabe der Zakāh zur Pflicht gemacht, um große Ziele und wichtige Funktionen zu erreichen. Dazu gehören Folgende:

1. Es ist Tatsache, dass die Liebe zum Geld ein natürlicher Trieb des Menschen ist, der ihn dazu bringt, alles zu tun, um seinen Reichtum zu behalten und zu mehren. Deshalb verpflichtete die islamische Gesetzgebung den Muslim dazu, die Zakāh zu entrichten, damit die eigene Seele vom Übel des Geizes und der Habgier gereinigt wird, die Liebe zum diesseitigen Leben aus den Herzen verschwindet und der Mensch endlich damit aufhört, mit seinem Herzen an den Gelüsten des Diesseits zu hängen.
   Allah, der Erhabene sagte:
   Nimm von ihrem Besitz ein Almosen, mit dem du sie reinigst und läuterst. (Sure 9 at-Tauba Vers 103)

2. Durch die Abgabe der Zakāh werden die moralischen Grundsätze des Zusammenhalts und der Harmonie verankert. Dies ist deshalb so, weil die menschliche Seele derart geschaffen wurde, sodass sie für denjenigen, der ihr Gutes getan hat, Liebe empfindet. Dadurch leben die Mitglieder der muslimischen Gesellschaft in Liebe und Harmonie zusammen. Sie stützten und unterstützen sich gegenseitig und stehen füreinander da, wie das Beispiel eines Bauwerks, wo ein Teil den anderen festigt. In solch einer Gesellschaft gehen Verbrechen wie Diebstahl, Raub und Unterschlagung stark zurück.

3. Durch die Abgabe der Zakāh zeigt sich die wahre Bedeutung der hingebungsvollen Dienerschaft, der willigen Ergebenheit und der absoluten Unterwerfung gegenüber Allah, dem Herrn der Welten. Wenn der Reiche aus seinem Vermögen die Zakāh entrichtet, setzt er damit Allahs Gesetzgebung um und befolgt somit Sein Gebot. Durch das Zahlen der Zakāh beweist der Muslim, dass er für die Gnadengabe des Vermögens, das Allah ihm erwies, wirklich dankbar ist.
   Und Allah, der Erhabene sagte:
   Wenn ihr dankbar seid, werde Ich euch ganz gewiss noch mehr (Gunst) erweisen. (Sure 14 Ibrāhīm Vers 7)

4. Durch die Abgabe der Zakāh wird das Konzept der sozialen Sicherheit erreicht und ein relatives Gleichgewicht zwischen den sozialen Schichten der Gesellschaft hergestellt. Denn durch das Entrichten der Zakāh verteilt sich der Reichtum auch auf andere Personen, die Anspruch darauf haben. Das Geldvermögen wird nicht angehäuft und bleibt nicht der reichen Gesellschaftsschicht vorbehalten, sondern geht auch auf Bedürftige über.
   Allah, der Erhabene sagte:
   Dies, damit es nicht nur im Kreis der Reichen von euch bleibt. (Sure 59 al-Ḥašr Vers 7)

Vermögensarten, auf die Zakāh zu zahlen ist

Zakāh wird nicht für persönlich genutzte Besitzgegenstände gezahlt, wie z. B. das Haus, indem man wohnt, gleich welchen Wert es hat. Ebenfalls ist keine Zakāh zu entrichten für das eigene Auto, das man fährt, selbst wenn es sich um ein Luxusauto handelt. Gleiches gilt für Kleidung, Essen, Trinken usw.

Allah, der Erhabene hat die Abgabe der Zakāh nur für Vermögensarten vorgeschrieben, die nicht für den eigenen Gebrauch verwendet werden, und die ihrem Wesen nach wachsen bzw. zunehmen können. Bei diesen Vermögensarten handelt es sich um Folgende:

1 Gold und Silber. Jedoch gilt die Zakāh-Pflicht nicht für getragenen Gold- und Silberschmuck.

Es muss der im Islam festgesetzte Mindestvermögenswert (niṣāb) erreicht sein, ab dem die Zakāh-Pflicht eintritt. Außerdem muss das Vermögen ein Mondjahr (354 Tage) über dem niṣāb liegen.

Der Mindestvermögenswert, ab dem für Gold und Silber die Zakāh-Pflicht eintritt, beträgt:

für Gold ca. 85 g und für Silber 595 g.

Wenn der Muslim diese Menge an Gold besitzt und ein Mondjahr seit dem Besitz dieser Menge abgelaufen ist, so beträgt die hierfür zu entrichtende Zakāh 2,5 %.

2 Geld und Liquidität. Jede Art von Zahlungsmitteln aller Währungen, gleich ob der Geldwert bei sich oder auf dem Bankkonto gelagert ist.

Wie die Zakāh für Geld und Liquidität zu entrichten ist: Wenn der Geld- und Währungswert, den man besitzt, dem Mindestvermögenswert von ca. 85 g Gold oder mehr entspricht und die Frist für die Zakāh eingetroffen ist, d. h. man ist ein Mondjahr im Besitz dieses Geldwertes, so zahlt man hiervon 2,5 % an Zakāh.

Beispiel: Der Goldpreis schwankt. Wenn wir jedoch davon ausgehen, dass der Preis für 1 Gramm Gold zum Zeitpunkt, an dem die Zakāh zu entrichten ist, 25 US-Dollar beträgt, dann würde sich der Mindestvermögenswert für das Geld wie folgt berechnen:

25 = der schwankende Goldpreis an Dollar

85 = Grammzahl der immer gleich bleibenden Gewichtseinheit für Gold

25 x 85 = 2125 US-Dollar

Somit würde der Mindestvermögenswert (niṣāb), ab dem beim Geld die Zakāh-Pflicht eintritt, 2125 US-Dollar betragen.

3 Handelswaren

Unter Handelswaren versteht man alle Wertgegenstände, die ein Verkäufer zum Verkauf anbietet. Dabei handelt es sich um Immobilien, wie z.B. Grundstücke, Gebäude, Wohnungen und Häuser oder um zum Verkauf angebotene Lebensmittel und Konsumgüter.

Wie die Zakāh für Handelswaren zu entrichten ist: Nachdem ein ganzes Jahr verstrichen ist, zählt der Besitzer dieser Handelswaren den Wert der gesamten Ware, die er zum Verkauf anbietet. Er richtet sich dabei am Marktwert desjenigen Tages, an dem er die Zakāh zahlen will. Wenn dieser Warenwert den Mindestvermögenswert überschritten hat, ab dem die Zakāh-Pflicht eintritt (niṣāb), dann zahlt er für diesen Gesamtbetrag ein Vierzigstel, d.h. 2,5%.

4 Ernteerträge. Darunter fallen Nutzpflanzen, Früchte und Körner.

Allah, der Erhabene sagte:

O die ihr glaubt, gebt aus von den guten Dingen aus eurem Erworbenen und von dem, was Wir für euch aus der Erde hervorgebracht haben! (Sure 2 al-Baqara Vers 267)

Die Zakāh-Pflicht bezieht sich nur auf bestimmte Arten von landwirtschaftlichen Produkten und nicht auf jede. Auch hier wird für die Zakāh-Pflicht vorausgesetzt, dass eine in der islamischen Gesetzgebung festgelegte Menge erreicht wird.

Unter Berücksichtigung der Lebensbedingungen der Menschen wird bei der vorgeschriebenen Menge für die Zakāh unterschieden, ob das Saatfeld durch Regen und Flüsse oder durch Arbeitskraft und Geräte künstlich bewässert wurde.

5 Viehbestand aus Kühen, Kamelen sowie Schafen und Ziegen. Die Zakāh-Pflicht gilt aber nur für freilaufende Tiere, die sich eigenständig ihre Nahrung suchen und bei denen der Besitzer nicht für die Futtermittel und Tiernahrung aufkommen muss.

Wenn der Tierhalter das ganze Jahr über oder den größten Teil des Jahres Futtermittel und Tiernahrung für das Vieh kauft, dann muss er für den Viehbestand keine Zakāh abgeben.

Für den Mindestvermögenswert und die Zakāh-Menge bei Viehbestand gibt es detaillierte Vorschriften, die in den Büchern der islamischen Rechtswissenschaft (fiqh) nachgeschlagen werden können.

An wen wird die Zakāh entrichtet?

Der Islam legte die Kategorien von Menschen fest, denen man Zakāh geben darf. Es ist dem Muslim erlaubt, die Zakāh für einen dieser Kategorien oder auch für mehrere Kategorien gleichzeitig abzugeben. Er darf die Zakāh auch islamischen Hilfsorganisationen und wohltätigen, gemeinnützigen Hilfswerken geben, die die Zakāh an empfangsberechtigte Muslime verteilen. Es ist allerdings besser und vorzuziehen, die Zakāh innerhalb des Landes, in dem man lebt, zu verteilen.

Kategorien der Menschen, die berechtigt sind, die Zakāh zu erhalten:

1 **Die Armen und die Bedürftigen.** Das sind diejenigen, die nicht genug besitzen, um ihre Grundbedürfnisse zu decken und ihren Lebensunterhalt zu sichern.

2 **Arbeitskräfte,** die mit der Einziehung und Verteilung der Zakāh beschäftigt sind.

3 **Der Sklave,** der sich von seinem Besitzer loskaufen möchte. Ihm sollte man helfen und die Zakāh geben, damit er ein freier Mensch wird.

4 **Der Verschuldete,** der Schulden auf sich genommen hat und sie nicht zurückzahlen kann. Es gibt keinen Unterschied, ob die Schulden aufgrund des Gemeinwohls, aus Wohltätigkeit für andere Menschen oder aus Eigeninteresse aufgenommen worden sind.

5 **Auf Allahs Weg Bemühende.** Hierbei handelt es sich um Menschen, die sich einsetzen, um ihre Religion und ihr Land zu verteidigen. Darunter fällt ebenso jede Arbeit und Anstrengung, die unternommen wird, um den Islam zu verbreiten und damit das Wort Allahs an höchster Stelle steht.

6 **Menschen, deren Herzen vertraut gemacht werden sollen.** Hier handelt es sich um ehemalige Nichtmuslime, die vor kurzer Zeit zum Islam konvertiert sind oder um Nichtmuslime, bei denen die Hoffnung besteht, dass sie den Islam annehmen. Bei dieser Kategorie von Empfangsberechtigten wird die Zakāh nicht direkt von Einzelnen an sie abgegeben, sondern es ist die Aufgabe des muslimischen Herrschers und der wohltätigen Hilfsorganisationen, die in diesem Sachverhalt über Nutzen und Interesse bestimmen können.

7 **Der Reisende und der Landfremde.** Das sind Personen, denen das Geld ausgegangen ist und die keine Mittel finden. Ihnen darf man ebenfalls die Zakāh geben, wenn sie Geld benötigen, selbst dann, wenn sie in ihrem Heimatland eigentlich viel Geld besitzen.

Allah, der Erhabene sagte:

Die Almosen sind nur für die Armen, die Bedürftigen, diejenigen, die damit beschäftigt sind, diejenigen, deren Herzen vertraut gemacht werden sollen, (den Loskauf von) Sklaven, die Verschuldeten, auf Allahs Weg und (für) den Sohn des Weges, als Verpflichtung von Allah. Allah ist Allwissend und Allweise. (Sure 9 at-Tauba Vers 267)

> Die Bedürftigen sind diejenigen, die nicht genug besitzen, um ihre Grundbedürfnisse zu decken und ihren Lebensunterhalt zu sichern.

Deine Pilgerfahrt

6

Die Pilgerfahrt nach Mekka ist die fünfte Säule von den fünf Säulen des Islam. Sie ist ein Gottesdienst, in der alle Arten der Gottesdienste miteinander vereint sind: Gottesdienste, die mit Körper, mit dem Herzen und mit finanziellen Mitteln erfüllt werden. Jeder Muslim ist verpflichtet, einmal in seinem Leben die Pilgerfahrt nach Mekka zu unternehmen, wenn er gesundheitlich und finanziell dazu in der Lage ist.

Allah, der Erhabene sagte:

Und der Menschen Pflicht gegenüber Allah ist die Pilgerfahrt zum Hause, wer da den Weg zu ihm machen kann. Wer aber ungläubig ist, wahrlich, Allah ist nicht auf die Welten angewiesen. (Sure 3 Āl-i-ʿImrān Vers 97)

Inhaltsverzeichnis des Kapitels:

Die Pilgerfahrt ***(al-Ḥağğ)***

Vorzüge der Heiligen Moschee:

Die Heilige Moschee befindet sich in Mekka, im Westen von Saudi-Arabien. Im Islam hat die Heilige Moschee viele Vorzüge. Dazu gehören Folgende:

1 In der Heiligen Moschee ist die verehrte Kaaba:

Die Kaaba (**kaʿbah**) ist ein viereckiges, würfelförmiges Gebäude, das in der Stadt Mekka im Innenhof der Heiligen Moschee steht.

Die Kaaba ist die Gebetsrichtung, zu der sich die Muslime wenden, wenn sie das Gebet oder andere Gottesdienste verrichten wollen, die Allah ihnen aufgetragen hat.

Die Kaaba wurde vom Propheten Ibrāhīm, den sich Allah zum Freund (**ḫalīl**) nahm, und seinem Sohn, dem Propheten Ismaʿīl (Allahs Friede auf beiden), auf Allahs, Befehl des Mächtigen und Majestätischen, errichtet. Im Verlauf der Jahre wurde das Gebäude der Kaaba mehrmals repariert bzw. wieder aufgebaut.

Allah, der Mächtige und Majestätische sagte:

Und (gedenkt,) als Ibrāhīm die Grundmauern des Hauses errichtete, zusammen mit Ismaʿīl, (da beteten sie): «Unser Herr, nimm (es) von uns an. Du bist ja der Allhörende und Allwissende.» (Sure 2 al-Baqara Vers 127)

Der Prophet Muḥammad (Allahs Segen und Friede auf ihm) hat selbst einmal mit den mekkanischen Stämmen beim Wiederaufbau der Kaaba teilgenommen und den Schwarzen Stein (**ḥağar al-aswad**) wieder an seine Stelle gesetzt.

> Die Tür der Kaaba ist mit vielen Koranversen verziert.

2 Die Heilige Moschee ist die erste Moschee auf der Erde:

Der edle Gefährte Abū Ḏarr (Allahs Wohlgefallen auf ihm) fragte Allahs Gesandten (Allahs Segen und Friede auf ihm): „O Gesandter Allahs, welche Moschee wurde zuerst auf der Erde errichtet?“ Er antwortete: „Die Heilige Moschee (**in Mekka**).“ Ich fragte: „Welche dann?“ Er erwiderte: **„Die Al-Aqṣā**-Moschee (in Jerusalem).“ Ich fragte: „Welche Zeitspanne lag zwischen den beiden?“ Er sagte: „Vierzig Jahre. Wenn die Gebetszeit fällig ist, dann verrichte das Gebet, wo immer du bist, denn das (Gebet zur rechten Zeit) ist verdienstvoll.“ (Buḫārī Hadith Nr. 3186 und Muslim Hadith Nr. 520)

3 Der Lohn für das Gebet in der Heiligen Moschee ist um ein Vielfaches größer:

Der Gesandte Allahs (Allahs Segen und Friede auf ihm) sagte: „Ein Gebet in dieser meiner Moschee (d. h. in der

Prophetenmoschee in Medina) zu verrichten, ist besser als eintausend Gebete an einem anderen Ort, mit Ausnahme der
Heiligen Moschee (**in Mekka**). Ein Gebet in der Heiligen Moschee ist besser als hunderttausend Gebete in einer anderen." (Ibn Māğah Hadith Nr. 1406 und Aḥmad Hadith Nr. 14694)

4 **Die Heilige Moschee ist die heilige Ortschaft Allahs und Seines Gesandten:**

Allah, der Erhabene sagte:
Wahrlich, mir ist nur befohlen worden, dem Herrn dieser Stadt zu dienen, die Er geheiligt hat, und Sein sind alle Dinge; und mir ist befohlen worden, einer der Gottergebenen zu sein. (Sure 27 an-Naml Vers 91)
Allah hat Seinen Dienern insbesondere im heiligen Ort **Mekka** verboten, Blut zu vergießen. Darüber hinaus ist es untersagt, irgendeiner Seele Unrecht zuzufügen. Es ist ebenso verboten, im heiligen Gebiet auf die Jagd zu gehen sowie Bäume zu fällen oder Pflanzen auszureißen.
Der Prophet (Allahs Segen und Friede auf ihm) sagte: „Wahrlich, Mekka ist von Allah Selbst heilig gemacht, und nicht die Menschen haben es heiliggesprochen. Demnach ist es keinem Menschen, der an Allah und den Jüngsten Tag glaubt, erlaubt, dort Blut zu vergießen oder einen Baum zu brechen. (Buḫārī Hadith Nr. 104 und Muslim Hadith Nr. 1354)

5 **Die Heilige Moschee ist für Allah und Seinen Gesandten Muḥammad (Allahs Segen und Friede auf ihm), der liebste Ort auf der ganzen Welt:**

Einer der Prophetengefährten berichtete: „Ich sah Allahs Gesandten (Allahs Segen und Friede auf ihm) wie er auf seinem Reittier saß. Er hielt im Stadtviertel von Mekka an, das al-ḥazūrah heißt, und sagte: „Ich schwöre bei Allah, du bist wahrlich Allahs bestes Stück Erde und Allahs liebstes Stück Erde. Und wenn ich nicht aus dir vertrieben worden wäre, so hätte ich dich nie (freiwillig) verlassen." (Tirmiḏī Hadith Nr. 3925 und Nasā'ī in seinem Hadith-Sammelwerk „as-sunan al-kubrā" Hadith Nr. 4252)

6 **Allah hat die Pilgerfahrt zu Seinem Heiligen Haus für diejenigen vorgeschrieben, die dazu die Möglichkeit haben:**

So rief bereits der Prophet Ibrāhīm (Allahs Friede auf ihm) die Menschen dazu auf, die Pilgerfahrt durchzuführen. Und so eilten sie aus allen Orten und Ländern zum Heiligen Haus. Auch alle Propheten (Allahs Friede auf ihnen allen) unternahmen die Pilgerfahrt. Dies überbrachte uns der Gesandte Allahs (Allahs Segen und Friede auf ihm). Allah teilte uns mit, dass Er dem Propheten Ibrāhīm befahl, die Menschen zur Pilgerfahrt aufzurufen. Allah, der Erhabene sprach zu ihm:
Und rufe die Menschen zur Pilgerfahrt auf! Sie werden zu Fuß und auf jedem mageren Kamel aus allen entferntesten Gegenden zu dir kommen. (Sure 22 al-Ḥağğ Vers 27)

> Die Bedeutung der Pilgerfahrt

> Das siebenmalige Umrunden der Kaaba ist einer der Säulen für die Pilgerfahrt (Ḥaǧǧ) und für die Besuchsfahrt (ʿUmra).

Die Pilgerfahrt bedeutet, sich zum Heiligen Haus Allahs in Mekka zu begeben, um die Riten der Pilgerfahrt durchzuführen. Riten sind religiöse Handlungen und Worte, die uns der Prophet (Allahs Segen und Friede auf ihm) zu tun gelehrt hat, wie z. B. das Eintreten in den Pilgerzustand (**iḥrām**), das siebenmalige Umrunden der Kaaba (**ṭawāf**), das siebenmalige Gehen zwischen den beiden Hügeln „aṣ-ṣafā" und „al-marwah"(**saʿy**), das Stehen im Gebiet von ʿ**Arafah**, das Werfen der kleinen Steine im Tal Mina bei Mekka (**ramy-l-ǧamarāt**) usw.

Bei der Pilgerfahrt erfahren die Pilger viel Nutzen: Sie bezeugen immer wieder die Einzigkeit Allahs, Allah vergibt den Pilgern ihre Sünden, Muslime aus aller Welt kommen zusammen und lernen sich kennen, die Pilger eignen sich Wissen über die Vorschriften ihrer Religion an usw.

Die Zeit für die Pilgerfahrt: Die Handlungen der Pilgerfahrt finden hauptsächlich zwischen dem 8. und dem 13. Tag des Monats **Ḏu-l-Ḥiǧǧah** statt. Der Monat **Ḏu-l-Ḥiǧǧah** ist der zwölfte Mondmonat des islamischen Kalenders.

Wer ist zur Pilgerfahrt verpflichtet?

Damit die Pflicht zur Pilgerfahrt überhaupt besteht, wird vorausgesetzt, dass der Muslim imstande sein muss, sie zu unternehmen und zudem zurechnungsfähig ist, d. h. geistig gesund und geschlechtsreif.

Was das Imstandesein bedeutet:

Jemand ist zur Pilgerfahrt imstande, wenn es ihm möglich ist, die Reise zum Heiligen Haus Allahs auf regulären und legalen Wegen anzutreten. Ebenfalls muss er die Riten der Pilgerfahrt ohne unzumutbare Beschwernisse und Belastungen durchführen können, sodass die Pilgerfahrt keine größere Härte für ihn darstellt als die gewöhnlichen Anstrengungen bei einer Reise. Die Pilgerfahrt darf keine Gefahr für die Sicherheit seines Lebens oder seines Wohlstands mit sich bringen. Außerdem muss er über genug finanzielle Mittel verfügen, welche die Kosten der Pilgerfahrt, des eigenen Grundbedarfs und des Unterhalts für seine zurückgebliebenen Familienmitglieder, zu deren Unterhalt er verpflichtet ist, übersteigen.

> In welchen Fällen ist der Muslim imstande, die Pilgerfahrt zu vollziehen, und in welchen nicht?

1 **Der Muslim ist imstande, die Pilgerfahrt persönlich zu unternehmen.** Das heißt, er ist in der Lage, in eigener Person die Reise zum Heiligen Haus Allahs anzutreten, ohne dabei ungewöhnlich große Belastungen zu erleiden, und er besitzt genügend Geld. In diesem Fall muss er die Pilgerfahrt-Pflicht erfüllen und sie persönlich durchführen.

2 **Der Muslim ist imstande, die Pilgerfahrt nicht persönlich, sondern durch einen beauftragten Vertreter zu unternehmen.** Bei diesem Muslim handelt es sich um jemanden, der aufgrund von Krankheit oder hohem Alter nicht in der Lage ist, die Pilgerfahrt persönlich durchzuführen. Jedoch kann er jemanden finden, der für ihn die Pilgerfahrt vollziehen würde. Auch verfügt der kranke oder altersschwache Muslim über die finanziellen Mittel, um dem beauftragten Vertreter die Kosten für die Pilgerfahrt zu zahlen. In diesem Fall ist er verpflichtet, für die Kosten des beauftragten Vertreters aufzukommen, damit dieser für ihn die Pilgerfahrt unternehmen kann.

3 **Der Muslim ist weder imstande die Pilgerfahrt persönlich noch durch Vertretung durchzuführen.** Für ihn ist die Pilgerfahrt keine Pflicht, solange er nicht dazu imstande ist.

Ein Beispiel hierfür ist jemand, der nicht über genügend finanzielle Mittel verfügt, die den eigenen Lebensbedarf und den Unterhalt für seine Familie übersteigen, um zusätzlich die Pilgerfahrt durchzuführen.

Man ist nicht verpflichtet, Geld zu sparen, um die Pilgerfahrt zu unternehmen. Vielmehr ist man erst dann zur Pilgerfahrt verpflichtet, sobald man die Möglichkeit hat.

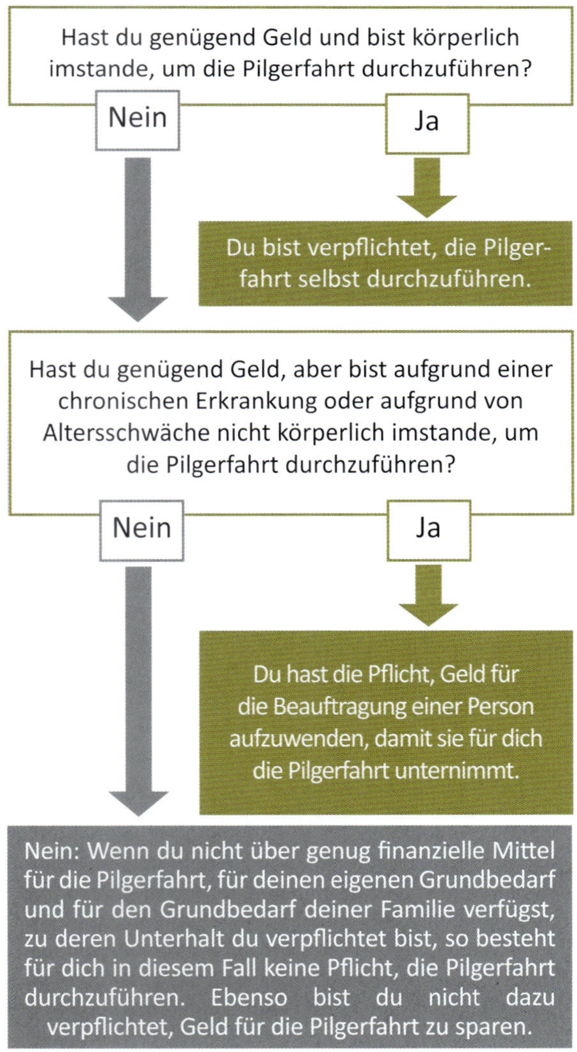

> Für die Frau ist die Reisebegleitung eines nahen männlichen Verwandten (maḥram) eine Voraussetzung für die Erlaubnis zur Pilgerfahrt

Damit für eine Frau die Pflicht zur Pilgerfahrt überhaupt besteht, wird vorausgesetzt, dass sie einen nahen männlichen Verwandten (**maḥram**) hat, der sie begleitet. So ist für eine Frau die Pilgerfahrt keine Pflicht, außer wenn sie einen nahen männlichen Verwandten hat, der mit ihr zur Pilgerfahrt kommt. Als maḥram gilt der Ehemann oder ein naher Verwandter der Frau, mit dem die Heirat für immer ausgeschlossen ist, wie z. B. Vater, Großvater, Sohn, Enkel, Brüder, Söhne der Geschwister, Onkel väterlicherseits und Onkel mütterlicherseits (siehe Seite 238).

Wenn die Frau dennoch die Pilgerfahrt ohne einen **maḥram** unternimmt, auf eine Weise, die für sie sicher ist, so ist ihre Pilgerfahrt gültig. Sie kann sich mit dieser Pilgerfahrt begnügen und braucht sie nicht zu wiederholen. Allerdings muss sie sich Allah in aufrichtiger Reue zuwenden, da sie mit dem Reisen ohne nahen männlichen Verwandten eine Sünde begangen hat.

> Vorzüge der Pilgerfahrt

In den Beweisquellen aus Koran und Sunna sind viele Vorzüge und Vorteile der Pilgerfahrt zu finden. Dazu gehören Folgende:

1. **Die Pilgerfahrt gehört zu den vorzüglichsten und herausragendsten Handlungen:**

   Eines Tages wurde der Prophet (Allahs Segen und Friede auf ihm) gefragt:

   „Welche Tat ist die beste?“ Er antwortete: „Der Glaube an Allah und Seinen Gesandten.“ Darauf wurde er weiter gefragt: „Welche kommt dann?“ Er antwortete: »Der Einsatz auf dem Weg Allahs.“ Er wurde weiter gefragt: „Welche kommt dann?“ Er antwortete: „Eine angenommene und nach Vorschrift ausgeführte Pilgerfahrt.“ (Buḫārī Hadith Nr. 1447 und Muslim Hadith Nr. 83)

2. **Die Pilgerfahrt ist eine gewaltige Gelegenheit, um Allahs Vergebung zu erlangen:**

   Der Prophet (Allahs Segen und Friede auf ihm) sagte: „Wer für Allah die Pilgerfahrt unternimmt und während derer keinen Geschlechtsverkehr und Frevel begeht, der kehrt von der Pilgerfahrt zurück, wie an dem Tag, an dem ihn seine Mutter geboren hat.“ (Buḫārī Hadith Nr. 1449 und Muslim Hadith Nr. 1350)

   Das heißt, er kehrt von der Pilgerfahrt sündenlos zurück, als ob er gerade in diesem Moment geboren worden wäre.

3. **Die Pilgerfahrt ist eine große Chance, um vom Höllenfeuer befreit zu werden:**

   Der Gesandte Allahs (Allahs Segen und Friede auf ihm) sagte: „Es gibt keinen Tag, an dem Allah so viele Menschen(-seelen) von der Hölle befreit als am Tage von ʿArafah.“ (Muslim Hadith Nr. 1348)

4 Die Belohnung für die Pilgerfahrt ist das Paradies:

Der Gesandte Allahs (Allahs Segen und Friede auf ihm) sagte: „Für die angenommene (ohne Sünde durchgeführte) Pilgerfahrt gibt es keine (geringere) Belohnung außer das Paradies!" (Buḫārī Hadith Nr. 1683 und Muslim Hadith Nr. 1349)

Diese und andere Vorzüge erhalten aber nur diejenigen, die bei der Pilgerfahrt eine wahrhaftige und aufrichtige Absicht haben, diejenigen, die sich im Kern ihres tiefen, geheimen Inneren läutern und diejenigen, die wirklich die Weise des Gesandten Allahs (Allahs Segen und Friede auf ihm) befolgen.

> Ziele der Pilgerfahrt

Die Pilgerfahrt hat noble Ziele und Zwecke, die sowohl für den Einzelnen als auch für die Gesellschaft von großem Nutzen sind. Allah, der Erhabene erwähnte, dass es eine religiöse Pflicht für den Pilger ist, am Opfertag ein Opfertier zu schächten. Außerdem erfüllt der Pilger einen Gottesdienst, um Seine Nähe zu erlangen. Hierauf machte Allah, der Erhabene in Seinen Worten deutlich:

Weder ihr Fleisch noch ihr Blut werden Allah erreichen, aber Ihn erreicht die Gottesfurcht von euch. (Sure 22 al-Ḥağğ Vers 37)

Der Prophet (Allahs Segen und Friede auf ihm) sagte: „Das Umrunden der Kaaba, das Gehen zwischen (den Hügeln) „**aṣ-ṣafā**" und „**al-marwah**" sowie das Werfen der kleinen Steine sind nur (mit dem Ziel) vorgeschrieben worden, damit man Allahs (häufig) gedenkt." (Abū Dāwūd Hadith Nr. 1888)

Einige der Ziele und Zwecke der Pilgerfahrt:

1 Bekundung der völligen Hingabe und Unterwerfung gegenüber Allah:

Der Pilger verzichtet auf Luxus und Schönheit und zieht stattdessen die schlichte Pilgerkleidung an, zwei nahtlose Tücher. Damit demonstriert er, dass er Allahs bedürftig ist. Er kehrt sich ab vom Diesseits und ihren Ablenkungen, die nur zum Ziel haben, die Menschen von Allah, dem Gott und Herrscher abzuhalten. Indem der Pilger sich vom Diesseits abwendet und sich Allah zuwendet ersucht er Allahs Vergebung und Barmherzigkeit. Darauf steht er im Gebiet von ʿArafah und fleht inständig seinen Herrn in den Bittgebeten an, er lobpreist und dankt Ihm für all Seine Gnadengaben und bittet Ihn um Vergebung für die Sünden und Fehltritte.

> Derjenige, der die Pilgerfahrt (Ḥağğ) oder die Besuchsfahrt (ʿUmra) verrichten möchte, ist dazu verpflichtet, vorher ihre islamischen Vorschriften zu erlernen.

2 Dankbarkeit für die Gnadengaben:

Durch die Durchführung der Pilgerfahrt beweist der Pilger Dankbarkeit auf zweierlei Art: er dankt für die Gnadengabe des Vermögens und für die Gnadengabe der körperlichen Gesundheit. Denn diese beiden sind die wichtigsten irdischen Gnadengaben, die ein Mensch genießen kann. Durch die Pilgerfahrt erfüllt der Muslim Dankbarkeit für diese beiden gewaltigen Gnadengaben. Der Mensch müht sich bei der Pilgerfahrt ab und er gibt sein Vermögen aus, nur um seinem Herrn Gehorsam zu leisten und Ihm, dem Erhabenen nahe zu kommen. Und ohne Zweifel gehört die Dankbarkeit für die Gnadengaben zu den selbstverständlichen Pflichten eines Menschen gegenüber Allah, was jeder gesunde Menschenverstand und ebenso die islamische Gesetzgebung vorschreiben.

3 Die größte Versammlung der Muslime:

Bei der Pilgerfahrt versammeln sich Menschen aus allen Teilen der Welt, sie lernen sich gegenseitig kennen und erfahren geschwisterliche Liebe.

Bei diesem großen Ereignis schmelzen die Unterschiede dahin. Reichtum, Armut, Nationalität, ethnische Abstammung, Hautfarbe und Sprache – all das spielt hier keine Rolle. Die Pilgerfahrt vereint die Muslime. Sie schließen sich zusammen und einigen sich darauf, einander bei Güte und Gottesfurcht zu helfen und einander die Wahrheit und Standhaftigkeit eindringlich zu empfehlen. Ihr vorrangiges Ziel ist, ein friedliches, gottgefälliges Leben zu führen.

4 Erinnerung an den Jüngsten Tag:

Die Pilgerfahrt erinnert den Muslim an den Tag, an dem er Allah begegnen wird. Indem der Pilger seine Alltagskleidung ablegt, sich in den Pilgerzustand begibt, im Gebiet von ʿArafah steht und die riesige Menschenmasse sieht, die ein und dieselbe Kleidung tragen. Kleidung, die den Leichentüchern ähnelt. In diesem Moment spielen sich in seinem Gedanken die Geschehnisse ab, die den Muslim nach seinem Tod erwarten werden. Das führt ihn dazu, sich für diesen bevorstehenden Tag vorzubereiten und sich mit genügend Proviant aus rechtschaffenen Taten zu versorgen, bevor der Tag kommt, an dem er Allah begegnen wird.

5 Die Bekundung der Einzigkeit Allahs und die Bestätigung Seiner alleinigen Anbetung durch Worte und Taten:

Der Leitspruch des Pilgers ist die talbiyah, die Erklärung zur vollkommenen Folgeleistung gegenüber Allah. Mit talbiyah ist das Aussprechen der folgenden Worte gemeint, die ein Pilger mehrfach wiederholt:

Labbaik-Allāhumma labbaik, labbaika lā šarīka laka labbaik, inna-l-ḥamda wa-n-niʿmata laka wa-l-mulk, lā šarīka lak.

(Hier bin ich zu Deinen Diensten, o Allah, hier bin ich zu Deinen Diensten. Hier bin ich zu Deinen Diensten, Du hast keinen Teilhaber, hier bin ich zu Deinen Diensten. Alles Lob und alle Gnadengaben sind Dein und alle Herrschaft, Du hast keinen Teilhaber.)

Deshalb sagte ein ehrenwerter Prophetengefährte, als er die talbiyah des Propheten (Allahs Segen und Friede auf ihm) beschrieb, Folgendes: „Dann rief er die Einzigkeit Allahs aus.“ (Muslim Hadith Nr. 1218)

Die Einzigkeit Allahs kommt bei allen Riten, Handlungen und Worten der Pilgerfahrt zum Ausdruck.

> Die Besuchsfahrt (ʿ**Umra**)

Die Besuchsfahrt ist ein Gottesdienst für Allah durch das siebenmalige Umrunden der **Kaaba**, das schnelle siebenmalige Gehen zwischen den beiden Hügeln „**aṣ-ṣafā**“ und „**al-marwah**“ und das abschließende Rasieren oder Kürzen der Haare.

Das islamische Urteil über das Verrichten der Besuchsfahrt: Für diejenigen, die dazu in der Lage sind, ist es eine Pflicht, wenigstens einmal im Leben die Besuchsfahrt zu vollziehen. Wer kann, für den ist es islamisch erwünscht, sie mehrere Male durchzuführen.

Die Zeit für die Besuchsfahrt: Es ist erlaubt, die Besuchsfahrt während des gesamten Jahres zu vollziehen. Allerdings ist der Lohn für die Besuchsfahrt im Monat Ramadan um ein Vielfaches größer.

Der Prophet (Allahs Segen und Friede auf ihm) sagte: „Eine Besuchsfahrt im Ramadan kommt (in der Belohnung) einer Pilgerfahrt gleich.“ (Buḫārī Hadith Nr. 1764 und Muslim Hadith Nr. 1256)

> **Für denjenigen, der dazu in der Lage ist, ist das Vollziehen der Besuchsfahrt (al-ʿUmra) einmal im Leben eine Pflicht.**

Das gesegnete Opferfest (ʿĪdu-l-aḍḥā)

Das gesegnete Opferfest ist das zweite Fest der Muslime. Es findet am zehnten Tag des islamischen Monats „**Ḏu-l-Ḥiǧǧah**" statt, dem zwölften Monat des islamischen Kalenders.

Dieser Tag hat viele Vorzüge. Dazu gehören Folgende:

1 Dieser Tag gehört zu den besten und wertvollsten Tagen des gesamten Jahres. Die besten Tage des Jahres sind die ersten zehn Tage des Monats **Ḏu-l-Ḥiǧǧah**.

Der Prophet (Allahs Segen und Friede auf ihm) sagte: „Es gibt keine Tage, an denen die rechtschaffenen Taten bei Allah beliebter sind als an diesen zehn (**Tagen**). Er wurde gefragt: „Nicht einmal der Einsatz (**ǧihād**) auf dem Wege Allahs?" Er antwortete: „Nicht einmal der Einsatz auf dem Wege Allahs. Außer, wenn ein Mann mit seinem Leben und seinem Besitz auszieht und mit nichts davon zurückkehrt." (Buḫārī Hadith Nr. 926 und Tirmiḏī Hadith Nr. 757)

2 Dieser Tag ist der Tag der großen Pilgerfahrt. An diesem Tag finden die wichtigsten und bedeutungsvollsten Handlungen der Pilgerfahrt statt, wie z. B. das Umrunden der Kaaba, das Schächten des Opfertieres und das Werfen der Steine auf die ʿAqaba-Säule.

Was sollte man am gesegneten Opferfesttag tun?

Für diejenigen, die zurzeit nicht die Pilgerfahrt vollziehen, ist es am Tag des gesegneten Opferfest statthaft, dieselben Handlungen auszuführen, wie zuvor beim Fest des Fastenbrechens (siehe S. 167). Davon ausgenommen ist jedoch die Abgabe an Bedürftige (**zakātu-l-fiṭr**), die nur zum Fest des Fastenbrechens erfolgt.

Das gesegnete Opferfest zeichnet sich dadurch aus, dass es an diesem Tag islamisch erwünscht ist, ein Opfertier zu schächten, um durch diesen Gottesdienst Allahs Nähe zu erlangen.

Opfertiere sind Tiere, die geschächtet werden, um Allahs Nähe zu erlangen. Zu den Opfertieren zählen Kamele, Kühe, Schafe und Ziegen. Die Zeit für die Schächtung beginnt am Tag des Opferfestes (**10. Ḏu-l-Ḥiǧǧah**), direkt nach dem Festgebet, und endet mit dem Sonnenuntergang des **13. Ḏu-l-Ḥiǧǧah**.

Allah, der Erhabene sagte:

Darum bete zu deinem Herrn und schlachte! (Sure 108 Kauṯar Vers 2)

Laut Koranerläuterung ist in diesem Vers mit „bete" das Festgebet gemeint und mit „schlachte" die Opfertiere.

Das islamische Urteil über das Schächten von Opfertieren: Es handelt sich um eine sehr empfehlenswerte Handlung, die vom Propheten regelmäßig verrichtet wurde (**sunna muʾakkada**), und die derjenige, der die Möglichkeit dazu hat, nicht auslassen sollte. Daher schächtet der Muslim ein Opfertier. Für ihn und seine gesamte Familie ist ein einziges Opfertier ausreichend.

Wer die Absicht hat, ein Opfertier zu schächten, dem ist es untersagt, ab dem **1. Ḏu-l-Ḥiǧǧah** bis zum Schächten des Opfertieres am **10. Ḏu-l-Ḥiǧǧah** etwas von seinen Haaren, seinen Fingernägeln oder seiner Haut zu entfernen.

Welche Voraussetzungen bei den zu schächtenden Opfertieren erfüllt sein müssen:

1. Es wird vorausgesetzt, dass es sich bei den Opfertieren um Vierfüßler unter dem Vieh handelt. Das sind Schafe, Ziegen, Kühe und Kamele. Es ist nicht gültig, andere Tierarten oder gar Geflügel als Opfertiere zu schächten.
Für den Mann und seine Familienmitglieder genügt das Schächten eines Schafes oder einer Ziege. Ebenso ist es erlaubt, dass sich bis zu sieben Personen und deren Familien eine Kuh oder ein Kamel als Opfertier teilen.

2. Das Tier muss das erforderliche Mindestalter erreicht haben: sechs Monate für ein Lamm, ein Jahr für eine Ziege, zwei Jahre für eine Kuh und fünf Jahre für ein Kamel.

3. Es muss frei sein von sichtbaren Makeln, die eine Eignung für das Opfern ausschließen. Der Prophet (Allahs Segen und Friede auf ihm) sagte: „Vier sind für das Opfern nicht gültig: Das blinde (Opfertier), dessen Blindheit offenkundig ist, das kranke (Opfertier), dessen Krankheit offenkundig ist, das humpelnde (Opfertier), dessen Humpeln offenkundig ist, und das abgemagerte (Opfertier), das kein Mark in seinen Knochen hat.“ (Nasā'ī Hadith Nr. 4371 und Tirmiḏī Hadith Nr. 1497)

> Der Islam setzt für das Opfertier voraus, dass es frei von Makeln sein muss.

Was sollte man mit dem Fleisch des geschächteten Opfertieres tun?

- Es ist verboten, irgendetwas vom Opfertier zu verkaufen.
- Es ist islamisch erwünscht, das Fleisch in drei Teile aufzuteilen: Ein Drittel für den eigenen Konsum, ein Drittel zum Verschenken und ein Drittel zum Spenden an Arme.
- Es ist erlaubt, eine andere Person mit der Schächtung des Opfertieres zu beauftragen. Ebenfalls ist es erlaubt, Geld an vertrauenswürdige, islamische Hilfsorganisationen zu schicken, damit sie in ärmeren Ländern Opfertiere schächten und das Fleisch an Arme und Bedürftige verteilen.

Besuch der Prophetenmoschee

Der Prophet (Allahs Segen und Friede auf ihm) wanderte von **Mekka** nach **Medina** aus, als ihn die mekkanischen Götzendiener immer mehr unterdrückten und ihm Schaden zufügten.

Das Erste, was der Prophet (Allahs Segen und Friede auf ihm) nach seiner Ankunft in Medina tat, war die Errichtung der Prophetenmoschee. Von diesem Moment an war sie das Zentrum, von dem aus Wissen erlangt, zu Allah gerufen und das Gute unter den Menschen verbreitet wurde.

Das Besuchen der Moschee des Propheten (Allahs Segen und Friede auf ihm) ist eine Handlung, die im Islam sehr empfehlenswert ist. Und das zu jeder Zeit des Jahres - innerhalb und außerhalb der Pilgerfahrt-Saison.

Das Besuchen der Prophetenmoschee gehört nicht zu den Riten der Pilgerfahrt und hat mit der Pilgerfahrt an sich nichts zu tun. Ebenfalls gibt es keine bestimmte Zeit für das Besuchen der Prophetenmoschee.

Der Prophet (Allahs Segen und Friede auf ihm) sagte: „Eine Reise (mit dem alleinigen Ziel des Moscheebesuchs) darf nur zu drei Moscheen unternommen werden: zur Heiligen Moschee (in Mekka), zu dieser meiner Moschee **(in Medina)** und zur **Al-Aqṣā-Moschee (in Jerusalem)**." (Buḫārī Hadith Nr. 1139, Muslim Hadith Nr. 1397 und Abū Dāwūd Hadith Nr. 2033)

Der Prophet (Allahs Segen und Friede auf ihm) sagte: „Ein Gebet in dieser meiner Moschee (d.h. in der Prophetenmoschee) ist besser als tausend Gebete in einer anderen (Moschee), außer in der Heiligen Moschee **(in Mekka)**." (Buḫārī Hadith Nr. 1133 und Muslim Hadith Nr. 1394)

Welche Orte und Plätze sollte man besuchen, wenn man in Medina ist?

Ein Muslim, der in die Stadt Medina reisen will, sollte damit vorrangig beabsichtigen, die Moschee des Gesandten Allahs (Allahs Segen und Friede auf ihm) zu besuchen und darin zu beten. Wenn man in Medina angekommen ist, so gibt es zusätzlich einige Orte, die man besuchen, und einige Handlungen, die man tun sollte. Dazu gehören Folgende:

1. Ein Gebet in einer ganz besonderen Stelle in der Prophetenmoschee zu verrichten, die „**rauḍah**" (Paradiesgarten) heißt. Diese Stelle befindet sich zwischen dem Haus des Propheten (Allahs Segen und Friede auf ihm) und seinem Podest in der Moschee. Ein Gebet dort zu verrichten, hat eine gewaltige Vorzüglichkeit.

   Allahs Gesandter (Allahs Segen und Friede auf ihm) sagte: „Zwischen meiner Wohnung und meinem Podest (minbar) befindet sich ein Garten von den Paradiesgärten." (Buḫārī Hadith Nr. 1137 und Muslim Hadith Nr. 1390)

2. Den Gesandten Allahs (Allahs Segen und Friede auf ihm) mit dem Friedensgruß zu grüßen. Der Muslim begibt sich zum Grab des Propheten (Allahs Segen und Friede auf ihm) und steht dem Grab gegenüber, mit dem Gesicht zum Grab wendend und mit dem Rücken zur Gebetsrichtung. Dann spricht er respektvoll mit leiser, gesenkter Stimme folgende Grußformel:

Assalāmuʿalayka yā rasūlallāhi wa raḥmatullāhi wa barakātuh, ašhadu annaka ballaġta-r-risālah, wa addayta-l-amānah, wa naṣaḥta-l-ummah, wa ǧāhadta fillāhi ḥaqqa ǧihādih, faǧazāk-Allāhu ʿan ummatika afḍala mā ǧazā nabīyan ʿan ummatih

(Der Friede sei mit dir, o Gesandter Allahs, und auch Allahs Barmherzigkeit und Seine Segnungen! Ich bezeuge, dass du die Botschaft (Allahs) getreu übermittelt hast und der islamischen Gemeinschaft aufrichtigen Rat erteilt hast und dich für Allah eingesetzt hast, so wie der wahre Einsatz für Ihn sein soll. So möge Allah dich mit dem besten Lohn für deine Gemeinschaft belohnen, mit dem Allah jemals einen Propheten für seine Gemeinschaft belohnte!)

Der Prophet (Allahs Segen und Friede auf ihm) sagte: „Es gibt niemanden, der mich (nach meinem Tod mit dem Friedensgruß) grüßt, außer dass Allah mir meine Seele zurückgibt, damit ich ihm den Friedensgruß erwidere." (Abū Dāwūd Hadith Nr. 2041)

Daraufhin geht man etwas nach rechts, um vor das Grab von Abū Bakr (Allahs Wohlgefallen auf ihm) zu treten und ihn mit dem islamischen Friedensgruß zu grüßen. Abū Bakr trug den Beinamen „aṣ- Ṣiddīq", der Wahrhaftige. Er war der Erste der vier rechtgeleiteten Kalifen des Gesandten Allahs und der Beste aller Gefährten.

Dann geht man etwas weiter nach rechts, um vor das Grab von ʿUmar ibn al-Ḫaṭṭāb (Allahs Wohlgefallen auf ihm) zu treten und ihn ebenso mit dem islamischen Friedensgruß zu grüßen. ʿUmar ibn al-Ḫaṭṭāb war der zweite rechtgeleitete Kalif des Gesandten Allahs und nach Abū Bakr der Beste aller Gefährten.

Der Gesandte Allahs (Allahs Segen und Friede auf ihm) ist zweifellos der beste und vorzüglichste aller Menschen. Jedoch kann er niemandem Nutzen oder Schaden bringen. So ist es nicht erlaubt, Bittgebete an den Propheten zu richten oder ihn in der Not um Hilfe anzuflehen. Denn das Bittgebet ist ein Gottesdienst, der, wie alle anderen Arten von Gottesdiensten, nur für Allah verrichtet werden darf, und bei dem es nicht erlaubt ist, Allah einen Teilhaber beizugesellen.

3 Das Besuchen der Quba-Moschee. Die Quba-Moschee (**masǧid qubāʾ**) ist die erste im Islam erbaute Moschee. Sie entstand, bevor die Prophetenmoschee errichtet wurde. Es ist für jeden Muslim, der sich in Medina aufhält, islamisch empfohlen, die Quba-Moschee zu besuchen. Der Prophet (Allahs Segen und Friede auf ihm) besuchte sie gewöhnlich und sagte über ihren Vorzug: „Wer in seiner Wohnung die rituelle Waschung vollzieht, darauf in die Quba-Moschee geht und ein Gebet aus zwei Gebetseinheiten verrichtet, der erhält die Belohnung wie (jemand, der) eine ʿUmra (vollzogen hat). (Ibn Māǧah Hadith Nr. 1412)

> Die Quba-Moschee ist die erste Moschee im Islam

Deine finanziellen Geschäfte

7

Im Islam sind alle Vorschriften und Gesetze geregelt, die die Bedürfnisse des Menschen berücksichtigen und seine finanziellen und beruflichen Rechte schützen, ganz gleich ob es sich um einen reichen oder armen Menschen handelt. Diese Regelungen tragen zum Zusammenhalt der Gemeinschaft bei und führen zu Entwicklung und Aufstieg in allen Bereichen des Lebens.

Inhaltsverzeichnis des Kapitels:

Deine finanziellen Geschäfte

Allah, der Erhabene befahl den Muslimen, sich auf der Erde eifrig zu bemühen, um für ihren Lebensunterhalt zu sorgen. Hierfür versprach Er ihnen viele Vorzüge. Diese Thematik wird durch folgende Punkte deutlich:

- Allah, der Erhabene verbot den Muslimen, andere Menschen um Geld zu bitten, solange man in der Lage ist, einer Beschäftigung nachzugehen und das Geld mit eigener Arbeit und Anstrengung zu verdienen. Dementsprechend teilte uns der Prophet (Allahs Segen und Friede auf ihm) mit, dass derjenige, der andere Menschen um Geld bittet, obwohl er eigentlich die Möglichkeit hat, zu arbeiten, sein Ansehen bei Allah und bei den Menschen verlieren wird.

Der Prophet (Allahs Segen und Friede auf ihm) sagte: „Einer von euch hört nicht auf zu betteln, bis er Allah, den Erhabenen (am Tag der Auferstehung) begegnen und (dabei) kein Stück Fleisch mehr in seinem Gesicht haben wird." (Buḫārī Hadith Nr. 1405 und Muslim Hadith Nr. 1040)

Ebenso sagte der Gesandte Allahs (Allahs Segen und Friede auf ihm): „Wen Armut trifft und der sie dann den Menschen auflädt, dessen Armut geht nicht zu Ende; wer sie aber Allah, dem Mächtigen und Majestätischen auflädt, dem wird Allah schon sehr bald Reichtum gewähren." (Aḥmad Hadith Nr. 3869 und Abū Dāwūd Hadith Nr. 1645)

- Alle Handwerks-, Industrie- und Dienstleistungsberufe sind ehrenvoll und keine Schande, solange sie sich im Rahmen des Erlaubten bewegen. So ist authentisch überliefert worden, dass alle Propheten einen erlaubten Beruf in ihrem Volk ausübten.

> Jede erlaubte Arbeit ist ehrenvoll und keine Schande.

Der Prophet (Allahs Segen und Friede auf ihm) sagte: „Allah schickte keinen Propheten, der nicht Schafe gehütet hatte." (Buḫārī Hadith Nr. 2143)

Auch teilte uns Allahs Gesandter mit, dass der Prophet Zakariyya (Zacharias) Zimmermann gewesen war. (Muslim Hadith Nr. 2379)

Dasselbe gilt für alle anderen Propheten. Jeder Prophet hatte einen Beruf, den er ausübte.

- Der Muslim, der mit seiner Berufsausübung eine gute Absicht hat, indem er mit der Arbeit beabsichtigt, für sich und seine Familie zu sorgen, sie davor zu schützen, von Hilfeleistungen anderer Menschen abhängig zu sein, und mit dem Geld Armen und Bedürftigen zu helfen, der wird von Allah für seine Arbeit und seinen Fleiß belohnt.

Das Grundprinzip für finanzielle Geschäfte:

Als Grundprinzip gilt, dass alle finanziellen Geschäfte als erlaubt anzusehen sind. Dazu zählen beispielsweise Kauf, Verkauf, Pacht, Miete und jede Art von Handelsbeziehungen zwischen den Menschen, die sie eingehen und benötigen. Allerdings gibt es Ausnahmen bei verbotenen Geschäften. Diese unterteilen sich in Geschäfte, die aufgrund der Ware an sich verboten sind und Geschäfte, die aufgrund der hierfür verwendeten unzulässigen Mittel verboten sind.

Dinge, die an sich zum Handel verboten sind:

Hierbei handelt es sich um Gegenstände und Angelegenheiten, die an sich verboten sind, und bei denen Allah es untersagte, mit ihnen zu handeln. Deshalb ist es nicht erlaubt, sie zu kaufen, verkaufen, vermieten sowie bei der Herstellung mitzuhelfen oder unter den Menschen zu verbreiten.

Dinge, die an sich zum Handel verboten sind:

- Hunde und Schweine
- Verendete Tiere oder Bestandteile bzw. Erzeugnisse von ihnen
- Berauschende und alkoholhaltige Getränke
- Drogen, Rauschmittel und alles, was schädlich für die Gesundheit ist.
- Mittel und Medien, die zur Verbreitung von Unmoral und Abscheulichem beitragen, wie z. B. Kassetten, CDs, Webseiten und Zeitschriften mit erotischem und pornographischem Inhalt.
- Götzenstatuen und alle falschen Gottheiten, die anstatt Allah angebetet werden.

> Jedes Darlehen oder Kredit, wovon der Geldgeber profitiert, ist ein Zinsgeschäft.

Dinge, die aufgrund der unzulässigen Mittel verboten sind:

Hierbei handelt es sich um Geld, das in seinem Ursprung erlaubt gewesen ist. Jedoch wurde anschließend mit dem Geld auf eine Weise gearbeitet, die sowohl individuellen als auch gesellschaftlichen Schaden verursacht. Aus diesem Grund gilt dieser Erwerb als verboten. Folgende finanzielle Geschäfte sind im Islam verboten:

Zinsen, Spekulations- und Risikogeschäfte, Unrecht, Wetten und Glücksspiele.

Diese Angelegenheiten werden wir nun detailliert behandeln.

> Zinsen (*ribā*)

Ribā bedeutet wörtlich „Zusatz". Zins ist eine im Islam streng verbotene Form des Handels, da es ein Instrument der Unterdrückung und Ausnutzung ist und zudem Schaden verursacht.

Es gibt verschiedene Arten von Zinsen. Die bekanntesten und verbotensten Arten von Zinsgeschäften sind: Zinsen für Schulden, die nicht rechtzeitig beglichen wurden und Zinsen für einen aufgenommenen Kredit. Es handelt sich hierbei um die Zurückzahlung eines höheren Betrages als den geliehenen Betrag, ohne dass hierfür mehr Ware oder eine sonstige Gegenleistung von einem der Vertragspartner erbracht wurde. Somit ergeben sich zwei Arten von Zinsgeschäften:

- **Zinsen für Schulden, die nicht rechtzeitig beglichen wurden:**

Hierbei handelt es sich um eine Betragsmenge, d.h. Zinsen, die ein Schuldner zusätzlich zum geliehenen Geld zahlen muss, wenn er die Schulden zum Fälligkeitstag nicht tilgt (Verzugszinsen).

Beispiel: Ein Mann namens Said leiht von Khalid 1.000 Dollar aus, die er ihm nach einem Monat zurückzahlen muss. Nach diesem Monat, als der Fälligkeitstag kam, an dem Said die Schulden begleichen müsste, kann Said sein Versprechen nicht erfüllen und somit Khalid das geliehene Geld nicht zurückzahlen. Der Geldgeber Khalid stellt dann Said vor die Wahl: Entweder gibt ihm Said jetzt sein Geld ohne Zusatz zurück oder er zahlt ihm nach einem Monat 1.100 Dollar. Wenn er nach einem Monat immer noch nicht zahlen kann, dann muss er nach zwei Monaten 1.200 Dollar zahlen usw.

- **Zinsen für einen aufgenommenen Kredit:**

Hierbei handelt es sich um eine bestimmte Geldmenge, die man von einer Person oder einer Bank ausleiht, mit der Bedingung, dass man das Geld zuzüglich Zinsen zurückzahlen muss. So vereinbaren sie (mehr oder weniger) 5 % Zinsen pro Jahr.

Beispiel: Ein Mann möchte ein Haus kaufen, das 100.000 Dollar kostet. Doch er hat nicht genug Geld. Deshalb geht er zur Bank und leiht sich diese Summe (100.000 Dollar), um sich das Haus kaufen zu können. Für diesen Kredit, der ihm gewährt wurde, muss er der Bank eine Summe von insgesamt 150.000 Dollar zahlen, die er in monatlichen Raten in einem Zeitraum von fünf Jahren abbezahlt.

Das Geben und Nehmen von Zinsen ist im Islam streng verboten und gehört zu den größten Sünden (**kabā'ir**). Solange bei einem Kredit Zinsen gezahlt werden müssen, ist der Kredit verboten. Dabei spielt es keine Rolle, was mit dem Kredit finanziert werden soll: Investitionen, Handel, Industrie, wichtige Immobilien wie Eigenheim und Grundstück oder private Wünsche wie Konsum- und Luxusgüter.

Was jedoch den Ratenkauf bzw. den Finanzkauf betrifft, der daraus besteht, dass man für eine Ware aufgrund der monatlichen Ratenzahlung einen höheren Preis zahlt als ihr ursprünglicher Preis bei Barzahlung, so handelt es sich nicht um ein Zinsgeschäft.

Beispiel: Ein Mann kauft ein Gerät, das bei Barkauf 1.000 Dollar und bei Finanzkauf 1.200 Dollar kosten würde. So zahlt er dem Geschäft, dem dieses Gerät gehörte, jeden Monat einen Betrag von 100 Dollar für einen Zeitraum von einem Jahr.

Das islamische Urteil über Zinsen:

Gemäß dem Koran und den Aussprüchen des Propheten (Allahs Segen und Friede auf ihm) sind Zinsen eindeutig streng verboten. Das Nehmen und Geben von Zinsen gehört zu den größten Sünden im Islam. Allah hat keinem einzigen Sünder mit Krieg gedroht, außer demjenigen, der Zinsen nimmt und mit Zinsen handelt. Das Zinsverbot gibt es auch in den Gesetzgebungen der früheren Offenbarungsreligionen und ist keineswegs ein Phänomen, das nur im Islam existiert. Allerdings wurde das Zinsverbot in den Offenbarungsschriften verfälscht und missachtet, wie es bei vielen anderen Geboten Allahs ebenfalls getan wurde. Allah, der Erhabene machte uns deutlich, weshalb es von den Schriftbesitzern einige Völker gab, die die Strafe und den Zorn Allahs verdient hatten.

Allah, der Erhabene sagte:

... und (weil sie) Zins nahmen, wo es ihnen doch verboten worden war. (Sure 4 an-Nisā' Vers 161)

Die angedrohte Strafe für Zinsgeschäfte:

1. Ein Mensch, der mit Zinsen handelt, setzt sich dadurch dem Krieg gegen Allah und Seinen Gesandten aus. Er wird zu einem Feind Allahs und einem Feind des Gesandten.

   Allah, der Erhabene sagte:

   Wenn ihr es aber nicht tut, dann lasst euch Krieg von Allah und Seinem Gesandten ansagen! Doch wenn ihr bereut, dann steht euch euer (ausgeliehenes) Grundvermögen zu; (so) tut weder ihr Unrecht, noch wird euch Unrecht zugefügt. (Sure 2 al-Baqara Vers 279)

   Ohne Zweifel hat ein solch geführter Krieg eine große Auswirkung auf Körper, Geist und Seele. Die psychischen Erkrankungen, wovon heutzutage viele Menschen betroffen sind, die an Depressionen, Angstzuständen, Kummer und Sorgen leiden, sind nichts weiter als das Ergebnis des erklärten Krieges, der gegen jeden geführt wird, der sich Allahs Befehlen widersetzt, Zinsen verzehrt, bei Zinsgeschäften hilft...

   Wie groß aber werden erst die Auswirkungen des Krieges im Jenseits sein?

2. Auf jeden Menschen, der mit Zinsen handelt, Zinsen nimmt oder gibt, lastet der Fluch Allahs und er ist aus Allahs Barmherzigkeit ausgeschlossen. Dies gilt nicht nur für ihn, sondern auch für jeden, der ihn dabei unterstützt.

   Der Gefährte Ǧābir (Allahs Wohlgefallen auf ihm) überlieferte: „Der Gesandte Allahs (Allahs Segen und Friede auf ihm) verfluchte den Zinsnehmer, den Zinsgeber sowie den Schreiber und die Zeugen eines Zinsvertrags. Und er sagte: Sie alle sind (in der Sünde) gleich!" (Muslim Hadith Nr. 1598)

3. Wer Zins verzehrt, der wird am Tage der Auferstehung im schlimmsten Zustand wiedererweckt werden, während er wie ein Dschinn-Besessener oder wie ein Geisteskranker schwanken, zappeln, taumeln und zittern wird.

   Allah, der Erhabene sagte:

   Diejenigen, die Zins verschlingen, werden nicht anders aufstehen als jemand, den der Satan durch Wahnsinn hin und her schlägt. (Sure 2 al-Baqara Vers 275)

4. Selbst wenn Zinsgeld scheinbar viel ist, so vernichten Zinsen doch den Segen des Menschen. Er spürt dadurch keine innere Ruhe, keine Glückseligkeit und keine Erholung mehr. Allah, der Erhabene sagte:

   Dahinschwinden lassen wird Allah den Zins und vermehren die Almosen. (Sure 2 al-Baqara Vers 276)

> Zinsen sind die Ursache dafür, dass der Geldsegen entzogen wird, und sie sind der Grund für die Weltwirtschaftskrisen.

Die Gefahren der Zinsen für den Einzelnen und die Gesellschaft

Aufgrund der zerstörerischen Auswirkungen der Zinsen für den Einzelnen und die gesamte Gesellschaft geht der Islam mit Nachdruck gegen Zinsen vor. Einige dieser verheerenden Auswirkungen der Zinsen sind Folgende:

1 Die ungleiche Verteilung von Reichtum und das Entstehen einer immer größeren Kluft zwischen Arm und Reich in der Welt:

Zinsgeschäfte tragen dazu bei, dass immer mehr Geld sich in den Händen von immer weniger Einzelpersonen einer Gesellschaft konzentriert. Die breite Masse der Menschen profitiert dabei nicht vom Reichtum und muss in Armut leben. Diese ungerechte Verteilung führt dazu, dass die Gesellschaft aus wenigen Superreichen und Multimillionären besteht, dagegen aber aus vielen Menschen aus der Arbeiterklasse und noch mehr Armen und Bedürftigen, die unter der Armutsgrenze leben. Solch ein Zustand ist ein Nährboden für Unzufriedenheit und Hass. Er begünstigt die Zunahme von Gewalt und Verbrechen in der Gesellschaft.

2 Verbreitung der Gewohnheit, Geld verschwenderisch auszugeben und nicht mehr zu sparen:

Indem die Bürger einfach und schnell ein verzinstes Darlehen erhalten, werden viele ermutigt, ihr Geld auszugeben und nicht mehr zu sparen. Denn der Bürger hat ja jemanden gefunden, der ihm Geld ausleiht, damit er sich alles leisten kann, was er sich nur wünscht. Deshalb denkt er weder an seine Gegenwart noch an seine Zukunft, sondern gibt das Geld für Luxus und unwichtigen Krimskrams aus. Bis schließlich der Tag kommt, an dem die Schuldenfalle zuschnappt und er so viele Schulden angehäuft hat, dass er nur noch ein beengtes Leben führen kann. Und so kommt es, dass der Betroffene vielleicht ein Leben lang unter seinen Schulden leiden muss.

3 Zinsen sind die Ursache, weshalb Wohlhabende auf wichtige Investitionen in das Land verzichten:

Wohlhabende Menschen, die in einem Zinssystem leben, lassen ihr Geld lieber auf den Bankkonten, weil sie dafür Zinsen erhalten. Diese Tatsache hält sie davon ab, Investitionen in Industrie, Landwirtschaft oder Handel vorzunehmen, ganz gleich welchen großen Nutzen sie für die Gesellschaft haben könnten. Denn Investitionen bergen ja Risiken und sind mit Mühen und Arbeit verbunden.

4 Zinsen sind die Ursache dafür, dass der Geldsegen entzogen wird, und sie sind der Grund für die Weltwirtschaftskrisen:

Alle Finanzkrisen und Insolvenzen von Unternehmen oder Privatleuten wurden aufgrund von maßlosen, sündhaften Zinsgeschäften verursacht. Einer der vielen negativen Auswirkungen der Zinsen ist das Entziehen des Segens. Darüber hat uns Allah, der Erhabene bereits unterrichtet. Dagegen segnet Allah das Vermögen und lässt es zunehmen, wenn man für gottgefällige Zwecke und für die Unterstützung notleidender Menschen spendet. Allah, der Erhabene sagte:

Dahinschwinden lassen wird Allah den Zins und vermehren die Almosen. (Sure 2 al-Baqara Vers 276)

Wie lautet das islamische Urteil über jemanden, der zum Islam konvertiert ist und einen laufenden Zinsvertrag hat?

Bei einer Person, die den Islam angenommen und ein laufendes Zinsdarlehen hat, gibt es zwei Fälle:

1. Diese Person erhält die Zinsen. Sie ist also der Zinsnehmer. In diesem Fall nimmt diese Person, sobald sie den Islam angenommen hat, nur ihr ausgeliehenes Geld, aber nicht die zusätzlichen Zinsen.

Allah, der Erhabene sagte:

Doch wenn ihr bereut, dann steht euch euer (ausgeliehenes) Grundvermögen zu; (so) tut weder ihr Unrecht, noch wird euch Unrecht zugefügt. (Sure 2 al-Baqara Vers 279)

2. Diese Person zahlt die Zinsen. Hier gibt es wiederum zwei Fälle:

- Wenn diese Person in der Lage ist, diesen Vertrag aufzulösen und ohne großen Ärger und negative Rechtsfolgen vom Vertrag zurückzutreten, so hat sie die Pflicht, das zu tun.
- Wenn diese Person jedoch nicht in der Lage ist, diesen Vertrag aufzulösen, außer mit beträchtlichem Schaden für sie, dann erfüllt sie diesen Vertrag bis zum Ende seiner Laufzeit. Sie muss in ihrem Inneren fest entschlossen sein, diese abscheuliche Tat nie zu wiederholen.

Allah, der Erhabene sagte:

Zu wem nun eine Ermahnung von seinem Herrn kommt, und der dann aufhört, dem soll gehören, was vergangen ist, und seine Angelegenheit steht bei Allah. Wer aber rückfällig wird, jene sind Insassen des (Höllen)feuers. Ewig werden sie darin bleiben. (Sure 2 al-Baqara Vers 275)

Bist du der Geldverleiher, der die Zinsen bekommt (Zinsnehmer)?

Nein

Ja

Du musst dein ausgeliehenes Grundvermögen nehmen und darfst kein zusätzliches Geld (Zinsen) erhalten.

Wenn du derjenige bist, der die Zinsen zahlt: Kannst du den Zinsvertrag auflösen, ohne dadurch einen großen Schaden zu erleiden?

Nein

Ja

Du hast die Pflicht, den Vertrag aufzulösen, wenn du dazu in der Lage bist und keinen großen Schaden dadurch erleidest.

Wenn du nicht in der Lage bist, diesen Vertrag aufzulösen oder es würde dir bei einer Vertragsauflösung ein beträchtlicher Schaden entstehen, dann erfüllst du diesen Vertrag bis zum Ende seiner Laufzeit. Du bist fest entschlossen, diese abscheuliche Tat zukünftig nie zu wiederholen.

> Spekulations- und Risikogeschäfte (ġarar) sowie Geschäfte, die auf unklaren Bedingungen basieren

Gemeint sind hier Geschäfte, bei denen es ein Ausmaß an Unklarheiten oder Lücken gibt, die Streitigkeiten und Konflikte zwischen den beiden Vertragspartnern verursachen können oder dazu führen, dass einer der beiden dem anderen Unrecht zufügt.

Der Islam verbot solche Art von Geschäften, um Konflikte, Unrecht und Übervorteilung von vornherein zu verhindern. Das heißt, dass das Eingehen solcher Geschäfte selbst dann verboten ist, wenn die Menschen das miteinander vereinbaren und sich damit einverstanden erklären.

Denn der Prophet (Allahs Segen und Friede auf ihm) verbot Geschäfte, die auf Spekulation und Risiko basieren. (Muslim Hadith Nr. 1513)

Beispiele für Geschäfte, die auf Spekulation oder Risiko (ġarar) basieren sowie Geschäfte, die auf unklaren Bedingungen (ǧahāla) aufgebaut sind:

1. Verkauf von unreifen Früchten, bevor ersichtlich ist, ob sie gut oder schlecht sind. Der Prophet (Allahs Segen und Friede auf ihm) verbot dieses Geschäft, weil die Wahrscheinlichkeit besteht, dass die Früchte verderben, bevor sie reifen.

2. Der Käufer zahlt dem Verkäufer einen Betrag, um eine Kiste zu kaufen, deren Inhalt er nicht kennt. Es kann sein, dass sich in der Kiste etwas Wertvolles oder aber etwas Wertloses befindet. Genauso verboten ist das Verkaufen eines Gegenstands, den man nicht besitzt oder den man nicht abliefern kann.

Wann wirken sich Unklarheiten auf den Vertrag aus?

Geschäfte, in denen Risiken oder Unklarheiten bestehen, bewirken nicht zwangsläufig das Verbot des Vertrags; außer wenn die Risiken oder Unklarheiten zahlreich sind und im Hauptgegenstand des Vertrages vorliegen. Dagegen haben unbedeutende Unklarheiten, die nicht Hauptgegenstand sind, keinen Einfluss auf den Vertrag.

So ist es beispielsweise einem Muslim erlaubt, ein Haus zu kaufen, selbst wenn er nicht die genauen Baustoffe kennt, die bei der Hauskonstruktion und bei der Putzfassade eingesetzt worden sind. Diese Unklarheit ist geringfügig und unbedeutend. Außerdem besteht sie nicht im Hauptgegenstand des Vertrages.

> Ungerechtigkeit und betrügerische Geschäfte, die darauf abzielen, Menschen auf nichtige Weise um ihr Vermögen zu bringen

Ungerechtigkeit gehört zu den widerwärtigsten Taten, vor denen der Islam die Menschen nachdrücklich warnt.

Der Gesandte Allahs (Allahs Segen und Friede auf ihm) sagte: „Das Unrecht wird am Tage der Auferstehung zu Finsternissen werden.“ (Buḫārī Hadith Nr. 2315 und Muslim Hadith Nr. 2579)

Menschen zu Unrecht um ihr Vermögen zu bringen, und sei es noch so wenig, gehört zu den größten Sünden und Verbrechen. Allah droht demjenigen, der diese schändlichen Taten begeht, mit schwerster Strafe im Jenseits.

Der Gesandte Allahs (Allahs Segen und Friede auf ihm) sagte: „Wer sich (auch nur) in dem Maße wie eine Handbreite an Land zu Unrecht aneignet, dem werden am Tage der Auferstehung ein Umfang von sieben Erden um den Hals gehängt.“ (Buḫārī Hadith Nr. 2321 und Muslim Hadith Nr. 1610)

> Menschen zu Unrecht um ihr Vermögen zu bringen, und sei es noch so wenig, gehört zu den größten Sünden und Verbrechen.

Beispiele für Unrecht in zwischenmenschlichen Beziehungen:

1 Zwang. Es ist nicht erlaubt, mit welchen Mitteln des Zwangs oder der Unterdrückung auch immer, eine Person zu zwingen, ein Geschäft einzugehen. Ein Vertrag ist nur gültig, wenn er in beiderseitigem Einverständnis abgeschlossen wurde.

Der Prophet (Allahs Segen und Friede auf ihm) sagte: „Der Handel darf nur in gegenseitigem Einverständnis abgeschlossen werden.“ (Ibn Māğah Hadith Nr. 2185)

2 Betrügen und Täuschen der Menschen. Denn hierdurch zehrt man den Besitz der Menschen in unrechter Weise auf, was zu den größten Sünden zählt.

Der Gesandte Allahs (Allahs Segen und Friede auf ihm) sagte: „Wer uns betrügt, gehört nicht zu uns.“ (Muslim Hadith Nr. 101)

Der Anlass für diesen Hadith war, dass der Gesandte Allahs (Allahs Segen und Friede auf ihm) eines Tages auf den Markt ging und dort einen Haufen Getreide liegen sah, der zum Verkauf angeboten wurde. Er steckte seine Hand in den Getreidehaufen und bemerkte, dass das Getreide im Inneren nass war. Da rief er: „O Lebensmittelverkäufer! Was ist das?“ Er antwortete: „O Gesandter Allahs! Der Himmel hat es (mit Regen) durchnässt.“ Da sagte der Gesandte Allahs (Allahs Segen und Friede auf ihm): „Hättest du es (das durchnässte Getreide) nicht obendrauf legen sollen, damit die

Menschen es auch sehen können?" Dann sagte er: „Wer betrügt, gehört nicht zu uns." (Tirmiḏī Hadith Nr. 1315)

3 Umgehen der Gesetze, um sich hierdurch auf unrechte Weise zu bereichern. Es kann sein, dass ein Mensch Intelligenz und Scharfsinn besitzt, was ihn ermöglicht, das Gesetz und das Gericht zu überlisten und sich dadurch unrechtmäßig Geld anzueignen. Jedoch kann eine Fehlentscheidung des Richters das Unrecht nicht zu Recht verwandeln.

Der Prophet (Allahs Segen und Friede auf ihm) sagte: „Ich bin nur ein Mensch, und ihr bringt eure Streitfälle an mich. Vielleicht ist jemand von euch in der Argumentation redegewandter als ein anderer. Dann fälle ich ein Urteil zu seinen Gunsten aufgrund dessen, was ich zu hören bekomme. Wem ich nun im Urteil das Recht seines Bruders zuspreche, der soll es nicht (zu Unrecht) nehmen, denn dadurch teile ich ihm nur einen Teil des Höllenfeuers zu." (Buḫārī Hadith Nr. 6748 und Muslim Hadith Nr. 1713)

4 Korruption. Korruption bedeutet, dass ein Mensch einem anderen Bestechungsgeld, Dienstleistung oder ähnliche Gefälligkeiten bietet, um hierdurch einen Vorteil zu erlangen, auf den er eigentlich keinen Anspruch hat. Bestechlichkeit ist einer der widerwärtigsten Arten von Unrecht und gehört zu den größten Sünden überhaupt. Der Gesandte Allahs (Allahs Segen und Friede auf ihm) verfluchte denjenigen, der Bestechungsgeld gibt und denjenigen, der es annimmt. (Tirmiḏī Hadith Nr. 1337)

Wenn Korruption in einer Gesellschaft verbreitet ist, zerfällt das Wirtschaftssystem, wird der Wohlstand verhindert und das Wirtschaftswachstum gestoppt.

Wie lautet das islamische Urteil über jemanden, der, als er noch kein Muslim war, sondern im Unglauben lebte, sich zu Unrecht Geld angeeignet hatte?

Wer den Islam angenommen hat und Geld aus verbotenen Quellen besitzt oder Menschen durch Verbrechen wie Betrug, Raub, Diebstahl usw. um ihr Vermögen gebracht hat, der soll den rechtmäßigen Besitzern ihr Eigentum zurückgeben, sofern er die rechtmäßigen Besitzer kennt und in der Lage ist, ihnen ihr Eigentum zurückzugeben, ohne dass er hierdurch selbst zu Schaden kommt.

Auch wenn man dieses Verbrechen vor der Konvertierung zum Islam begangen hat, so befindet sich das unrechtmäßig angeeignete Geld immer noch in seinem Besitz. Deshalb soll man, wenn man die Möglichkeit dazu hat, das Geld zurückgeben.

Allah, der Erhabene sagte:

Allah befiehlt euch, anvertraute Güter ihren Eigentümern (wieder) auszuhändigen. (Sure 4 an-Nisāʾ Vers 58)

Wenn man sich darum bemüht hat, um den rechtmäßigen Besitzer zu finden, aber ihn nicht ermitteln kann, so soll man das Geld loswerden, indem man es für einen guten Zweck ausgibt.

> Wetten und Glücksspiele

Was sind Glücksspiele oder Wetten?

Wetten finden bei Sportwettkämpfen und bei Spielen statt. Dabei wetten die zwei Spieler, Gegner oder die Wett-Teilnehmer gegeneinander. Der Gewinner erhält vom Verlierer Geld. Jede Vereinbarung, bei der es darum geht, dass der Teilnehmer, wenn er gewinnt, etwas vom Verlierer erhält und wenn er verliert, etwas an den Gewinner gibt, ist eine Wette.

Das islamische Urteil über Wetten:

Im Islam sind Wetten und Glücksspiele durch den edlen Koran und die authentische Sunna verboten. Einige Gründe für das Verbot sind:

1. Allah erklärte, dass die Sünde und der Schaden, die aufgrund von Glückspiel entstehen, viel gewaltiger als sein Vorteil und Nutzen sind.

   Allah, der Erhabene sagte:

   Sie fragen dich nach berauschendem Trunk und Glücksspiel. Sag: In ihnen (beiden) liegt große Sünde und Nutzen für die Menschen. Aber die Sünde in ihnen (beiden) ist größer als ihr Nutzen. (Sure 2 al-Baqara Vers 219)

2. Allah erklärte Wetten und Glücksspiele für unrein im übertragenen Sinne, weil sie verheerende Schäden für den Einzelnen und die gesamte Gesellschaft anrichten können. Allah befahl den Muslimen, Wetten und Glücksspiele nicht nahe zu kommen und zählte sie als Ursache für Spaltung und Hass sowie für das Unterlassen des Gebets und des Gedenken Allahs.

   Allah, der Erhabene sagte:

   O die ihr glaubt, berauschender Trank, Glücksspiel, Opfersteine und Lospfeile sind doch nur Unreinheiten aus dem Werke des Satans, so meidet sie, damit ihr erfolgreich werdet! Der Satan will (ja) zwischen euch nur Feindschaft und Hass durch berauschenden Trank und Glücksspiel säen und euch vom Gedenken Allahs und vom Gebet abhalten. Werdet ihr (damit) nun wohl aufhören? (Sure 5 al-Mā'ida Vers 90-91)

> Wett- und Glücksspiele machen süchtig.

Schäden, die durch Wetten und Glücksspiele für den Einzelnen und die Gesellschaft entstehen:

Wetten und Glücksspiele bringen viele und verheerende Schäden mit sich, die sich sowohl auf den Einzelnen als auch auf die gesamte Gesellschaft auswirken. Einige dieser negativen Auswirkungen sind:

1 Wetten und Glücksspiele verursachen Feindseligkeit und Hass zwischen den Menschen. Meistens sind die Spieler gute Freunde und mögen sich. Doch sobald sie gegeneinander spielen und jemand von ihnen gewinnt und ihnen ihr Geld abnimmt, beginnen die vermeintlichen Freunde den Gewinner zu hassen und zu verachten. Schon bald empfinden sie innerlich Feindseligkeit und Neid. Sie wollen mit einer List gegen ihn vorgehen, um ihn zu ruinieren, aus Rache für die Verluste, die er ihnen zugefügt hat. Jeder weiß, dass solche Szenen traurige Realität sind. Allah, der Erhabene berichtete uns darüber und sagte:

Der Satan will (ja) zwischen euch nur Feindschaft und Hass durch berauschenden Trank und Glücksspiel säen und euch vom Gedenken Allahs und vom Gebet abhalten. Werdet ihr (damit) nun wohl aufhören?

Außerdem lenken Wetten und Glücksspiele den Menschen davon ab, den religiösen Pflichten nachzukommen, die Gebete zu verrichten und Allahs zu gedenken. So erwähnte uns Allah, der Majestätische und Höchste die Gründe, die den Satan antreiben, um den Menschen Wetten und Glücksspiele reizvoll und schön erscheinen zu lassen.

Allah, der Erhabene sagte, dass der Satan das nur tut:

… , um euch vom Gedenken an Allah und vom Gebet abzuhalten.

2 Spieler ruinieren durch Glücksspiele ihre Existenzen. Sie verspielen ihr ganzes Geld und verlieren ihr gesamtes Hab und Gut. Glücksspiele verursachen bei den Spielern schwere Verluste.

3 Wer Glücksspiele spielt, der wird häufig spielsüchtig. Wenn er gewinnt, so steigen seine Habgier und seine Gewinnsucht. Er will immer mehr und spielt immer weiter. Auf diese Weise sammelt er sich Geld an, das aus einer verbotenen Quelle stammt. Wenn der Spieler aber verliert, so spielt er trotzdem weiter, in der Hoffnung, seine Verluste schnell wieder auszugleichen. In beiden Fällen sind Glücksspiele für den Spielsüchtigen ein Hindernis, um einer Arbeit nachzugehen, und führt zu herben Verlusten für die gesamte Gesellschaft.

Glücksspielarten:

Schon in der Vergangenheit und auch noch bis zum heutigen Tage gab und gibt es viele Arten und Varianten von Glücksspielen. Einige der heutzutage gängigen Glücksspielarten sind:

1. Jedes Spiel, bei dem vereinbart wird, dass der Sieger vom Besiegten Geld erhält, wie z.B. wenn eine Gruppe von Menschen mit Karten spielt (Kartenspiele wie Skat, Poker usw.) und jeder von ihnen einen bestimmten Geldbetrag einsetzt. Der Spieler, der gewinnt, bekommt das ganze Geld.

2. Wetten abschließen. So werden beispielsweise bei Sportwetten über das Gewinnen einer Mannschaft, eines Sportlers usw. Wetten abgeschlossen. Jeder Wettende tippt auf den Sieg seiner Mannschaft oder seines favorisierten Sportlers. Wenn die Mannschaft, auf die er getippt hat, gewinnt, so gewinnt der Wettende das Geld. Und wenn die Mannschaft, auf die er getippt hat, verliert, so verliert er sein Geld.

3. Lotto und Glückslose. Beispielsweise kauft jemand ein Los für 1 Dollar. Durch das Kaufen des Loses erhält der Spieler die Berechtigung, um am Gewinnspiel teilzunehmen und damit die Chance, 1.000 Dollar zu gewinnen, falls seine Losnummer gezogen wird.

4. Alle Glücks- und Wettspiele durch Wettkämpfe, Spielautomaten, elektronische Spielgeräte oder durch Online-Spiele. Entscheidend ist hier, dass es zwei Möglichkeiten gibt: entweder Geld zu gewinnen oder zu verlieren.

> Alle Glücks- und Wettspiele, die durch Wettkämpfe, Spielautomaten, elektronische Spielgeräte oder auf welche Weise auch immer gespielt werden, sind im Islam streng verboten und gehören zu den größten Sünden.

Edle Charakterzüge des Muslims, die der Islam bei Handelsgeschäften eindringlich empfiehlt:

Genauso wie der Islam die islamischen Vorschriften im Umgang mit Geldangelegenheiten erläuterte, so schrieb er dem muslimischen Käufer und Verkäufer mehrere vorbildliche Charaktereigenschaften und Verhaltensregeln vor. Dazu gehören:

Vertrauenswürdigkeit:

Ein Händler sollte bei seinen Handelsgeschäften immer verantwortungsbewusst und vertrauenswürdig sein. Dabei gibt es keinen Unterschied, ob die Handelspartner Muslime oder Nichtmuslime sind. Vertrauenswürdigkeit ist einer der wichtigsten Charakterzüge eines wahrhaftigen Muslims, der Allahs Gesetze wirklich befolgt. Wie wichtig die Vertrauenswürdigkeit im Islam ist, wird aus den folgenden Belegen deutlich:

- Allah, der Erhabene sagte:

Allah befiehlt euch, anvertraute Güter ihren Eigentümern (wieder) auszuhändigen. (Sure 4 an-Nisā' Vers 58)

- Der Gesandte Allahs (Allahs Segen und Friede auf ihm) zählte die Eigenschaft eines Menschen, der nicht vertrauenswürdig ist und verräterisch handelt, zu den Merkmalen eines Heuchlers.

Der Prophet (Allahs Segen und Friede auf ihm) sagte: „Die Zeichen des Heuchlers sind drei. Wenn er redet, lügt er; wenn er ein Versprechen gibt, bricht er es; wenn ihm etwas anvertraut wird, handelt er verräterisch.“ (Buḫārī Hadith Nr. 33 und Muslim Hadith Nr. 59)

- Einer der bedeutendsten Eigenschaften der wahren Gläubigen ist ihre Vertrauenswürdigkeit.

Allah, der Erhabene sagte:

Den Gläubigen wird es ja wohl ergehen, ... und denjenigen, die auf die ihnen anvertrauten Güter und ihre Verpflichtung achtgeben. (Sure 23 al-Mu'minūn Vers 1-8)

Aus diesem Grund hat Allahs Gesandter (Allahs Segen und Friede auf ihm) erklärt, dass jemand, dem etwas anvertraut wird, er aber treulos handelt, nicht wahrhaftig gläubig ist.

So sagte der Prophet (Allahs Segen und Friede auf ihm): „Keinen (vollkommenen) Glauben hat derjenige, der keine Vertrauenswürdigkeit besitzt.“ (Aḥmad Hadith Nr. 12567)

- Das mekkanische Volk gab dem Gesandten (Allahs Segen und Friede auf ihm) schon vor seiner Berufung zum Propheten und Gesandten die beiden Beinamen aṣ-Ṣādiq – der Mann, der immer die Wahrheit spricht – und al-Amīn, der Vertrauenswürdige. Denn der Gesandte war ein Vorbild für vertrauenswürdiges Verhalten und für höfliche Umgangsform.

Ehrlichkeit:

Wahrhaftigkeit und Klarheit zählen zu den besonderen Merkmalen, die der Islam nachdrücklich betont.

- Der Prophet (Allahs Segen und Friede auf ihm) sagte über den Verkäufer und den Käufer Folgendes: „Wenn sie beide (miteinander beim Handel) ehrlich sind und (eventuelle Mängel) deutlich machen, so wird ihr Kaufgeschäft gesegnet sein. Doch wenn sie etwas verschweigen oder lügen, wird der Segen ihres Kaufgeschäfts ausgelöscht." (Buḫārī Hadith Nr. 1973 und Muslim Hadith Nr. 1532)

- Der Prophet (Allahs Segen und Friede auf ihm) sagte: „Haltet euch an die Wahrhaftigkeit, denn Wahrhaftigkeit führt zur Frömmigkeit und diese führt wiederum zum Paradies! Manch einer ist wahrhaftig und strengt sich an, immer nur die Wahrheit zu sprechen, bis er bei Allah als Wahrheitsliebender verzeichnet wird." (Muslim Hadith Nr. 2607)

- Der Islam betrachtet einen Verkäufer als großen Sünder, der – nur um seine Ware zu verkaufen – seine Ware anpreist und dabei schwört, obwohl er eigentlich lügt.

Der Prophet (Allahs Segen und Friede auf ihm) sagte: „Drei (Arten von Menschen gibt es), zu denen Allah am Tage der Auferstehung weder sprechen noch sie ansehen, noch sie (von den Sünden durch Vergebung) reinigen wird, sondern für die schmerzhafte Strafe bestimmt ist ..."

Darauf nannte der Prophet (Allahs Segen und Friede auf ihm): „denjenigen, der beim Schwören lügt, um seine Ware abzusetzen." (Muslim Hadith Nr. 106)

Die Aufgabe kompetent und mit Perfektion erfüllen:

Jeder muslimische Hersteller oder Arbeiter hat die Pflicht, das fachkundige und meisterhafte Ausführen seiner Arbeit sowie die Lieferung von professionellen Leistungen und hochqualitativen Produkten zur obersten Priorität zu erklären, bei der er keine Abstriche macht.

- Allah, der Erhabene hat vorgeschrieben, alles auf die beste Weise zu tun. Er befahl uns, in allen Bereichen des Lebens auf die beste Weise zu handeln und unsere Aufgaben kompetent auszuführen. Sogar bei Angelegenheiten, die auf den ersten Blick unwichtig erscheinen. So wurde uns befohlen, auch bei der Jagd und bei der Schächtung auf die beste Weise zu handeln.

Allahs Gesandter (Allahs Segen und Friede auf ihm) sagte: „Allah hat vorgeschrieben, alles auf die beste Weise zu tun. Wenn ihr nun tötet, tötet auf die beste Weise, und wenn ihr schlachtet, schlachtet auf die beste Weise! So soll ein jeder von euch seine Klinge schärfen und sein Schlachttier zur Ruhe bringen." (Muslim Hadith Nr. 1955)

- Der Prophet (Allahs Segen und Friede auf ihm) nahm am Begräbnis eines Menschen teil und erklärte den Gefährten, wie sie das Grab vorbereiten und das Begräbnis am besten durchzuführen hätten. Darauf drehte er sich zu ihnen um und sagte: „Was diese (Vorgehensweise beim Begräbnis) hier betrifft, so nützt sie dem Toten nicht noch schadet sie ihm. Jedoch liebt Allah an jemandem, der etwas tut, dass er es auf die beste Weise tut." (Baihaqī im Werk šuʿab al-īmān Hadith Nr. 5315)

In einem anderen Wortlaut einer Überlieferung heißt es: „Gewiss liebt Allah, wenn jemand von euch etwas tut, dass er es meisterhaft ausführt." (Abū Yaʿlā Hadith Nr. 4386 und Baihaqī im Werk šuʿab al-īmān Hadith Nr. 5312).

(Weitere vorbildliche Charaktereigenschaften findest du auf Seite 256)

Dein Essen und Trinken

8

Erlaubte Speisen haben im Islam einen hohen Stellenwert. Denn das Einnehmen von erlaubten Nahrungsmitteln ist eine Ursache, weshalb Allah Bittgebete erhört und Vermögen und Familie segnet.

Mit erlaubten Speisen sind Nahrungsmittel gemeint, die im Islam zu speisen erlaubt und die durch erlaubtes Vermögen erworben worden sind, d. h. ohne Unrecht zu begehen oder die Rechte anderer zu verletzen.

Inhaltsverzeichnis des Kapitels:

Deine Speisen und Getränke

Das Grundprinzip für Speisen und Getränke:

Als Grundprinzip gilt, dass jedes Essen und jedes Getränk als erlaubt anzusehen ist, außer was als Ausnahme erwähnt und als verboten erklärt wurde. Dazu gehört alles, was für Gesundheit, Moral und Religion des Menschen schädlich ist. Allah, der Erhabene erinnerte die Menschen daran, dass Er ihnen eine große Gnade erwies, indem Er alles für sie erschuf, was auf der Erde existiert, sodass sie es zum Leben nutzen. Der Erhabene sagte:

Er ist es, Der für euch alles, was auf der Erde ist, erschuf. (Sure 2 al-Baqara Vers 29)

> Landwirtschaftliche Produkte und Früchte

Alles, was die Menschen anpflanzen oder von Bäumen, Büschen, Sträuchern, Pflanzen, Wäldern, Weiden, Wiesen usw. pflücken sowie alle Arten von Pilzen sind erlaubt zu essen. Außer natürlich, was schädlich für Körper und Gesundheit ist oder was Gehirn und Verstand vernebeln, wie berauschende Getränke oder Drogen. Diese Dinge sind verboten, weil sie schädlich sind und den Verstand blockieren.

> Berauschende und alkoholhaltige Getränke

Berauschend ist alles, was den Verstand benommen macht, vernebelt, betäubt oder ihn beeinträchtigt. Der Gesandte Allahs (Allahs Segen und Friede auf ihm) sagte: „Alles, was trunken macht, ist berauschend. Und alles Berauschende ist verboten." (Muslim Hadith Nr. 2003)

Dabei spielt es keine Rolle, woraus das Berauschende hergestellt wurde: aus Obst (wie Weintrauben, Datteln, Feigen oder Rosinen), aus Getreide (wie Weizen, Gerste, Mais oder Reis) oder aus Süßmitteln (wie Honig). Alles, was den Verstand vernebelt, ist berauschend und islamisch verboten (ḥarām). Es ist nicht wichtig, welchen Namen und welche Form das Berauschende hat. Es ist selbst dann verboten, wenn es natürlichen Fruchtsäften, Süßigkeiten oder Schokolade beigemischt wurde.

> Der Islam schützt den Verstand vor allen Einflüssen, die ihn negativ beeinträchtigen und sich auf ihn schädlich auswirken.

Schutz des Verstandes:

Diese großartige Religion ist gekommen, um für das Wohlergehen der Menschen zu sorgen, sowohl im Diesseits als auch im Jenseits. An oberster Stelle sollen die fünf Grundrechte – Religion, Leben, Verstand, Vermögen und Nachkommenschaft – geschützt werden.

Der Verstand ist das ausschlaggebende Kontrollorgan des Menschen, auf den es bei der Erfüllung der Aufgaben, die Allah den Menschen übertrug, ankommt. Der Verstand ist die Gabe, mit der Allah den Menschen auszeichnete und ehrte. Deshalb schützt die islamische Gesetzgebung den Verstand des Menschen und bewahrt ihn vor allen Einflüssen, die zu seinem Verlust oder seiner Einschränkung führen können.

Das islamische Urteil über berauschende Getränke:

Das Konsumieren von berauschenden Getränken zählt zu den größten und schwerwiegendsten Sünden. Über das Verbot von berauschenden Getränken sind im Koran und in der Sunna viele Beweise vorzufinden, in denen berauschende Getränke streng verboten werden. Einige dieser Beweise sind:

- Allah, der Erhabene sagte:

  O die ihr glaubt, berauschender Trank, Glücksspiel, Opfersteine und Lospfeile sind doch nur Unreinheiten aus dem Werke des Satans, so meidet sie, damit ihr erfolgreich werdet! (Sure 5 al-Mā'ida Vers 90)

  Somit beschrieb Allah die berauschenden Getränke als Unreinheiten und als Werke des Satans. Darauf verbot Er uns, ihnen nahezukommen, wenn wir wirklich die Rettung und den Erfolg möchten.

- Der Gesandte Allahs (Allahs Segen und Friede auf ihm) sagte: „Alles, was trunken macht, ist berauschend. Und alles Berauschende ist verboten. Wer im Diesseits Wein trinkt und stirbt, während er süchtig danach war, der wird ihn nicht im Jenseits trinken.“ (Muslim Hadith Nr. 2003)
- Allahs Gesandter (Allahs Segen und Friede auf ihm) machte deutlich, dass das Konsumieren berauschender Getränke dem wahren Glauben widerspricht und ihn deutlich schwächt. Er sagte: „Und derjenige, der berauschende Getränke trinkt, trinkt sie nicht in dem Augenblick, in dem er ein Gläubiger ist.“ (Buḫārī Hadith Nr. 5256 und Muslim Hadith Nr. 57)
- Der Islam sieht für denjenigen, der berauschende Getränke trinkt, harte Strafen vor. Außerdem tritt er dadurch seine eigene Würde mit Füßen. In seiner Gesellschaft wird ihm mit Vorsicht und Misstrauen begegnet.
- Allah droht demjenigen mit qualvoller Strafe, der nicht vom Konsumieren berauschender Getränke und anderer berauschender Mittel ablassen will und dann stirbt, ohne vorher seine Sünde bereut zu haben. Der Gesandte Allahs (Allahs Segen und Friede auf ihm) sagte: „Allah, der Mächtige und Majestätische hat sich das Versprechen selbst auferlegt, dass Er demjenigen, der berauschende Getränke trinkt, verdorbene Schlammpampe zu trinken geben wird. (Muslim Hadith Nr. 2002)

  Bei dieser verdorbenen Schlammpampe handelt es sich um die Flüssigkeit, die beim Auspressen der Höllenbewohner abfließt sowie um ihre Ausscheidungen, ihr Blut und ihr Eiter.
- Die Strafandrohung gilt gleichermaßen für jeden, der sich in irgendeiner Weise, ob viel oder wenig, daran beteiligt oder dabei mithilft, dass Berauschendes konsumiert wird.

  Der Gesandte Allahs (Allahs Segen und Friede auf ihm) verfluchte im Zusammenhang mit Berauschenden zehn (Menschen). (Er verfluchte) denjenigen, der ihn herstellt, denjenigen, für den er hergestellt wird, denjenigen, der ihn trinkt, denjenigen, der ihn trägt, denjenigen, für den er getragen wird, denjenigen, der ihn einschenkt, denjenigen, der ihn verkauft, denjenigen, der am Verkauf verdient, denjenigen, der ihn kauft und denjenigen, für den er gekauft wird.“ (Tirmiḏī Hadith Nr. 1295)

> Drogen

Das Einnehmen von Rauschmitteln und Drogen gehört zu den größten Sünden und schwerwiegendsten Ungehorsamkeiten im Islam. Dabei spielt es keine Rolle, ob die Drogen pflanzlichen (biogenen) Ursprungs sind oder synthetisch hergestellt wurden, und auch nicht, auf welche Art sie genommen werden, ob durch Inhalieren, Schlucken oder durch Spritzen. Drogen vernebeln nicht nur den Verstand, sondern erzeugen Schädigungen des zentralen Nervensystems. Sie verursachen beim Konsumenten verschiedene Arten von neurologischen und psychischen Krankheiten. In vielen Fällen endet das Einnehmen von Drogen tödlich.

Allah, der Erhabene ist mit Seinen Dienern barmherzig und sagte ihnen:

Und tötet euch nicht selbst! Allah ist gewiss Barmherzig gegen euch. (Sure 4 an-Nisā' Vers 29)

> Meerestiere

Mit Meerestieren sind Tiere gemeint, die hauptsächlich im Wasser leben. Es gibt einige Meerestiere, die für kurze Zeit an Land gehen können.

Mit Meer ist im Arabischen eine riesige Wassermasse gemeint. Darunter fallen Flüsse, Seen, Gewässer, Ozeane und andere Flächen mit einer großen Wassermenge.

Alle essbaren Tiere und Pflanzen, die im Wasser leben, sind im Islam zu essen erlaubt, sofern ihr Verzehr nicht gesundheitsschädlich ist. Dabei ist es unerheblich, ob die Meerestiere gefangen oder tot aufgefunden worden sind.

Allah, der Erhabene sagte:

Erlaubt sind euch die Jagdtiere des Meeres und (all) das Essbare aus ihm. (Sure 5 al-Mā'ida Vers 96)

Mit „Jagdtiere" sind die Tiere gemeint, die lebend aus dem Wasser gefischt bzw. gefangen wurden. Und mit „das Essbare aus ihm" sind die Tiere gemeint, die das Meer tot ans Land gespült hat.

> Landtiere

Es gibt zwei Bedingungen, damit Landtiere zum Verzehr erlaubt sind:

1. Es muss sich um ein Tier handeln, das man essen darf.
2. Die Jagd oder die Schächtung dieses Tieres muss auf islamische Weise erfolgt sein.

Welche Tiere sind zum Verzehr erlaubt?

Als Grundprinzip gilt, dass alle Tiere zu speisen erlaubt sind, außer diejenigen Tiere, über die es im Koran und der Sunna einen Beleg gibt, der sie für verboten erklärt.

Folgende Tiere sind zum Verzehr verboten:

1 Schwein: Schweinefleisch sowie alle Teile und Produkte vom Schwein sind im Islam verboten (ḥarām) und rituell unrein (nağis). Allah, Preis sei Ihm und Erhaben ist Er, sagte:

Verboten ist euch das Verendete sowie Blut und Schweinefleisch. (Sure 5 al-Mā'ida Vers 3)

Allah, der Erhabene sagte:

... oder Schweinefleisch ist – denn dies ist gewiss eine Unreinheit. (Sure 6 al-An'ām Vers 145)

2 Alle Tiere, die Reißzähne haben: Damit sind alle fleischfressenden Tiere gemeint. Es gibt keinen Unterschied, ob es sich um ein großes Tier wie beispielsweise Löwen oder Tiger, oder um ein kleines Tier, wie beispielsweise Katzen usw. handelt, Hunde gehören ebenfalls zu dieser Kategorie.

3 Alle Greifvögel: Das sind sämtliche fleischfressende Vögel, wie z.B. Falken, Adler, Eulen usw.

4 Insekten: Alle auf dem Land lebenden Insekten dürfen nicht gegessen werden, weil man sie ja nicht schächten kann. Eine Ausnahme gilt für Heuschrecken. Es ist erlaubt, Heuschrecken zu essen. Der Prophet (Allahs Segen und Friede auf ihm) sagte: „Uns wurden zwei (natürlich) verendete Tierarten erlaubt: Fisch und Heuschrecken." (Ibn Māğah Hadith Nr. 3218)

5 Schlangen, Kriechtiere, Ratten und Mäuse sind zu verzehren verboten. Wir wurden angewiesen, diese schädlichen Tiere zu töten: Der Prophet (Allahs Segen und Friede auf ihm) sagte: „Es macht nichts, wenn man folgende fünf bösartige Tiere tötet, während man im Heiligen Bezirk oder im Pilgerzustand ist: die Schlange, den teilweise weißgefiederten Raben, die Maus, Wild- und Raubtiere und den Greifvogel Milan.“ (Buḫārī Hadith Nr. 3136 und Muslim Hadith Nr. 1198)

6 Hausesel: Hausesel sind meist in Dörfern verbreitete Haustiere und sie werden als Reittier und zum Tragen von Lasten eingesetzt.

> Alle Tiere sind zum Verzehr erlaubt, außer diejenigen Tiere, die im Koran und der Sunna für verboten erklärt wurden.

Zum Verzehr erlaubte Tierarten:

Tiere, die Allah für erlaubt erklärt hat, lassen sich in zwei Kategorien unterteilen:

- Tierarten, die frei in der Wildnis leben. Sie laufen vor Menschen weg. Man kann sie nicht einfach einfangen, um sie islamisch zu schächten. Deshalb ist es uns erlaubt, diese Tiere auf eine islamisch korrekte Weise zu jagen und einzufangen.

- Tierarten, die zahm sind und sich an den Menschen gewöhnt haben. Sie können eingefangen werden und dürfen nur dann gegessen werden, nachdem sie auf islamische Weise geschächtet werden.

Die Schächtung auf islamische Weise:

Das Schlachten und Schächten, bei denen die Voraussetzungen des islamischen Rechts eingehalten werden.

Voraussetzungen für die Schächtung auf islamische Weise:

1. Der Schlachter muss zum Schlachten islamisch berechtigt sein. Zum rituellen Schächten berechtigt sind nur Muslime oder Leute der Schrift (Juden und Christen), die Unterscheidungsfähigkeit (**tamyīz**) besitzen und das Schächten beabsichtigen.

2. Das verwendete Schneidewerkzeug muss für das Schlachten geeignet sein, indem es durch ihre Schärfe die Kehle des Tieres durchtrennen kann, wie z. B. ein scharfes Messer. Es ist verboten, ein Gerät zu verwenden, welches das Tier durch heftige

> Allah, der Erhabene erlaubte uns, Fleisch von Tieren zu verzehren, die von Leuten der Schrift (Juden und Christen) geschächtet wurden, wenn sie die Schächtung auf die islamisch korrekte Weise vorgenommen haben.

Schläge auf den Kopf mit hartem und schwerem Gegenstand (Kopfschlag), durch Bolzenschuss oder durch elektrischen Strom tötet.

3 Das Sprechen des Namens von Allah. So sagt man „**bismillāh**" (im Namen Allahs), wenn man mit dem Messer in der Hand zum Schlachten ansetzt und die Hand zum Schlachten bewegt.

4 Bei der islamischen Schächtung müssen Kehle, Speiseröhre und beide Blutgefäße (Halsschlagadern) durchtrennt werden. Es müssen mindestens drei der hier vier genannten Stellen durchgeschnitten werden.

Wenn diese Voraussetzungen erfüllt sind, ist das Fleisch des geschächteten Tieres erlaubt (ḥalāl). Wird irgendeine dieser Voraussetzungen nicht erfüllt, so ist auch das Schlachttier nicht zu essen erlaubt.

Arten von Tierfleisch, die in Restaurants und Einkaufsläden verkauft werden:

1 Tiere, die weder von Muslimen noch von den Leuten der Schrift (Juden und Christen), sondern von Buddhisten, Hindus, Atheisten usw. geschächtet wurden: Dieses Fleisch zu verzehren, ist verboten (**ḥarām**). Das gilt ebenfalls für alle Restaurants und Einkaufsläden, die sich in Ländern befinden, deren überwiegende Mehrheit der Bevölkerung weder Muslime noch Leute der Schrift sind. In diesem Fall lautet das islamische Urteil, dass dieses Fleisch verboten ist, es sei denn, das Gegenteil wird bewiesen.

2 Tiere, die von Muslimen oder von den Leuten der Schrift auf die korrekte islamische Weise geschächtet wurden: Dieses Fleisch zu verzehren, ist erlaubt. Darüber sind sich alle Muslime einig.

3 Tiere, die von Muslimen oder von den Leuten der Schrift auf eine nicht korrekte islamische Weise geschlachtet wurden, wie z.B. durch elektrischen Strom oder durch Ertrinken des Tieres: Dieses Fleisch zu verzehren, ist auf jeden Fall verboten.

4 Tiere, die von den Leuten der Schrift geschlachtet wurden, aber man weiß nicht, auf welche Weise die Schächtung erfolgt ist. Oder aber, es handelt sich um Fleisch, das in ihren Restaurants und Einkaufsläden angeboten wird: Als Grundprinzip hierfür gilt, dass man davon ausgehen muss, dass das Schlachttier auf korrekte Weise durch die Leute der Schrift geschächtet wurde. Allerdings ist das Schächten von

Wirbeltieren in der EU und speziell in Deutschland laut Gesetz grundsätzlich verboten. Eine Ausnahme gilt für jüdische Glaubensgemeinden. Das heißt, dass die Tiere in der EU zuerst getötet und erst danach geschlachtet werden. Demnach handelt es sich beim Fleisch, das in den meisten nichtmuslimischen Restaurants und Einkaufsläden angeboten wird, um Fleisch eines toten, verendeten Tieres, das uns Muslimen zu speisen verboten ist. Sollte man sich aber in einem Land aufhalten, in dem die meisten Christen das Tier schächten, so lautet die stärkere Ansicht zu diesem Thema, dass das Verzehren dieses Fleisches erlaubt ist. Man sollte jedoch unbedingt vor dem Essen „**bismillāh**" (im Namen Allahs) sagen. Es ist allerdings vorzuziehen, nach Quellen zu suchen, von denen man Fleisch beziehen kann, dessen Ursprung eindeutig erlaubt ist.

> Die Jagd nach islamischem Recht

Es ist erlaubt, Tiere und Vögel zu jagen, die man verzehren darf und die nicht gefangen werden können, um sie zu schächten. Beispiel hierfür sind die nicht fleischfressenden Vogelarten, die in Landschaften und in der freien Wildnis leben, sowie Rehe, Feldhasen usw.

Für die islamisch korrekte Jagd müssen Voraussetzungen erfüllt werden. Dazu gehören Folgende:

1 Der Jäger muss geistig gesund, die Jagd beabsichtigen und Muslim oder ein Angehöriger der schriftbesitzenden Religionen (Juden und Christen) sein. Somit ist die Jagdbeute eines Götzendieners oder eines Menschen mit geistiger Behinderung nicht erlaubt.

2 Es muss sich um ein frei lebendes Tier handeln, das schnell wegrennt und deshalb nicht geschächtet werden kann. Wenn man das Tier einfach einfangen kann, um es zu schächten, wie etwa Hühner, Schafe und Kühe, so ist ihre Jagd nicht erlaubt.

3 Das Jagdgerät muss durch seinen spitzen Gegenstand das Tier erlegen, wie etwa durch Pfeil, Patrone usw. Dagegen ist es nicht erlaubt, die Jagdbeute zu essen, wenn das Tier durch den wuchtigen Schlag eines harten Gegenstandes getötet wurde, wie z. B. mit Steinen, außer wenn das Tier dadurch noch nicht gestorben ist. Wenn man es schafft, es vorher zu schächten, darf man es verzehren.

4 Man muss den Namen Allahs erwähnen, indem man „**bismillāh**“ sagt, bevor man die Jagdwaffe benutzt.

5 Wenn nach erfolgreicher Jagd das Tier oder der Vogel nicht tot, sondern noch lebendig vorgefunden wird, so muss man die Jagdbeute nach islamischer Weise schächten.

6 Es ist nur dann erlaubt, Tiere zu jagen, wenn man damit beabsichtigt, sich vom Fleisch der Tiere zu ernähren. Es ist nicht erlaubt, aus Spaß und Hobby Jagd zu betreiben und darauf die Jagdbeute nicht zu essen.

> Verhaltensregeln beim Essen und Trinken

Allah, der Erhabene legte mehrere Verhaltensregeln für das Essen und Trinken fest, wodurch sich die von Allah gewollten Ziele und Weisheiten erfüllen sollen, wie z.B. die Erinnerung des Menschen an Allahs Gnadengaben, der Schutz vor Krankheiten und das Vermeiden von Verschwendung und Überheblichkeit.

Einige dieser Verhaltensregeln:

1. Es ist untersagt, Geschirr zum Essen oder zum Trinken zu benutzen, das aus Gold, Silber oder vergoldetem oder versilbertem Material besteht, denn das ist Verschwendung. Außerdem überschreitet man dadurch die Grenzen Allahs und bricht das Herz armer Menschen. Allahs Gesandter (Allahs Segen und Friede auf ihm) sagte: „Trinkt nicht aus Gefäßen aus Gold und Silber, und esst nicht aus Tellern, die aus diesen beiden hergestellt sind, denn diese sind für sie (die Ungläubigen) im Diesseits und für uns (Muslime) im Jenseits!“ (Buḫārī Hadith Nr. 5110 und Muslim Hadith Nr. 2067)

2. Händewaschen vor und nach dem Essen. Besonders erforderlich ist es, wenn die Hände schmutzig oder mit Essensresten verschmiert sind.

3. Vor dem Essen oder Trinken „**bismillāh**“ sagen. Indem man „**bismillāh**“ sagt, was im Namen Allahs bedeutet, drückt man Folgendes aus: Mit dem Namen Allahs suche ich Hilfe und Segen. Wenn man vergisst, am Anfang den Namen Allahs zu nennen und man erinnert sich erst während des Essens daran, dann sollte man Folgendes sagen:
Bismillāhi awwalahu wa āḫirahu
Im Namen Allahs, am Anfang und am Ende.
Der Prophet (Allahs Segen und Friede auf ihm) sah einen kleinen Jungen, der sich nicht mit den Manieren beim Essen auskannte. Da lehrte er ihn liebevoll: „O Junge, nenne (vor dem Essen) Allahs Namen, iss mit der rechten Hand und iss von dem, was sich vor dir befindet!“ (Buḫārī Hadith Nr. 5061 und Muslim Hadith Nr. 2022)

4. Mit der rechten Hand essen oder trinken.
Der Gesandte Allahs (Allahs Segen und Friede

auf ihm): „Esst nicht mit der linken Hand, denn der Satan isst mit der linken Hand!“ (Muslim Hadith Nr. 2019)

5 Es ist islamisch empfohlen, dass man nicht im Stehen isst oder trinkt.

6 Nur von dem etwas essen, was direkt vor einem liegt, und nicht von der Essensstelle anderer Personen. Denn dies zu tun deutet auf schlechtes Benehmen hin. Der Prophet (Allahs Segen und Friede auf ihm) sagte zum kleinen Jungen: „und iss von dem, was sich vor dir befindet!“

7 Es ist islamisch empfohlen, den heruntergefallenen Bissen aufzuheben, ihn von Staub etc. zu reinigen und zu essen, wann immer es möglich ist, den am Bissen anhaftenden Schmutz zu reinigen. Durch diese Vorgehensweise werden Gnadengabe und Essen gewahrt.

8 Es ist zu unterlassen, das Essen zu bemängeln, sich abfällig über das Essen zu äußern und es geringzuschätzen. Entweder man lobt das Essen oder man isst es nicht und schweigt.
Allahs Gesandter (Allahs Segen und Friede auf ihm) hat sich nie über ein Essen beschwert. Wenn er es mochte, aß er davon und wenn nicht, ließ er es (einfach). (Buḫārī Hadith Nr. 5093 und Muslim Hadith Nr. 2064)

9 Nicht zu viel essen und sich nicht bis zum Völlegefühl überessen. Denn das führt zu Krankheiten und fördert die Faulheit. Am besten ist die goldene Mitte, wie es der Prophet (Allahs Segen und Friede auf ihm) sagte: „Der Mensch füllt kein schlechteres Gefäß als seinen Bauch. Einige Bissen genügen für den Sohn Adams, um seinen Rücken aufrecht zu halten. Aber wenn das nicht möglich ist, dann (soll) ein Drittel (des Magens) für sein Essen, ein Drittel für sein Trinken und ein Drittel für sein (freies) Atmen (vorbehalten sein).“ (Tirmiḏī Hadith Nr. 2380 und Ibn Māǧah Hadith Nr. 3349)

10 Nach dem Essen sagt man:
al-ḥamdu lillāh
Alles Lob gebührt Allah.
Hiermit dankt und lobt der Muslim Allah für diese Gnadengabe, die Er ihm zuteilwerden ließ und die viele Menschen nicht haben. Man kann ebenfalls nach dem Essen folgendes längeres Gebet sprechen:
al-ḥamdu lillāh allaḏī aṭʿamanī hāḏā, wa razaqanīhi min ġayri ḥaulin minnī wa lā quwwah
Alles Lob gebührt Allah, Der mir dies zum Essen gegeben und mich damit ohne Macht und Kraft von mir versorgt hat.

> Der Prophet (Allahs Segen und Friede auf ihm) sagte: „Allah hat an Seinem Diener Wohlgefallen, der, wenn er eine Speise isst, Ihn dafür preist, und wenn er ein Getränk trinkt, Ihn dafür preist.“ (Muslim Hadith Nr. 2734)

Deine Kleidung

9

Die Kleidung ist eine der vielen Gnadengaben Allahs, die Er den Menschen erwies.

Allah, der Erhabene sagte:

O Kinder Adams, Wir haben auf euch Kleidung hinabgesandt, die eure Blöße verbirgt, und Gefieder. Aber die Kleidung der Gottesfurcht, die ist besser. Das ist (eines) von Allahs Zeichen, auf dass sie bedenken mögen. (Sure 7 al-Aʿrāf Vers 26)

Inhaltsverzeichnis des Kapitels:

Die Kleidung im Islam

Die Kleidung eines gläubigen Muslims sollte schön und sauber sein. Besonders dann, wenn er mit anderen Menschen zusammen ist oder sein Gebet verrichten will.

Allah, der Erhabene sagte:

O Kinder Adams, habt eine gepflegte Erscheinung an jeder Gebetsstätte und esst und trinkt, aber seid nicht maßlos! – Er (Allah) liebt nicht die Maßlosen. (Sure 7 al-Aʿrāf Vers 31)

Allah erlaubte den Menschen, schöne Kleidung anzuziehen und sich um ein schönes, gepflegtes Äußeres zu bemühen, weil ein gutes Aussehen ein Zeichen für die Gnadengaben Allahs ist, die Er dem Menschen gewährte.

Allah, der Erhabene sagte:

Sag: Wer hat den Schmuck Allahs verboten, den Er für Seine Diener hervorgebracht hat, und (auch) die guten Dinge (aus) der Versorgung (Allahs)? Sag: Sie sind im diesseitigen Leben für diejenigen (bestimmt), die glauben, und am Tag der Auferstehung (ihnen) vorbehalten. So legen Wir die Zeichen ausführlich dar für Leute, die Bescheid wissen. (Sure 7 al-Aʿrāf Vers 32)

Kleidung erfüllt viele Funktionen. Dazu gehören:

1. Sie bedeckt bestimmte Körperbereiche des Menschen, die man aufgrund der veranlagten Schamhaftigkeit bei den Menschen, vor den Augen anderer verbergen will.
   Allah, der Erhabene sagte:
   O Kinder Adams, Wir haben auf euch Kleidung hinabgesandt, die eure Blöße verbirgt. (Sure 7 al-Aʿrāf Vers 26)

2. Sie bietet dem Menschen Schutz vor Hitze, Kälte und Verletzungen. So erfüllt Kleidung eine Schutzfunktion gegen Kälte und Hitze bei Wetterveränderungen, und sie bietet eine Schutzfunktion gegen Gefahren und Risiken für den menschlichen Körper. Allah, der Erhabene sagte über die Eigenschaften der Kleidung:

   Und Er hat euch Kleider gemacht, die euch vor der Hitze schützen, und Kleider, die euch vor eurer Gewalt (gegeneinander) schützen. So vollendet Er Seine Gunst an euch, auf dass ihr (Ihm) ergeben sein möget. (Sure 16 an-Naḥl Vers 81)

> **Kleidung bringt den Menschen großen und vielfältigen Nutzen.**

> Das Grundprinzip für Kleidung

> Der Islam hat keine spezielle Art von Kleidung vorgeschrieben, die man tragen sollte. Allerdings ist es vorzuziehen, die bei der Bevölkerung des jeweiligen Landes übliche Kleidung zu wählen. Davon ausgenommen ist Kleidung, die im Islam zu tragen verboten ist.

Der Islam ist die Religion der natürlichen Veranlagung. Für die Lebensangelegenheiten des Menschen legte der Islam nur solche Vorschriften fest, die sich mit der gesunden, natürlichen Veranlagung vereinbaren lassen sowie der reinen Vernunft und der allgemeinen Logik entsprechen.

Als Grundprinzip gilt, dass alles, womit sich der Muslim kleidet und zurechtmacht, als erlaubt anzusehen ist:

Der Islam schreibt den Menschen keine spezielle Kleidung vor, sondern erklärt jede Kleidung für erlaubt, solange sie die gewünschte Funktion erfüllt, ohne dabei zu übertreiben oder die Grenzen zu überschreiten.

Der Gesandte Allahs (Allahs Segen und Friede auf ihm) trug Kleidung, die zu seiner Zeit gewöhnlich getragen wurde. Weder befahl er eine bestimmte Kleidung anzuziehen noch verbot er bestimmte Kleidung. Was er verbot, waren gewisse Eigenschaften an der Kleidung. Als Grundprinzip für die gesellschaftlichen Beziehungen zwischen den Menschen gilt, dass sie als erlaubt anzusehen ist. Das gilt ebenfalls für die Kleidung. Demzufolge darf nichts als verboten erklärt werden, außer man hat hierfür einen Beweistext aus dem Koran oder der Sunna. Genau das Gegenteil dieser Regel gilt für alle Angelegenheiten im Gottesdienst: So gilt als Grundprinzip, dass jede gottesdienstliche Handlung verboten ist und nicht praktiziert werden darf, außer es existiert hierfür ein Belegtext aus Koran oder Sunna.

Der Prophet (Allahs Segen und Friede auf ihm) sagte: „Esst, spendet und kleidet euch ohne Verschwendung und hochmütigen Stolz!" (Nasā'ī Hadith Nr. 2559)

Kleidung, die zu tragen verboten ist:

1. Kleidung, die den privaten Körperbereich, der nicht sichtbar sein darf, entblößt.

   Allah, der Erhabene sagte:

   O Kinder Adams, Wir haben auf euch Kleidung hinabgesandt, die eure Blöße verbirgt. (Sure 7 al-Aʿrāf Vers 26)

Der Islam schreibt die Bedeckung der

Blöße für Männer und Frauen vor. So muss der Körperbereich beim Mann vom Nabel bis zum Knie bedeckt sein. Bei Anwesenheit eines fremden Mannes muss bei der Frau ihr gesamter Körperbereich vollständig bedeckt sein, ausgenommen davon sind Gesicht und Hände.

Es ist nicht erlaubt, enge Kleidung zu tragen, wodurch die Körperform betont und erkennbar wird. Außerdem ist keine durchsichtige Kleidung erlaubt, wodurch man den Körper, der sich darunter verbirgt, sehen kann. Allah drohte denjenigen, die Kleidung tragen, sodass ihre Blöße erkennbar ist.

> Es ist verboten, Kleidung zu tragen, die der Bekleidung der Ungläubigen ähnelt oder Symbole von anderen Religionen beinhaltet.

Der Prophet (Allahs Segen und Friede auf ihm) sagte: „Es gibt zwei Arten der Bewohner der Hölle, die ich noch nicht gesehen habe ...

Dann nannte er: „... Frauen, die bekleidet und doch nackt sind ...“

2 Kleidung, die der Bekleidung des anderen Geschlechts ähnelt. Damit ist gemeint, dass ein Mann Kleidung trägt, die eigentlich für Frauen gemacht und vorgesehen sind. Oder eine Frau, die Kleidung trägt, die eigentlich für Männer bestimmt ist. Diese Handlung ist verboten und gehört zu den großen Sünden. Dazu zählt übrigens auch, auf eine Weise wie die des anderen Geschlechts zu sprechen, zu gehen, Bewegungen zu machen usw.

Der Gesandte Allahs (Allahs Segen und Friede auf ihm) verfluchte den Mann, der Frauenkleidung trägt und die Frau, die Männerkleidung trägt. (Abū Dāwūd Hadith Nr. 4098)

Außerdem verfluchte Allahs Gesandter (Allahs Segen und Friede auf ihm) diejenigen Männer, die Frauen nachahmen, und verfluchte ebenfalls diejenigen Frauen, die Männern nachahmen. (Buḫārī Hadith Nr. 5546)

Wenn jemand verflucht wird, bedeutet es, dass er aus Allahs Barmherzigkeit ausgestoßen und ausgeschlossen wird.

Der Islam möchte, dass der Mann seine männliche Natur beibehält und sich in seiner äußeren Erscheinung unterscheidet. Entsprechendes gilt für die Frau. Das ist die erforderliche Schlussfolgerung der gesunden, natürlichen Veranlagung und der richtigen Logik.

3 Kleidung, die der Bekleidung der Ungläubigen ähnelt. Hierbei handelt es sich um Kleidung, die eigentümliche Besonderheiten für sie sind, wie z. B. Mönchs- und Priesterkleidung oder das Tragen eines Kreuzes. Jede Kleidung, die ein typisches Merkmal irgendeiner anderen Religion darstellt, ist zu tragen verboten.

Denn der Gesandte Allahs (Allahs Segen und Friede auf ihm) sagte: „Wer einem Volk nachahmt, der gehört zu ihnen." (Abū Dāwūd Hadith Nr. 4031)

Zur verbotenen Nachahmung in der Kleidung gehört auch das Tragen religiöser Symbole oder Symbole irregeleiteter Sekten. Diese Nachahmung ist ein Zeichen von schwacher Persönlichkeit und ein Beweis dafür, dass der Mensch erhebliche Zweifel an der Wahrheit hat, die mit ihm ist.

Es gehört jedoch nicht zur verbotenen Nachahmung, wenn der Muslim Kleidung trägt, die in seinem Land verbreitet ist, selbst wenn die meisten Menschen, die sich auf diese Weise kleiden, ungläubig sind. Denn der Prophet (Allahs Segen und Friede auf ihm) pflegte sich so zu kleiden, wie sich die Götzendiener aus dem Stamme Quraisch kleideten, außer es gab bezüglich der Kleidungsvorschrift ein Verbot.

4 Kleidung, die Arroganz und hochmütigen Stolz hervorruft.

Der Prophet (Allahs Segen und Friede auf ihm) sagte: „Wer in seinem Herzen auch nur das Gewicht eines Stäubchens an Arroganz hat, wird nicht das Paradies betreten." (Muslim Hadith Nr. 91)

Aus diesem Grund verbot der Islam, Kleidung zu tragen und sie auf dem Boden hinterherschleifen zu lassen. Ebenfalls verbot er den Männern, lange Kleidung zu tragen, die bis unter die Fußknöchel reichen, wenn sie das aus Hochmut oder Arroganz tun.

Der Prophet (Allahs Segen und Friede auf ihm) sagte: „Wer seine Kleidung aus Hochmut hinter sich (auf dem Boden) schleifen lässt, den wird Allah am Tag der Auferstehung nicht anschauen." (Buḫārī Hadith Nr. 3465 und Muslim Hadith Nr. 2085)

Im Islam ist es ebenfalls untersagt, aufsehenerregende Kleidung zu tragen, um Bekanntheit und Ansehen zu erlangen. Hierbei handelt es sich um Kleidung, die, wenn sie jemand trägt, von der Bevölkerung als absonderlich empfunden wird und infolgedessen die Menschen über diese auffällige Person sprechen. Denn dadurch erhält diese Person Bekanntheit und Berühmtheit, weil die Menschen sich doch sehr über die abnormale Farbe oder Form der Kleidung wundern oder Abscheu empfinden. Zu dieser verbotenen Kategorie gehört Kleidung, die beim Menschen, der sie trägt, Eitelkeit und Einbildung hervorruft.

Der Gesandte Allahs (Allahs Segen und Friede auf ihm) sagte: „Wer im Diesseits Prunkgewänder trägt, den wird Allah am Tag der Auferstehung mit den Gewändern der Erniedrigung bekleiden." (Aḥmad Hadith Nr. 5664 und Ibn Māǧah Hadith Nr. 3607)

5 Für Männer gilt, dass sie kein Gold und keine Kleidung aus reiner Naturseide tragen dürfen. Denn im Islam ist für Männer das Tragen von Gold und Seide verboten. Allahs Gesandter (Allahs Segen und Friede auf ihm) sagte über Seide und Gold: „Diese zwei Dinge sind für die Männer meiner Gemeinde verboten und für die Frauen

meiner Gemeinde erlaubt.“ (Ibn Māğah Hadith Nr. 3595 und Abū Dāwūd Hadith Nr. 4057)

Bei der für Männer verbotenen Seide handelt es sich um die natürliche Seide, die aus den Kokons der Seidenraupe gewonnen wird.

6 Kleidung, in der Verschwendung und Vergeudung liegt.

Der Prophet (Allahs Segen und Friede auf ihm) sagte: „Esst, spendet und kleidet euch ohne Verschwendung und hochmütigen Stolz!“ (Nasā'ī Hadith Nr. 2559)

Die Frage, was als Verschwendung zu verstehen ist, kann je nach der finanziellen Lage des Menschen unterschiedlich betrachtet werden. So darf sich ein Wohlhabender teure Kleidung kaufen, die ein Armer nicht kaufen sollte, weil er - gemessen an seinem monatlichen Einkommen, seiner finanziellen Lage und seiner anderen Pflichten, die er berücksichtigen muss - es sich eigentlich nicht leisten kann. Somit kann das Kaufen eines einzigen Kleidungsstücks bei einem Armen als Verschwendung gelten und bei einem Wohlhabenden nicht.

> Verschwendung bei Kleidung ist verboten. Allerdings kommt es auf das monatliche Einkommen des Einzelnen und der Pflichten an, die man anderen gegenüber hat.

Deine Familie

10

Der Islam legt großen Wert auf den Zusammenhalt und die Stabilisierung der Familie. Demgemäß ist der Schutz der Familienstruktur vor allen Faktoren, die sie angreifen oder bedrohen könnten, von enormer Wichtigkeit. Denn das Wohl der Familie bedeutet das Wohl des Einzelnen und der gesamten Gesellschaft.

Inhaltsverzeichnis des Kapitels:

> Der Stellenwert der Familie im Islam

Wie sehr sich der Islam für die Familie starkmacht, zeigt sich in folgenden Punkten:

1 Der Islam betont nachdrücklich den Grundsatz der Ehe und der Familiengründung. Sie zählen zu den vorzüglichsten Taten bei Allah und gehören zu den Lebensweisen aller Gesandten.

Der Prophet (Allahs Segen und Friede auf ihm) sagte: „... Dennoch faste ich und breche mein Fasten, bete ich und gehe schlafen und heirate die Frauen. Wer sich von meiner Weise (Sunna) abwendet, der gehört nicht zu mir!" (Buḫārī Hadith Nr. 4776 und Muslim Hadith Nr. 1401)

- Der edle Koran zählte die von Allah erschaffene innere Ruhe, Liebe, Barmherzigkeit und Vertrautheit zwischen dem Mann und seiner Ehefrau zu den größten Gaben und Zeichen, die Er dem Menschen bescherte.

Allah, der Erhabene sagte:

Und es gehört zu Seinen Zeichen, dass Er euch aus euch selbst Gattinnen erschaffen hat, damit ihr bei ihnen Ruhe findet; und Er hat Zuneigung und Barmherzigkeit zwischen euch gesetzt. (Sure 30 ar-Rūm Vers 21)

- Der Islam befahl den Menschen, das Heiraten zu erleichtern und jedem zu helfen, der heiraten möchte, um seine Keuschheit zu bewahren.

Der Prophet (Allahs Segen und Friede auf ihm) sagte: „Es gibt drei (Arten von Menschen), denen Allah versprochen hat, dass Er ihnen helfen wird." Dann nannte der Prophet: „Wer heiratet, um seine Keuschheit zu bewahren."(Tirmiḏī Hadith Nr. 1655)

- Der Islam befahl den jungen Menschen, die sich in der Vollkraft ihrer Jahre und in der Blüte ihrer Jugend befinden, schnellstmöglich zu heiraten, da sie in der Ehe innere Seelenruhe, Entspannung und Erholung finden. Außerdem bietet ihnen die Ehe die ideale Lösung des Islams, um ihre starken Begierden und Gelüste auf erlaubte Weise zu befriedigen.

> Der edle Koran zählte die innere Seelenruhe, Liebe und Barmherzigkeit zwischen den Eheleuten zu den größten Gnadengaben Allahs.

2 Der Islam räumte jedem einzelnen Familienmitglied, ganz gleich, ob männlich oder weiblich, den nötigen Respekt ein.

Der Islam übertrug dem Vater und der Mutter die große Verantwortung für die Erziehung ihrer Kinder.

Abdullah ibn ʿUmar (Allahs Wohlgefallen auf ihm) überlieferte, dass er Allahs Gesandten (Allahs Segen und Friede auf ihm) sagen hörte: „Wahrlich, ihr seid alle Hirten, und jeder von euch ist verantwortlich für das, was er zu hüten hat: der Befehlshaber ist ein Hirt, und er ist verantwortlich für das, was er zu hüten hat. Und der Mann ist ein Hirt für seine

Deine Familie

Familienangehörigen, und er ist verantwortlich für diejenigen, die er zu hüten hat. Und die Frau ist eine Hirtin im Hause ihres Ehemanns und verantwortlich für das, was sie zu hüten hat. Und der Diener ist ein Hirt für den Besitz seines Herrn, und verantwortlich für das, was er zu hüten hat." (Buḫārī Hadith Nr. 853 und Muslim Hadith Nr. 1829)

3 Der Islam legt großen Wert darauf, bei den Kindern das ehrenvolle Prinzip zu verankern, ihren Eltern Respekt und Anerkennung zu zollen, bis zum Lebensende für ihr Wohlbefinden zu sorgen und ihnen Gehorsam zu leisten.

Ganz gleich, wie alt und erwachsen der Sohn oder die Tochter geworden ist, es ist ihre Pflicht, ihren Eltern zu gehorchen und sie gütig zu behandeln. Allah, Preis sei Ihm und Erhaben ist Er, hat in einem Vers das gütige Behandeln der Eltern und die Pflicht, Ihn einzig anzubeten miteinander verknüpft. Und Er verbot jede schroffe und respektlose Äußerung und Handlung, und sei es auch nur durch ein einziges Wort oder durch ein Geräusch, wodurch sich das Kind über die Eltern ärgert.

Allah, der Erhabene sagte:

Und dein Herr hat bestimmt, dass ihr nur Ihm dienen und zu den Eltern gütig sein sollt. Wenn nun einer von ihnen oder beide bei dir ein hohes Alter erreichen, so sag nicht zu ihnen: «Pfui!» und fahre sie nicht an, sondern sag zu ihnen ehrerbietige Worte! (Sure 17 al-Isrā' Vers 23)

4 Der Islam befiehlt, die Rechte der Kinder zu wahren und jedes Kind im Hinblick auf Unterhalt und allen sichtbaren Dingen gleichzubehandeln.

5 Der Islam verpflichtete den Muslim, seine Verwandtschaftsbande zu pflegen. Das heißt, er muss mit seinen Verwandten väterlicher- und mütterlicherseits regelmäßig in Kontakt bleiben freundlich und gütig zu ihnen sein.

Zur Verwandtschaftsbande gehören beispielsweise die leiblichen Brüder und Schwestern, die Onkel und die Tanten väterlicherseits und ihre Kinder, die Onkel und die Tanten mütterlicherseits und ihre Kinder. Der Islam zählt das Pflegen der Verwandtschaftsbande zu den besten Taten, mit der man am leichtesten die Nähe Allahs erreichen kann sowie als eine der gewichtigsten Gehorsamshandlungen der Gläubigen gegenüber Allah. Andererseits warnte der Islam davor, die Familie oder die Verwandten schlecht zu behandeln oder den Kontakt zu ihnen abzubrechen. Der Islam zählt diese Handlung zu den größten Sünden.

Der Prophet (Allahs Segen und Friede auf ihm) sagte: „Kein Zerreißender der Verwandtschaftsbande wird das Paradies betreten!" (Buḫārī Hadith Nr. 5638 und Muslim Hadith Nr. 2556)

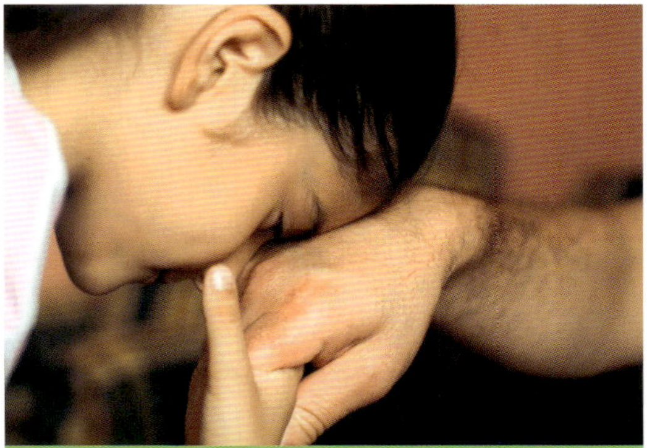

> Der Islam verankert bei den Kindern das ehrenvolle Prinzip, ihren Eltern Respekt und Anerkennung zu zollen.

> Der Stellenwert der Frau im Islam

Der Islam ehrte die Frau und befreite sie aus der Dienerschaft des Mannes. Und der Islam befreite sie auch davon, ein ehrloses, würdeloses Objekt zu sein, das nur billige Ware für die anderen darstellt. Es folgen einige Beispiele, die verdeutlichen, mit welchen Vorschriften der Islam die Ehre der Frau wahrt:

- Der Islam erteilte der Frau Erbrecht und gewährte ihr einen edlen, gerecht verteilten Anteil, der in manchen Fällen dem eines Mannes gleicht und in anderen Fällen sich von ihm unterscheidet. Das hängt mit dem Verwandtschaftsgrad der Frau zum Verstorbenen zusammen und mit dem Fakt, dass die Frau, im Gegensatz zum Mann, das Erbe behalten darf und nicht verpflichtet ist, es für den Unterhalt der Familie auszugeben.
- Der Islam betont die Gleichheit zwischen Mann und Frau, und hat Männer und Frauen in vielen unterschiedlichen Angelegenheiten gleichgestellt. Dazu gehören beispielsweise alle Handels- und Geldgeschäfte. Diese Gleichstellung erreichte ein solches Ausmaß, sodass der Prophet (Allahs Segen und Friede auf ihm) erklärte: „Die Frauen sind die Zwillingshälften der Männer." (Abū Dāwūd Hadith Nr. 236)
- Der Islam gab der Frau die Freiheit, ihren Ehepartner frei zu wählen und übertrug ihr einen großen Teil der Verantwortung in der Erziehung der Kinder. Allahs Gesandter (Allahs Segen und Friede auf ihm) sagte: „Und die Frau ist eine Hirtin im Hause ihres Ehemanns und verantwortlich für das, was sie zu hüten hat." (Buḫārī Hadith Nr. 853 und Muslim Hadith Nr. 1829)
- Der Islam lässt der Frau den Nachnamen ihrer Familie behalten und somit die ehrenvolle Zugehörigkeit zu ihrem Vater. Demnach ändert sie nicht ihren Familiennamen nach der Heirat, sondern behält die Zugehörigkeit zu ihrem Vater und ihrer Familie.
- Der Islam verpflichtet den Mann, für das Wohlbefinden und den Unterhalt seiner weiblichen Familienmitglieder zu sorgen und dies als Selbstverständlichkeit anzusehen, sofern es sich um Familienmitglieder handelt, zu deren Unterhalt er verpflichtet ist, wie z. B. Ehefrau, Mutter und Tochter.
- Der Islam betont nachdrücklich, welch ehrenvolle und vorzügliche Aufgabe es ist, eine schwache Frau, die niemanden hat, zu unterstützen und zu Diensten zu stehen, selbst wenn sie nicht zu den nahen

Familienangehörigen gehört. Des Weiteren empfahl der Islam, sich für sie einzusetzen und ihr umfassende Hilfe anzubieten. Die Hilfsbereitschaft gegenüber Schwachen zählt im Islam zu den vorzüglichsten Taten, die Allah liebt.

Der Prophet (Allahs Segen und Friede auf ihm) sagte: „Derjenige, der für eine Witwe und für einen Armen sorgt, ist (dem Lohn nach) demjenigen gleich, der auf dem Wege Allahs kämpft, oder demjenigen, der die ganze Nacht betet, ohne müde zu werden und demjenigen, der fastet, ohne sein Fasten zu brechen." (Buḫārī Hadith Nr. 5661 und Muslim Hadith Nr. 2982)

Frauen, die im Islam besonders gut behandelt werden müssen:

Die Mutter:

Abū Huraira (Allahs Wohlgefallen auf ihm) berichtete, dass ein Mann zum Gesandten Allahs (Allahs Segen und Friede auf ihm) kam und fragte: „O Gesandter Allahs, wer von den Menschen hat das meiste Recht auf meinen guten Umgang mit ihm?" Er antwortete: „Deine Mutter." Der Mann fragte: „Und wer nach ihr?" Er sagte: „Deine Mutter." Er fragte: „Und wer nach ihr?" Er antwortete: „Deine Mutter." Er fragte: „Und wer nach ihr?" Er sagte: „Dein Vater." (Buḫārī Hadith Nr. 5626 und Muslim Hadith Nr. 2548)

Die Tochter:

ʿUqbā ibn ʿAmir (Allahs Wohlgefallen auf ihm) berichtete, dass er den Gesandten Allahs (Allahs Segen und Friede auf ihm) sagen hörte: „Derjenige, der drei Töchter hat, mit ihnen Geduld übt und von seinem Einkommen für ihr Essen, Trinken und ihre Kleidung ausgibt, für den werden sie am Tag der Auferstehung eine Schutzwand vor dem Höllenfeuer sein." (Ibn Māǧah Hadith Nr. 3669)

Die Ehefrau:

ʿĀʾiša (Allahs Wohlgefallen auf ihr) erzählte, dass der Gesandte Allahs (Allahs Segen und Friede auf ihm) sagte: „Der Beste unter euch ist derjenige, der seine Frau am besten behandelt. Und ich bin derjenige, der seine Frau am besten behandelt." (Tirmiḏī Hadith Nr. 3895)

> Gemäß der islamischen Gesetzgebung ist die Beziehung zwischen Mann und Frau als ein Verhältnis zu sehen, in dem sich Mann und Frau gegenseitig ergänzen und unterstützen und somit jeder den Mangel des anderen ausgleicht, um somit eine gesunde muslimische Gesellschaft aufzubauen.

Im Islam gibt es keinen Platz für den Kampf zwischen den beiden Geschlechtern:

Die Idee, dass unbedingt ein Kampf zwischen den beiden Geschlechtern ausgetragen werden müsste, endete in manchen unwissenden Gesellschaften damit, dass der Mann die Frau unterdrückte oder die Frau gegen ihre Natur und ihr Wesen, für das sie erschaffen wurde, rebellierte und auflehnte. Auch heute noch ist dieses Phänomen in einigen Gesellschaften zu beobachten, die weit von Allahs Gesetzgebung entfernt leben.

Diese traurigen Zustände haben sich nur deshalb ergeben, weil sich die Menschen von der Gesetzgebung Allahs, des Allweisen entfernt und abgewendet haben.

Allah, der Segensreiche und Erhabene sagte:

Und wünscht euch nicht das, womit Allah die einen von euch vor den anderen bevorzugt hat! Den Männern kommt ein Anteil von dem zu, was sie verdient haben, und den Frauen kommt ein Anteil von dem zu, was sie verdient haben. Und bittet Allah (um etwas) von Seiner Huld! Allah weiß über alles Bescheid. (Sure 4 an-Nisāʾ Vers 32)

Der Mann und die Frau: jeder von ihnen hat seine Besonderheiten, seine Funktionen und seine ehrenvollen Eigenschaften. Jeder von ihnen strebt nach der Gnade und dem Wohlgefallen Allahs. Die islamische Gesetzgebung kam nicht allein für die Männer und nicht allein für die Frauen, sondern er kam für alle Menschen und für die gesamte muslimische Gesellschaft.

In der islamischen Lebensweise gibt es keinen Platz für Kämpfe oder Konflikte zwischen den beiden Geschlechtern. Wettkämpfe um irdische Güter sind sinnlos und ohne Wert. Genauso verfolgen Hetzkampagnen gegen Frauen oder Hetzkampagnen gegen Männer nur das Ziel, Unruhen und Zwietracht zwischen den beiden Geschlechtern zu verursachen. Es wird versucht, dass Männer und Frauen ihrer eigenen Beziehung schaden, sich gegenseitig schlecht machen und nach den Fehlern des anderen suchen!

Einerseits sind solche Kampagnen auf Schwachsinn zurückzuführen und andererseits auf mangelndem Wissen über den Islam und der Aufgaben, für die Männer und Frauen geschaffen wurden. Beide Seiten sollten Allah um Seine Huld und großzügigen Gaben bitten.

Kategorien von Frauen, die der Mann unterscheiden muss:

Was den Umgang mit der Frau betrifft, so lässt sich für einen Mann die Frau in folgende Kategorien unterteilen:

1 Die eigene Ehefrau:

Für einen Mann ist es erlaubt, seine Frau anzuschauen und sich mit ihr so viel er möchte geschlechtlich zu vergnügen. Und das Gleiche gilt natürlich auch für die Frau mit ihrem Ehemann. Allah, der Erhabene verdeutlichte durch eine schöne bildliche Darstellung die Beziehung der Eheleute zueinander: Allah nannte den Ehemann ein Kleid für seine Ehefrau und nannte die Ehefrau ebenfalls ein Kleid für ihren Ehemann. Dadurch zeigte Er auf eine perfekte Weise die seelische, emotionale und körperliche Beziehung zwischen ihnen. Der Erhabene sprach:

Sie sind euch ein Kleid, und ihr seid ihnen ein Kleid. (Sure 2 al-Baqara Vers 187) (Für den Umgang zwischen den Eheleuten siehe Seite 245).

2 Die nahe weibliche Verwandte (maḥram):

Gemeint ist hier das nahe weibliche Familienmitglied (maḥram), das der Mann ein Leben lang nicht heiraten darf. Zu den nahen weiblichen Familienmitgliedern eines Mannes gehören folgende Personen:

1. Die leibliche Mutter sowie die Großmutter mütterlicher- und väterlicherseits, d. h. die Mutter der Mutter oder die Mutter des Vaters. Dies gilt ebenfalls für deren Großmütter, Urgroßmütter usw.
2. Die leibliche Tochter und die Enkelin, d. h. die Tochter des Sohnes oder die Tochter der Tochter. Dies gilt ebenfalls für die Urenkelin usw.
3. Die leibliche Schwester oder die Halbschwester, d. h. die Schwester, mit der man entweder einen gemeinsamen Vater oder eine gemeinsame Mutter hat.
4. Die leibliche Tante väterlicherseits, d. h. die leibliche Schwester des Vaters oder die Halbschwester des Vaters väterlicherseits oder mütterlicherseits. Darunter fällt ebenfalls die Tante des Vaters väterlicherseits und die Tante der Mutter väterlicherseits.
5. Die leibliche Tante mütterlicherseits, d. h. die leibliche Schwester der Mutter oder die Halbschwester der Mutter väterlicherseits oder mütterlicherseits. Darunter fällt ebenfalls die Tante des Vaters mütterlicherseits und die Tante der Mutter mütterlicherseits.
6. Die Nichte brüderlicherseits, d. h. die Tochter des leiblichen Bruders oder die Tochter des Halbbruders aus väterlicher oder mütterlicher Seite. Das gilt ebenfalls für die Großnichte, d. h. die Tochter vom Sohn (Enkelin) des Bruders.
7. Die Nichte schwesterlicherseits, d. h. die Tochter der leiblichen Schwester oder die Tochter der Halbschwester aus väterlicher oder mütterlicher Seite. Das gilt ebenfalls für die Großnichte, d. h. die Tochter von der Tochter der Schwester.
8. Die Schwiegermutter, d. h. die Mutter der Ehefrau. Dabei spielt es keine Rolle, ob man derzeit mit der Ehefrau verheiratet oder bereits geschieden ist. Die Mutter der Ehefrau bleibt lebenslang ein nahes weibliches Familienmitglied, mit dem eine Heirat ausgeschlossen ist (maḥram). Dies gilt ebenfalls für die Mutter der Schwiegermutter.
9. Die Stieftochter, d. h. die nicht leibliche Tochter des Mannes, sondern die Tochter der Ehefrau aus einer früheren Ehe.
10. Die Schwiegertochter, d. h. die Ehefrau des Sohnes, Enkels usw.
11. Die Stiefmutter, d. h. die Ehefrau des Vaters, Großvaters usw.
12. Die Milchmutter, d. h. die Frau, die diesen Mann im Babyalter, in den ersten zwei Jahren seines Lebens, mindestens fünfmal sättigend gestillt hatte. Der Islam gewährte dieser Frau einige Rechte aufgrund des Stillens.
13. Die Milchschwester, d. h. die Tochter der Milchmutter, bzw. die Tochter von der Frau, die diesen Mann im Babyalter gestillt hatte. Alle Personen, die aufgrund des Stillens für ihn zu nahen Verwandten geworden und demzufolge zu heiraten verboten sind, gelten als Familienmitglieder, die man wie Blutsverwandte betrachtet. Somit gelten dieselben Gebote für die Schwester der Milchmutter und die Schwester des Milchvaters sowie für die Tochter der Milchschwester oder des Milchbruders.

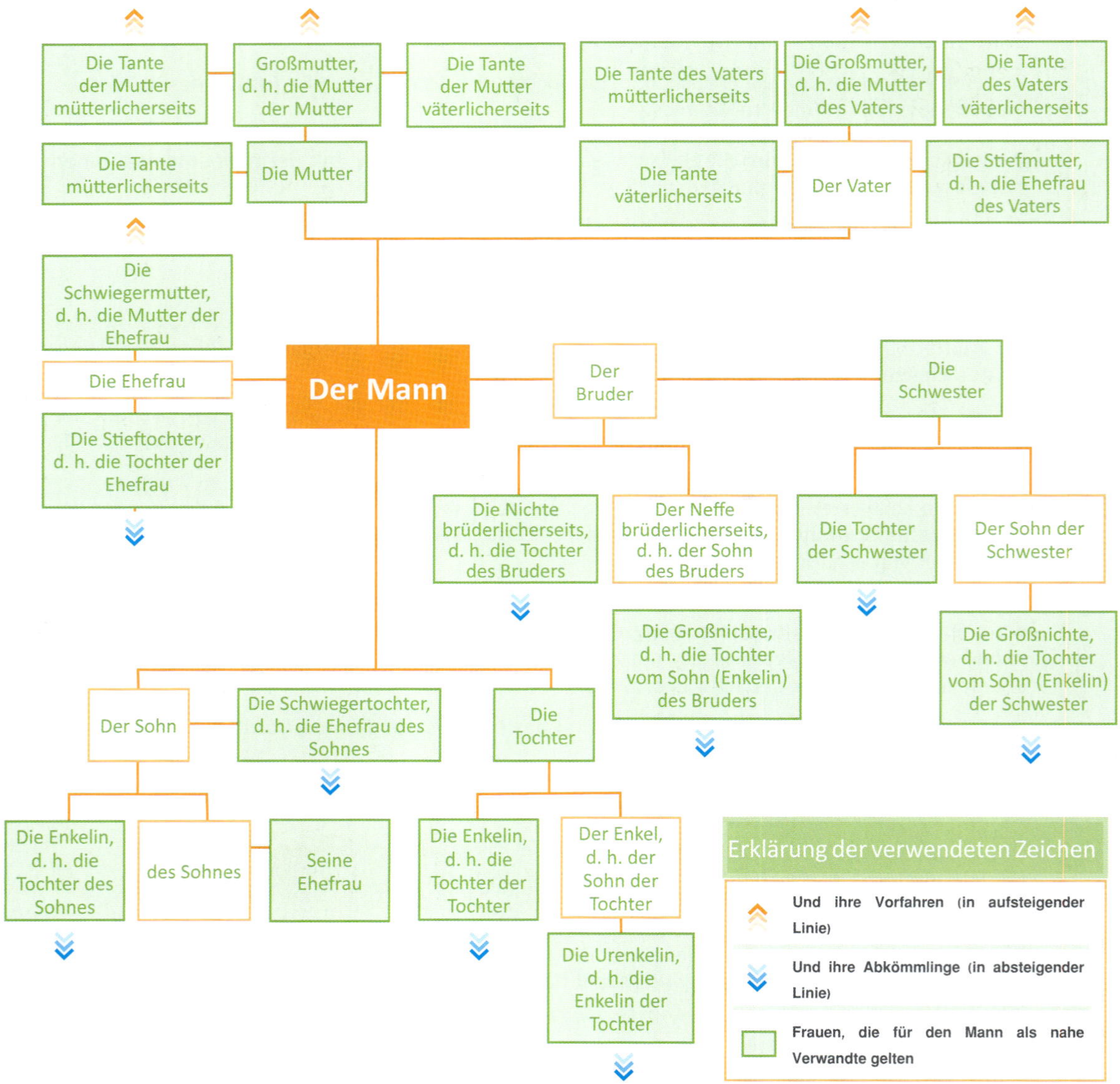

Diese Frauen sind nahe Verwandte des Mannes, mit denen die Heirat für immer ausgeschlossen ist. Sie dürfen sich vor ihm zeigen, ohne ihre islamische Bedeckung zu tragen. Vielmehr tragen sie in seiner Gegenwart die Kleidung, die sie gewöhnlich vor ihren Verwandten tragen. Demnach dürfen vor ihm die Unterarme, der Hals, die Haare usw. sichtbar sein. Allerdings darf man nicht übertreiben oder die Grenzen überschreiten.

3 Die fremde Frau:

Mit einer fremden Frau ist hier jede Frau gemeint, die kein nahes weibliches Familienmitglied (maḥram) ist, bei dem eine Heirat lebenslang ausgeschlossen ist. Demnach sind folgende Frauen ebenfalls für einen Mann fremd: die Tochter seines Onkels väterlicherseits, die Tochter seiner Tante väterlicherseits, die Tochter seines Onkels mütterlicherseits, die Tochter seiner Tante mütterlicherseits, die Ehefrau des Bruders, die weiblichen Verwandten der Familie und alle weiblichen Personen, mit der weder eine Blutsverwandtschaft noch eine Verschwägerung besteht.

Der Islam legte Regeln und Gesetze fest, die bestimmen, wie ein Muslim mit einer für ihn fremden Frau umgehen soll. Diese Regeln und Gesetze dienen als Schutz- und Vorsichtsmaßnahme, um Keuschheit und Ehre zu bewahren; und sie sind ein Riegel, den man vor die Tür des Satans schiebt. Denn Allah, Der die Menschen erschaffen hat, weiß am besten, was für den Menschen nützlich und schädlich ist.

Allah, der Erhabene sagte:

Sollte denn Derjenige, Der erschaffen hat, nicht Bescheid wissen? Und Er ist der Feinfühlige und Allkundige. (Sure 67 al-Mulk Vers 14)

Jeden Tag kann man in den Berichten und Statistiken über die erfassten Fälle von Vergewaltigungen und sexuellen Nötigungen lesen. Sündige, verbotene Beziehungen zwischen Männern und Frauen häufen sich in vielen Familien und Gesellschaften, die nicht religiös sind und sich nicht an Allahs Gesetze halten.

Regeln für den Umgang zwischen fremden Männern und Frauen:

1 Das Senken der Blicke:

Der Muslim ist verpflichtet, seine Blicke zu senken und muss vermeiden, auf Verbotenes, auf die Blöße und intime Körperbereiche zu schauen. Er darf nicht etwas anblicken, was ihn sexuell erregt. Außerdem ist es ihm verboten, ohne berechtigten Grund eine Frau lange anzusehen.

Allah, der Erhabene hat beiden Geschlechtern, den Männern und den Frauen, befohlen, ihre Blicke zu senken, da dies der Weg ist, um die Keuschheit und die Ehre zu bewahren. Andersherum ist das ungehemmte und unverschämte Blicken auf Verbotenes der Weg, der zu Sünden und Schändlichkeiten führt.

Allah, der Erhabene sagte:

Sag zu den gläubigen Männern, sie sollen ihre Blicke senken und ihre Scham hüten! Das ist reiner für sie. Gewiss, Allah ist Kundig dessen, was sie machen.

> Das Senken des Blickes vor den verbotenen Dingen, die Allah untersagt hat, ist ein Weg, um die Keuschheit und die Ehre zu bewahren.

Und dann sprach Allah, der Erhabene:

Und sag zu den gläubigen Frauen, sie sollen ihre Blicke senken und ihre Scham hüten. (Sure 24 an-Nūr Vers 30-31)

Wenn es einmal vorkommen sollte, dass der Mensch zufällig einen verbotenen Anblick sieht, dann muss er sofort seine Augen vom Verbotenen abwenden. Die Pflicht, den Blick zu senken, umfasst ebenfalls, die Blicke von Medien und Internet abzuwenden, in denen Verbotenes zu sehen ist. Es ist einem Muslim untersagt, etwas Verbotenes anzuschauen, was sündige Lustgefühle erweckt und die sexuelle Begierde erregt.

2 Respektvoller und freundlicher Umgang:

Ein Muslim kann mit einer fremden Frau sprechen und sie mit ihm. Doch müssen sie auf eine respektvolle und freundliche Weise miteinander umgehen, weit entfernt von allen Wörtern und Handlungen, die auf irgendeine Art sexuelle Begierden erregen könnten. Aus diesem Grund ist Folgendes zu beachten:

- Allah hat den Frauen verboten, schmeichlerisch und gefühlsbetont mit fremden Männern zu sprechen. Stattdessen hat Er sie angewiesen, klar und sachlich zu reden.

Allah, der Erhabene sagte:

... dann seid nicht unterwürfig im Reden, damit nicht der, in dessen Herzen Krankheit ist, Erwartungen hege, sondern redet in geziemenden Worten! (Sure 33 al-Aḥzāb Vers 32)

- Allah hat den Frauen verboten, vor fremden Männern den Körper erotisch zu bewegen, auf eine bestimmte, sexuell erregende Weise zu gehen oder Bewegungen zu machen. Ebenfalls ist es ihnen untersagt, fremden Männern

einige Arten ihres Schmuckes aufreizend zur Schau zu stellen.

Allah, der Erhabene sagte:

Und sie sollen ihre Füße nicht aneinanderschlagen, damit (nicht) bekannt wird, was sie von ihrem Schmuck verborgen tragen. (Sure 24 an-Nūr Vers 31)

3 Es ist verboten, mit einer fremden Person des anderen Geschlechts alleine an einem Ort zu sein:

Das heißt, es ist verboten, dass sich ein Mann mit einer für ihn fremden Frau alleine an einem Ort aufhält, wo sie keiner sehen kann. Der Islam verbietet das Alleinsein von Mann und Frau, weil diese Handlung zu den Fallstricken des Satans gehört, durch die er sie zum Schändlichen verleiten will.

Der Prophet (Allahs Segen und Friede auf ihm) sagte: „Wahrlich, kein Mann ist mit einer (fremden) Frau alleine, außer dass der Satan der Dritte ist, der mit ihnen anwesend ist.“ (Tirmiḏī Hadith Nr. 2165)

4 Die islamische Frauenbekleidung:

Allah, der Erhabene hat der Frau, aber nicht dem Mann, die islamische Bedeckung zur Pflicht auferlegt. Denn Allah hat die Frau mit außerordentlicher Schönheit und verführerischen Reizen ausgestattet, sodass die Frau eine größere Versuchung und Verlockung für den Mann ist als der Mann für die Frau.

Allah hat die islamische Frauenbekleidung (ḥiǧāb) aufgrund vieler Weisheiten festgelegt. Einige davon sind Folgende:

- Die Frauen können ihre Aufgaben im Leben und in der Gesellschaft sowohl in wissenschaftlichen als auch in beruflichen Bereichen auf die beste Weise erfüllen und zugleich ihre Ehre und Keuschheit wahren.
- Einerseits werden die Möglichkeiten von verbotener Versuchung und Verlockung zwischen Männern und Frauen reduziert

> Die islamische Frauenbekleidung schützt die Frau und ermöglicht ihr, ihre Aufgaben in der Gesellschaft auf die moralischste Weise zu erfüllen, die die Menschheit jemals erlebt hat.

und eingeschränkt. Auf diese Weise wird gewährleistet, dass die Gesellschaft rein bleibt. Andererseits wird hierdurch die Ehre der Frau gewahrt.

- Durch die islamische Frauenbekleidung wird den Männern geholfen, die draußen Frauen sehen, sich keusch, diszipliniert und ehrenhaft zu verhalten. Dementsprechend behandelt der Mann die Frau als einen gleichberechtigten Menschen, der genauso kulturell und wissenschaftlich gebildet ist wie er selbst – und nicht als ein billiges Lustobjekt, das nur als Spielzeug zum Spaß und Vergnügen bestimmt ist.

Was mit der islamischen Frauenbekleidung bedeckt werden muss:

Allah, der Erhabene hat der Frau zur Pflicht auferlegt, ihren ganzen Körper, mit Ausnahme von Gesicht und Händen, vor fremden Männern zu bedecken.

Allah, der Erhabene sagte:

und [sie sollen] ihren Schmuck nicht offen zeigen, außer dem, was (sonst) sichtbar ist. (Sure 24 an-Nūr Vers 31)

Mit „was (sonst) sichtbar ist" sind das Gesicht und die Hände gemeint. Allerdings gilt die Regelung, dass wenn das Zeigen des Gesichts und der Hände eine Versuchung für die Männer darstellt, es verpflichtend wird, Hände und Gesicht bedeckt zu halten.

Regeln für die islamische Frauenbekleidung, die den Körper richtig bedecken:

Es ist der Frau erlaubt, jede Art von Kleidungsstücken und jede Farbe für ihre islamische Bedeckung zu wählen, solange folgende Voraussetzungen erfüllt werden:

1. Die islamische Frauenbekleidung muss den ganzen Körper der Frau bedecken bis auf das, was davon ausgenommen ist.

2. Die islamische Frauenbekleidung muss weit und darf nicht eng sein, sodass der Körper nicht betont wird.

3. Die islamische Frauenbekleidung darf nicht durchsichtig sein, sodass der bedeckte Körper unter der Kleidung nicht erkenntlich ist.

> Die Ehe im Islam

> Die Ehe gehört zu den bedeutendsten zwischenmenschlichen Beziehungen, die der Islam nachdrücklich empfiehlt.

Die Ehe gehört zu den bedeutendsten zwischenmenschlichen Beziehungen, die der Islam nachdrücklich betont und empfohlen hat. Außerdem gehört die Ehe zur Lebensweise aller Gesandten Allahs. (Siehe Seite 232)

Indem der Islam viele und detaillierte Vorschriften und Verhaltensregeln für die Ehe aufstellte und den beiden Ehepartnern Rechte zusicherte, verfolgt er vor allem ein Ziel: die eheliche Beziehung soll lange und dauerhaft glücklich bleiben. Und aus dieser Ehe soll eine glückliche Familie entstehen, in der die Kinder seelische Stabilität besitzen, geradlinig an ihrer Religion festhalten und in allen Bereichen des Lebens erfolgreich sind.

Einige Vorschriften für die Ehe:

Der Islam hat Voraussetzungen formuliert, die sowohl vom Ehemann als auch von der Ehefrau erfüllt sein müssen, damit ihre Heirat und ihre Ehe gültig sind. Zu diesen Voraussetzungen gehören:

Die islamischen Voraussetzungen, die eine Ehefrau erfüllen muss:

1 Es muss sich bei der Frau um eine Muslima oder eine Angehörige der schriftbesitzenden Religionen (Jüdin und Christin) handeln, die an ihre Religion glaubt. Allerdings empfiehlt der Islam, eine gläubige, religiöse Muslima zur Ehefrau zu wählen. Denn eines Tages wird diese Frau die Mutter deiner Kinder sein, die sich um ihre Erziehung kümmern und dir eine Hilfe sein wird, um Gutes zu verrichten und standhaft auf dem Wege Allahs zu bleiben.

Der Prophet (Allahs Segen und Friede auf ihm) sagte: „Nimm also einen glücklichen Ausgang mit der Frau, die religiös ist, damit deine Hände zu einem beachtlichen Gewinn gelangen!“ (Buḫārī Hadith Nr. 4802 und Muslim Hadith Nr. 1466)

2 Es muss eine keusche, anständige und ehrbare Frau sein. Somit ist es verboten, eine Frau zu heiraten, von der bekannt ist, dass sie unanständig ist und Unzucht betreibt.

Allah, der Erhabene sagte:

... und die ehrbaren Frauen von denjenigen, denen vor euch die Schrift gegeben wurde. (Sure 5 al-Māʾida Vers 5)

3 Es darf sich nicht um ein nahes weibliches Familienmitglied handeln, bei dem eine Heirat lebenslang ausgeschlossen ist (maḥram), wie bereits erwähnt (siehe Seite 236). Außerdem ist es verboten, eine Frau und ihre Schwester oder eine Frau und ihre Tante mütterlicherseits oder väterlicherseits zusammen zur Frau zu nehmen.

Die islamischen Voraussetzungen, die ein Ehemann erfüllen muss:

Beim Ehemann wird vorausgesetzt, dass er ein Muslim ist. Es ist im Islam verboten, dass eine muslimische Frau einen nichtmuslimischen Mann heiratet. Dabei spielt es keine Rolle, welche Religion der Nichtmuslim hat, ob er ein Angehöriger der schriftbesitzenden Religionen ist oder nicht. Der Islam empfiehlt nachdrücklich, den Heiratsantrag eines Muslims anzunehmen, wenn dieser die zwei folgenden Eigenschaften besitzt:

- Geradlinigkeit in der Religion
- Guten Charakter

Der Prophet (Allahs Segen und Friede auf ihm) sagte: „Wenn zu euch jemand kommt (der um die Hand eurer Tochter anhält), dessen Religion und Charakter euch gefällt, dann sollt ihr ihm (euer Einverständnis) zur Heirat geben.“ (Tirmiḏī Hadith Nr. 1084 und Ibn Māǧah Hadith Nr. 1967)

> Die Rechte des Ehemanns und der Ehefrau

Allah, der Erhabene hat sowohl dem Ehemann als auch der Ehefrau Rechte und Pflichten auferlegt und hat ihnen empfohlen, alles dafür zu tun, um die Ehe immer wieder neu aufzufrischen und sie ein Lebenlang zu erhalten. Die Verantwortung hierfür liegt auf beiden Seiten. Weder Ehemann noch Ehefrau darf seinen Partner überfordern oder vom anderen rücksichtslos mehr verlangen, als er besitzt oder leisten kann.

Allah, der Erhabene sagte:

Und ihnen (den Frauen) steht in rechtlicher Weise (gegenüber den Männern) das Gleiche zu, wie (den Männern) gegenüber ihnen. (Sure 2 al-Baqara Vers 228)

Deshalb ist es nötig, tolerant und großzügig zu sein, um die Ehe und das Zusammenleben in der Familie einfach und glücklich zu gestalten.

> Der Mann ist verpflichtet, für den Unterhalt seiner Frau und seiner Kinder in rechtlicher Weise zu sorgen.

Die Rechte der Ehefrau:

1 Unterhalt und Unterkunft:

- Der Ehemann hat gegenüber seiner Ehefrau die Pflicht, sie mit Nahrung, Kleidung und allen Angelegenheiten, die sie benötigt, zu versorgen. Außerdem ist er verpflichtet, ihr eine angemessene Unterkunft bereitzustellen, in der sie entspannt wohnen und leben kann. Der Ehemann muss selbst dann die Wohnung zahlen, wenn die Ehefrau wohlhabend ist.

- Das Maß des zu gewährenden Unterhalts: Wie viel der Ehemann für den Lebensunterhalt aufbringen muss, bestimmt sich nach seinem Einkommen. Dabei muss er in rechtlicher Weise vorgehen, d. h. er darf weder verschwenderisch noch geizig sein.

Allah, der Erhabene sagte:

Der Wohlhabende soll entsprechend seinem Wohlstand (die Aufwendungen) ausgeben. Und der, dessen Mittel beschränkt sind, soll gemäß dem ausgeben, was ihm Allah gegeben hat. Allah erlegt keiner Seele mehr auf als das, was Er ihr gegeben hat. (Sure 65 aṭ-Ṭalāq Vers 7)

- Der Ehemann sollte für den Unterhalt aufkommen, ohne die Frau zu erniedrigen oder ihr als Wohltat vorzuhalten, sondern dies in rechtlicher Weise tun, wie es Allah, der Mächtige und Majestätische im Koran beschrieb. In rechtlicher Weise bedeutet auf die beste Weise. Denn das Sorgen für den Unterhalt ist keine freiwillige Gefälligkeit des Ehemanns, sondern ein Recht der Ehefrau, wozu der Ehemann verpflichtet ist. Dementsprechend hat er die Pflicht, der Ehefrau ihr Recht in rechtlicher Weise zukommen zu lassen.

- Ohne Zweifel gewährt der Islam dem Ehemann, der für den Unterhalt der Frau und der Familie sorgt, einen gewaltigen Lohn bei Allah.

Der Prophet (Allahs Segen und Friede auf ihm) sagte: „Wenn der Muslim etwas von seinem Vermögen für den Unterhalt seiner Familie ausgibt, in Erwartung des Lohnes Allahs, dem werden seine Ausgaben gleich dem Lohn einer Spende bewertet.“ (Buḫārī Hadith Nr. 5036 und Muslim Hadith Nr. 1002)

Und Allahs Gesandter (Allahs Segen und Friede auf ihm) sagte: „Und für jede Spende, die du gibst, um damit das Wohlgefallen Allahs zu erstreben, wirst du belohnt – sogar den Bissen (an Essen), den du in den Mund deiner Frau tust.“ (Buḫārī Hadith Nr. 56 und Muslim Hadith Nr. 1628)

Wer sich jedoch weigert, für den Unterhalt zu sorgen oder bei dieser Verpflichtung nachlässig ist, obwohl er eigentlich die Mittel dazu hat, der hat eine gewaltige Sünde begangen.

Der Prophet (Allahs Segen und Friede auf ihm) sagte: „Es ist (schon) genug an Sünde, dass ein Mann jene vernachlässigt, die er zu ernähren hat.“ (Abū Dāwūd Hadith Nr. 1692)

2 Gute und respektvolle Behandlung:

Mit guter und respektvoller Behandlung ist gutes Benehmen gemeint sowie ein liebevolles Umgehen mit der Ehefrau, schöne und zärtliche Worte austauschen und auch Fehler und Nachlässigkeiten des anderen geduldig zu ertragen. Denn keiner ist fehlerfrei und niemand ist perfekt!

Allah, der Erhabene sagte:

Und geht in rechtlicher Weise mit ihnen um. Und wenn ihr Abscheu gegen sie empfindet, empfindet ihr vielleicht Abscheu gegen etwas, in das Allah reiches Gut gelegt hat. (Sure 4 an-Nisā' Vers 19)

Allahs Gesandter (Allahs Segen und Friede auf ihm) sagte: „Der im Glauben vollkommenste unter den Gläubigen ist derjenige mit dem besten Charakter und die besten unter euch sind diejenigen, die das beste Benehmen gegenüber ihren Frauen haben.“ (Tirmiḏī Hadith Nr. 1162)

Der Gesandte Allahs (Allahs Segen und Friede auf ihm) sagte: „Der im Glauben vollkommenste unter den Gläubigen ist derjenige mit dem besten Charakter und der am liebevollsten seine Frau behandelt.“ (Tirmiḏī Hadith Nr. 2612 und Aḥmad Hadith Nr. 24677)

Der Gesandte Allahs (Allahs Segen und Friede auf ihm) sagte: „Der Beste unter euch ist derjenige, der seine Frau am besten behandelt. Und ich bin derjenige, der seine Frau am besten behandelt.“ (Tirmiḏī Hadith Nr. 3895)

Ein Gefährte kam zum Gesandten Allahs (Allahs Segen und Friede auf ihm) und fragte: „O Gesandter Allahs! Was sind die Rechte einer Frau gegenüber ihrem Mann?“ Er antwortete: „Dass du ihr zu essen gibst, wenn du selbst isst; sie einkleidest, wenn du dich selbst einkleidest; dass du sie nicht ins Gesicht schlägst, ihr keine hässlichen Worte sagst und dich nicht von ihr abwendest außer im Haus.“ (Abū Dāwūd Hadith Nr. 2142)

3 Über Kleinigkeiten hinwegsehen und Geduld zeigen:

Ein Mann muss die Natur der Frau, die sich von der des Mannes deutlich unterscheidet, verstehen und in seiner Verhaltensweise berücksichtigen. Auch muss ein Mann sich darum bemühen, die Ereignisse im Leben aus allen Perspektiven zu betrachten. Denn niemand ist perfekt und fehlerfrei. Deshalb müssen wir geduldig sein und die Dinge aus der positiven Sicht sehen. Allah ermahnt beide Ehepartner, auch die guten Seiten des anderen zu sehen.

Allah, der Erhabene sagte:

Vergesst nicht die Großzügigkeit im Umgang miteinander! (Sure 2 al-Baqara Vers 237)

Und der Prophet (Allahs Segen und Friede auf ihm) sagte: „Kein gläubiger Mann soll eine gläubige Frau hassen; wenn er eine Eigenart von ihr nicht mag, so ist er doch mit einer anderen Eigenart zufrieden." (Muslim Hadith Nr. 1469)

Der Prophet (Allahs Segen und Friede auf ihm) betonte, wie wichtig es ist, Frauen gut zu behandeln und in rechtlicher und sanftmütiger Weise mit ihnen umzugehen. Allahs Gesandter (Allahs Segen und Friede auf ihm) machte die Männer darauf aufmerksam, dass die seelische und emotionale Natur der Frau sich von der Natur des Mannes deutlich unterscheidet. Jedoch muss diese Unterschiedlichkeit als gewinnbringende Ergänzung für die Familie verstanden werden. Auf keinen Fall darf diese Unterschiedlichkeit ein Grund für die Trennung oder die Scheidung sein. Aus diesem Grund sagte der Prophet (Allahs Segen und Friede auf ihm): „Behandelt die Frauen gut; denn die Frau ist aus einer Rippe geschaffen, die sich von dir auf keine Weise geradebiegen lassen wird; und wenn du sie genießen willst, hast du sie mit der Krummheit zu genießen, doch wenn du versuchst, sie geradezubiegen, wirst du sie zerbrechen, und sie zu zerbrechen bedeutet, sich von ihr zu scheiden." (Buḫārī Hadith Nr. 3153 und Muslim Hadith Nr. 1468)

4 Übernachtung:

Der Mann sollte bei seiner Frau übernachten. Er ist sogar verpflichtet, mindestens jeden vierten Tag bei ihr die Nacht zu verbringen. Ebenso hat er die Pflicht, sollte er mit mehr als einer Frau verheiratet sein, die Nächte gerecht unter ihnen zu verteilen.

5 Die Frau verteidigen, denn sie ist deine Würde und deine Ehre:

Wenn ein Mann eine Frau heiratet, wird sie ein Teil seiner Ehre, das er schützen und verteidigen muss, selbst wenn er dabei sein Leben aufs Spiel setzen oder getötet werden würde.

Allahs Gesandter (Allahs Segen und Friede auf ihm) sagte: „Wer bei der Verteidigung seiner Familienangehörigen stirbt, der stirbt als Märtyrer." (Tirmiḏī Hadith Nr. 1421 und Abū Dāwūd Hadith Nr. 4772)

6 Eheliche Geheimnisse wahren und nicht verraten:

Es ist einem Mann nicht erlaubt, private Angelegenheiten über seine Frau zu erzählen oder anderen Menschen über intime Erlebnisse zu berichten, die zwischen den Ehepaaren stattgefunden haben.

Der Gesandte Allahs (Allahs Segen und Friede auf ihm) sagte: „Zu den Menschen, die am Tage der Auferstehung vor Allah die schlechteste Stellung haben, gehört der Mann, der mit seiner Frau geschlechtlich verkehrt, und sie mit ihm, und der darauf ihr (intimes) Geheimnis verbreitet." (Muslim Hadith Nr. 1437)

7 Es ist nicht erlaubt, die Frau ungerecht und unwürdig zu behandeln:

Im Islam gibt es viele Strategien, um Probleme und Konflikte in der Ehe zu lösen. Einige dieser Strategien sind Folgende:

- Um Fehler zu beheben und Konflikte zu lösen, sollte das Ehepaar ruhige Gespräche führen, ernstgemeinte Ratschläge erteilen und sich gegenseitig an Allah erinnern.
- Es ist dem Ehemann erlaubt, aufgrund eines Streits nicht mit seiner Frau zu sprechen. Jedoch darf er sie nicht länger als drei Tage meiden. Danach kann er sie im Bett meiden, ohne

aber das Haus zu verlassen oder anderswo zu übernachten.

- ʿĀ'iša (Allahs Wohlgefallen auf ihr) erzählte: „Der Gesandte Allahs (Allahs Segen und Friede auf ihm) hat niemals eine seiner Frauen oder einen seiner Diener geschlagen; er hat nie etwas mit seiner Hand geschlagen, es sei denn im Kampf auf Allahs Weg."

8 Den Islam lehren und ernstgemeinte Ratschläge erteilen:

Der Mann ist verpflichtet, seiner Familie Angelegenheiten zu gebieten und zu verbieten und alles dafür zu tun, damit sie die Wonne des Paradieses erreichen und der Strafe der Hölle entkommen. So kann er ihnen helfen, die Pflichten Allahs auf eine einfache und leichte Weise zu erfüllen und sie immer wieder dazu ermutigen. Und er kann ihnen Verbotenes untersagen und sie von Verbotenem fernhalten und abbringen. Ebenfalls muss sich die Frau um ihren Mann kümmern, ihm Ratschläge erteilen, ihm den rechten Weg weisen und ihn zum Guten führen. Außerdem muss sie alles dafür tun, um ihre Kinder zum Guten und zur Rechtschaffenheit zu erziehen.

Allah, der Erhabene sagte:

O die ihr glaubt, bewahrt euch selbst und eure Angehörigen vor einem Feuer!(Sure 66 at-Taḥrīm Vers 6)

Allahs Gesandter (Allahs Segen und Friede auf ihm) sagte: „Und der Mann ist ein Hirt für seine Familienangehörigen, und er ist verantwortlich für diejenigen, die er zu hüten hat." (Buḫārī Hadith Nr. 2416 und Muslim Hadith Nr. 1829)

9 Die mit der Ehefrau vereinbarten Bedingungen erfüllen:

Wenn die Frau im Ehevertrag bestimmte Bedingungen gestellt hat, die islamisch erlaubt sind und sich vorteilhaft für sie auswirken, wie z.B. eine besondere Art von Wohnung oder Unterhalt, und der Ehemann mit diesen Bedingungen einverstanden gewesen ist, so ist er verpflichtet, sich an diese Bedingungen zu halten und sie zu erfüllen. Das Einhalten und Erfüllen dieser Bedingungen gehört zu den wichtigsten Vertragspflichten, die ein Muslim eingehen kann. Denn ein Ehevertrag zählt zu den wichtigsten Versprechen und Abkommen, die ein Muslim einhalten muss.

Der Prophet (Allahs Segen und Friede auf ihm) sagte: „Die Bedingungen, um deren Erfüllung ihr vorrangig Sorge tragen sollt, sind solche, unter denen euch die Schamteile (der Frauen durch Heirat) erlaubt worden sind." (Buḫārī Hadith Nr. 4856 und Muslim Hadith Nr. 1418)

> Der Ehemann ist verpflichtet, die Bedingungen zu erfüllen, die seine Ehefrau im Ehevertrag gestellt hat.

Die Rechte des Ehemanns:

1 Gehorsamspflicht in rechtlicher Weise:

Allah bestimmte, dass die Ehemänner Verantwortung für ihre Ehefrauen tragen müssen. Das heißt, sie sind für ihre Angelegenheiten verantwortlich, müssen ihnen den rechten Weg weisen und für ihr Wohlbefinden sorgen. Genauso wie ein Staatsoberhaupt, der verpflichtet ist, für seine Bürger zu sorgen. Der Mann trägt die Verantwortung, weil Allah ihn mit Besonderheiten und Eigenschaften ausstattete und weil Allah den Mann dazu verpflichtete, für die Finanzierung der Familie aufzukommen.

Allah, der Erhabene sagte:

Die Männer stehen in Verantwortung für die Frauen wegen dessen, womit Allah die einen von ihnen vor den anderen ausgezeichnet hat und weil sie von ihrem Besitz (für sie) ausgeben. (Sure 4 an-Nisāʾ Vers 34)

2 Die Frau muss dem Wunsch des Ehemannes nach Intimität nachkommen:

Es gehört zu den Rechten des Ehemanns gegenüber seiner Ehefrau, dass sie seinem Wunsch nach Intimität und Geschlechtsverkehr nachkommt. Dabei ist es islamisch empfohlen, dass sie sich für ihren Mann schön macht. Wenn sie jedoch den Ruf ihres Mannes zum Geschlechtsverkehr ablehnt und sich weigert, so begeht sie einen schweren Fehler und eine große Sünde. Außer, sie hat hierfür einen legitimen Grund, der sie daran hindert, wie z. B. Menstruationsblutung, Pflichtfasten, Krankheit und Ähnliches.

Der Gesandte Allahs (Allahs Segen und Friede auf ihm) sagte: „Wenn der Mann seine Frau in sein Bett ruft und sie sich dann weigert, und er die Nacht erzürnt über sie verbringt, verfluchen sie die Engel bis zum Morgen.“ (Buḫārī Hadith Nr. 3065 und Muslim Hadith Nr. 1436)

3 Niemanden ins Haus lassen, den der Ehemann nicht mag:

Zu den Rechten des Ehemanns gehört, dass seine Frau keinen Menschen in sein Haus eintreten lässt, den der Ehemann nicht mag.

Der Gesandte Allahs (Allahs Segen und Friede auf ihm) sagte: „Eine Frau darf nicht fasten, während ihr Mann anwesend ist, es sei denn mit seiner Erlaubnis. Ferner darf sie keinem den Eintritt in seine Wohnung gewähren, es sei denn mit seiner Erlaubnis.“ (Buḫārī Hadith Nr. 4899)

4 Das Haus nicht verlassen außer mit der Erlaubnis des Ehemannes:

Eines der Rechte des Ehemannes über seine Frau ist, dass sie nicht aus dem Haus gehen darf, außer mit seiner Erlaubnis. Ganz gleich, ob es sich hierbei um eine besondere Erlaubnis handelt für das Hinausgehen zu einem bestimmten Ort oder ob es sich um eine allgemeine Erlaubnis handelt für das Hinausgehen, um beispielsweise zur Arbeit zu gehen oder private Angelegenheiten zu erledigen.

5 Die Ehefrau sollte im Dienst für ihren Mann sein:

Es ist islamisch empfohlen, dass die Ehefrau in rechtlicher Weise ihrem Ehemann Dienste erweist, indem sie für ihn kocht und den Haushalt führt.

> Die Scheidung

> Der Islam fördert und empfiehlt den Fortbestand einer ehelichen Beziehung. Sollte sich ein Ehepaar dennoch für eine Scheidung entscheiden, so können sie auf die umfassenden rechtlichen Vorschriften zurückgreifen, die der Islam im Falle einer Scheidung vorsieht.

Der Islam empfiehlt das dauerhafte Fortbestehen der ehelichen Gemeinschaft und möchte, dass die Ehe glücklich verläuft, bis der Tod das Ehepaar scheidet. Allah bezeichnete die Ehe als festes Abkommen. Es ist im Islam verboten, eine Zeit zu bestimmen, in der das Ende einer Ehe festgelegt wird.

Doch während der Islam zur lebenslangen Ehe auffordert, berücksichtigt er, dass die islamischen Gesetze letztendlich für Menschen bestimmt sind. Menschen, die besondere charakteristische Eigenschaften und individuelles menschliches Verhalten besitzen. Deshalb legte der Islam für sie fest, wie sie von diesem Vertrag zurücktreten können, wenn ein gemeinsames Leben nicht mehr möglich ist. Und wenn das Leben unerträglich wird und alle Versöhnungs- und Eherettungsversuche gescheitert sind. Der Islam geht hierbei realistisch vor und behandelt Ehemann und Ehefrau gerecht. Denn es ist oft der Fall, dass sich bestimmte Vorfälle zwischen den Ehepartnern ereignen, sich Hass und Verachtung entwickelt haben und unüberwindbare Probleme entstanden sind, sodass die Scheidung unbedingt notwendig ist. Scheidung ist in solchen Fällen der einzig richtige Weg, um die beste Lösung für beide zu finden sowie die familiäre und gesellschaftliche Stabilität für beide Partner zu sichern. In einer gescheiterten Ehe wird das Ziel der Ehe nicht mehr erreicht, sodass die Trennung des Ehepaares sich weniger schädlich auswirken würde als das Zusammenbleiben.

Deswegen hat der Islam die Scheidung erlaubt, als Ausweg, um das Ehepaar aus der aussichtslosen Situation zu befreien. Damit jeder der beiden vielleicht einen anderen Ehepartner findet, in dem sie das vorfinden, was ihm oder ihr beim ersten Ehepartner gefehlt hat. Auf diese Weise erfüllt sich das Wort Allahs, als Er sagte:

Und wenn die beiden sich trennen, wird Allah jeden aus Seiner Fülle bereichern. Allah ist Allumfassend und Allweise. (Sure 4 an-Nisā' Vers 130)

Allerdings hat der Islam viele Vorschriften und gesetzliche Bestimmungen aufgestellt, die die Scheidung regeln. Dazu gehören:

- Grundsätzlich liegt die Scheidungsbefugnis beim Mann und nicht bei der Frau.

- Jedoch kann die Frau, die nicht mehr mit ihrem Mann zusammenleben kann und er sich aber weigert, sich von ihr scheiden zu lassen, zu einem muslimischen Richter gehen und die Scheidung verlangen. Der Richter kann die Ehe scheiden, wenn ein plausibler und überzeugender Grund für die Scheidung hervorgebracht wird.

- Wenn eine Scheidung ein- oder zweimal erfolgt ist, so darf der Mann die Scheidung widerrufen und zu seiner Frau zurückkehren. Wenn sich der Mann aber ein drittes Mal von ihr scheiden lässt, so darf er sie nicht mehr zur Frau nehmen. Es sei denn, sie heiratet einen anderen Mann, vollzieht mit ihm die Ehe und dieser zweite Mann lässt sich später aus eigenem Willen von ihr scheiden.

  Eine islamische Scheidung erfolgt dann, wenn der Mann sich von seiner Ehefrau in einem Zeitraum scheiden lässt, in der sich die Frau in einem rituell reinen Zustand befindet, und er währenddessen keinen Beischlaf mit der Ehefrau vollzogen hatte.

> Die Rechte der Eltern

Die Güte zu den Eltern sowie das gute und respektvolle Behandeln der Eltern gehören zu den rechtschaffensten Taten und zu den gewichtigsten Werken, die den größten Lohn bei Allah, dem Erhabenen einbringen. Im Koran hat Allah das gütige Behandeln der Eltern mit der alleinigen Anbetung Allahs und Seiner Einzigartigkeit verknüpft.

Und Allah bestimmte, dass das gute und respektvolle Behandeln der Eltern zu den wichtigsten Gründen zählt, weshalb Er die Menschen ins Paradies eintreten lässt.

Der Prophet (Allahs Segen und Friede auf ihm) sagte: „Der Vater ist das mittlere der Tore zum Paradies. Wenn du willst, dann mache es zunichte, oder erhalte es." (Tirmiḏī Hadith Nr. 1900)

• Die große Gefahr, die Eltern schlecht und respektlos zu behandeln:

Das schlechte Behandeln der Eltern zählt zu den größten Sünden überhaupt. Alle Gesetzgebungen der Offenbarungsschriften sind sich einig, dass diese Sünde unbedingt zu vermeiden ist, und dass man alle Menschen vor ihr warnen muss.

Der Prophet (Allahs Segen und Friede auf ihm) sagte: „Soll ich euch nicht über die größte der schweren Sünden unterrichten?" Sie antworteten: „Ja, sicher, o Allahs Gesandter" Er sagte: „Allah jemanden oder etwas beizugesellen und den Eltern gegenüber ungehorsam zu sein." (Buḫārī Hadith Nr. 5918)

- Den Eltern in allen Angelegenheiten Gehorsam zu leisten, außer wenn darin ein Ungehorsam gegenüber Allah liegt:

Ein Muslim ist verpflichtet, seinen Eltern in allen Angelegenheiten zu gehorchen, außer wenn sie eine Tat von ihrem Kind verlangen, in der ein Ungehorsam gegenüber Allah liegt. In diesem Fall darf er ihnen nicht gehorchen, weil die Regel lautet: Es darf keinem Geschöpf gehorcht werden, wenn dies Ungehorsam gegenüber dem Schöpfer bedeutet.

Allah, der Erhabene sagte:

Und Wir haben dem Menschen anbefohlen, seine Eltern mit Güte zu behandeln. Wenn sie sich aber darum bemühen, dass Du Mir das beigesellst, wovon du kein Wissen hast, dann gehorche ihnen nicht! (Sure 29 al-ʿAnkabūt Vers 8)

- Das gütige Behandeln der Eltern, besonders dann, wenn sie alt sind:

Allah, der Erhabene sagte:

Und dein Herr hat bestimmt, dass ihr nur Ihm dienen und zu den Eltern gütig sein sollt. Wenn nun einer von ihnen oder beide bei dir ein hohes Alter erreichen, so sag nicht zu ihnen: „Uff!" und fahre sie nicht an, sondern sag zu ihnen ehrerbietige Worte! (Sure 17 al-Isrāʾ Vers 23)

Allah, der Erhabene berichtet, dass Er die Menschen dazu verpflichtete, ihren Eltern Gehorsam zu leisten, und Er verbot ihnen, vor allem wenn die Eltern alt und schwach geworden sind, sie anzuschreien oder sich ihnen gegenüber schroff zu äußern. Und sei es auch nur durch ein „Uff!", das man als wortlosen Ausdruck des Ärgers von sich gibt.

- Nichtmuslimische Eltern:

Der Muslim ist verpflichtet, gegenüber seinen Eltern gütig zu sein, ihnen zu gehorchen und sie auf die beste Weise zu behandeln, auch wenn seine Eltern Ungläubige sind.

Allah, der Erhabene sagte:

Wenn sie sich aber darum bemühen, dass du Mir das beigesellst, wovon du kein Wissen hast, dann gehorche ihnen nicht, doch geh mit ihnen im Diesseits in rechtlicher Weise um! (Sure 31 Luqmān Vers 15)

Die beste und höchste Form von Güte, die du ihnen entgegenbringen kannst, ist, sie zum Islam einladen und ihnen mit Weisheit und Liebe den Islam näherbringen, auf dass sie ihn kennen und lieben lernen.

Deine Familie

- Dazu gehört, dass der Mann eine gottesfürchtige, rechtschaffene Ehefrau wählt, damit sie eines Tages eine gute Mutter für seine Kinder wird. Das ist das beste Geschenk, das der Vater seinen Kindern jemals machen kann.
- Den Kindern gute und schöne Namen geben. Denn der Name wird das Kind sein ganzes Leben lang begleiten.
- Den Kindern eine gute Erziehung bieten und ihnen die Grundlagen der Religion lehren sowie die Liebe zur Religion in ihre Herzen legen.

Der Gesandte Allahs (Allahs Segen und Friede auf ihm) sagte: „Wahrlich, ihr seid alle Hirten, und jeder von euch ist verantwortlich für das, was er zu hüten hat: der Befehlshaber, der über alle Menschen eingesetzt worden ist, ist ein Hirt, und er ist für sie verantwortlich. Und der Mann ist ein Hirt für die Leute in seinem Haushalt, und er ist für sie verantwortlich. Und die Frau ist für die Leute des Haushalts ihres Mannes und für seine Kinder eine Hirtin, und sie ist verantwortlich für sie. Wahrlich, ihr alle seid Hirten, und jeder von euch ist verantwortlich für das, was er zu hüten hat." (Buḫārī Hadith Nr. 2416 und Muslim Hadith Nr. 1829)

Die Eltern sollten mit dem Wichtigsten beginnen und Schritt für Schritt vorgehen. Zuerst beginnen sie mit der richtigen Glaubenslehre, die frei ist von jeglichen Formen von Beigesellung und Neuerungen in der Religion (bidʿa). Darauf folgt das Erlernen der gottesdienstlichen Handlungen, vor allem das rituelle Pflichtgebet. Dann gilt es, den Kindern vorbildliche Charaktereigenschaften und islamische Verhaltensregeln sowie Tugend und Moral zu lehren und sie dementsprechend zu erziehen. Die hierfür aufgebrachten Anstrengungen zählen bei Allah zu den besten Taten.

- **Unterhalt:**

Der Vater ist verpflichtet, für seine Kinder, gleich ob Jungen oder Mädchen, zu sorgen. Es ist ihm nicht erlaubt, hierin nachlässig zu sein oder sich nicht um sie zu kümmern. Vielmehr hat er die Pflicht, alles in seiner Macht Stehende zu tun und seinen Umständen entsprechend, für seine Kinder auf die beste Weise aufzukommen.

Der Gesandte Allahs (Allahs Segen und Friede auf ihm) sagte: „Es ist (schon) genug an Sünde, dass ein Mann jene vernachlässigt, die er zu ernähren hat." (Abū Dāwūd Hadith Nr. 1692)

Über den großen Vorzug, wenn man speziell seine Töchter aufzieht und für ihren finanziellen Unterhalt aufkommt, sagte der Gesandte (Allahs Segen und Friede auf ihm): „Wer seine Töchter großzieht und gütig mit ihnen verfährt, dem werden sie ein Schutz vor dem Höllenfeuer sein." (Buḫārī Hadith Nr. 5649 und Muslim Hadith Nr. 2629)

- **Alle Kinder, sowohl Jungen als auch Mädchen, gleich und gerecht behandeln.**

Der Prophet (Allahs Segen und Friede auf ihm) sagte: „Fürchtet Allah und behandelt eure Kinder gleich!" (Buḫārī Hadith Nr. 2447 und Muslim Hadith Nr. 1623)

Somit ist es verboten, Mädchen besser als Jungen zu behandeln und sie vorzuziehen. Und genauso ist es verboten, Jungen besser als Mädchen zu behandeln und sie vorzuziehen. Denn diese Ungerechtigkeit würde einen großen Schaden nach sich ziehen, dessen Ausmaß niemand außer Allah kennt.

Deine vorbildlichen
Charaktereigenschaften im Islam

11

Vorbildliche Charaktereigenschaften sind im Islam kein Luxusgut und keine schöne Ergänzung, sondern ein elementarer Bestandteil der Religion. Das gute Benehmen ist in allen Bereichen des Islams fest verankert.

Im Islam genießen vorbildliche Charaktereigenschaften den höchsten und größten Stellenwert. Dies wird besonders deutlich, sobald man die gesamten Vorschriften und Gesetzgebungen des Islams betrachtet. Des Weiteren hat Allah den Propheten (Allahs Segen und Friede auf ihm) zu uns entsandt, um die edlen Charaktereigenschaften zu vervollkommnen.

Inhaltsverzeichnis des Kapitels:

Der hohe Stellenwert der vorbildlichen Charaktereigenschaften im Islam

1 Die vorbildlichen Charaktereigenschaften gehören zu den wichtigsten Zielen, weshalb der Prophet zu uns entsandt wurde:

Allah, der Erhabene sagte:

Er ist es, Der unter den Analphabeten einen Gesandten aus ihrer Mitte erweckt hat, um ihnen Seine Verse zu verlesen und sie zu reinigen. (Sure 62 al-Ǧumuʿa Vers 2)

Allah, der Erhabene erinnerte die gläubigen Muslime daran, dass Er ihnen eine große Gnade erwies, da Er zu ihnen Seinen Gesandten entsandte, damit er ihnen den Koran lehrt und sie reinigt. Sie zu reinigen bedeutet, die Herzen von jeglicher Art von Beigesellung und von allen schlechten Charaktereigenschaften wie Hassgefühlen oder Neid zu säubern. Außerdem bedeutet es, alle Worte und Taten, die einen abscheulichen Charakter oder eine schlechte Gewohnheit darstellen, einer Reinigung zu unterziehen. Dementsprechend sagte der Prophet (Allahs Segen und Friede auf ihm): „Wahrlich, ich bin gesandt worden, um die edlen Charaktereigenschaften zu vervollkommnen." (Baihaqī Hadith Nr. 21301)

Einer der wichtigsten Gründe für die Entsendung des letzten Propheten war sicherlich, die Charaktereigenschaften des Einzelnen und die der gesamten Gesellschaft zu perfektionieren und die Menschen zu einem Höchstmaß an gutem Benehmen zu führen.

2 Die vorbildlichen Charaktereigenschaften sind ein unverzichtbarer Bestandteil des Glaubens und religiösen Überzeugung:

> Die Vervollkommnung der vorbildlichen Charaktereigenschaften ist einer der wichtigsten angestrebten Ziele, weshalb der Prophet zu uns entsandt worden ist.

Als der Gesandte Allahs (Allahs Segen und Friede auf ihm) gefragt wurde: „Welcher Gläubige hat den vollkommensten Glauben? Da antwortete er: „Derjenige mit dem besten Benehmen." (Tirmiḏī Hadith Nr. 1162 und Abū Dāwūd Hadith Nr. 4682)

Allah bezeichnete den Glauben als Güte. Allah, der Erhabene sagte:

Nicht darin besteht die Güte, dass ihr eure Gesichter gegen Osten oder Westen wendet. Güte ist vielmehr, dass man an Allah, den Jüngsten Tag, die Engel, die Bücher und die Propheten glaubt. (Sure 2 al-Baqara Vers 177)

Güte ist ein Sammelbegriff für alle Arten von vorbildlichen Charaktereigenschaften, guten Worten und rechtschaffenen Taten. Demzufolge sagte der Prophet (Allahs Segen und Friede auf ihm): „Die Güte ist das gute Benehmen." (Muslim Hadith Nr. 2553)

Die Schönheit der Wesensart wird im folgenden Ausspruch des Propheten (Allahs Segen und Friede auf ihm) besonders deutlich. Der Prophet (Allahs Segen und Friede auf ihm) sagte: „Der Glaube besteht aus sechzig und einigen Zweigen. Ihr vorzüglichster sind die Worte „Es gibt keinen zu Recht anbetungswürdigen Gott außer Allah“ und ihr unterster ist das Entfernen unangenehmer und schädlicher Dinge vom Weg. Und auch die Schamhaftigkeit ist ein Zweig des Glaubens.“ (Muslim Hadith Nr. 35)

3 Die vorbildlichen Charaktereigenschaften sind mit allen Arten von Gottesdiensten fest verknüpft:

Wenn Allah einen Gottesdienst befiehlt, so macht er den Menschen zugleich deutlich, welch großer Nutzen mit ihm verbunden ist und welche positiven Auswirkungen er für den Einzelnen und für die gesamte Gesellschaft hat. Einige der zahlreichen Beispiele hierfür sind:

Das Gebet:

Allah, der Erhabene sagte:

... und verrichte das Gebet! Wahrlich, das Gebet hält von schändlichen und abscheulichen Dingen ab. (Sure 29 al-ʿAnkabūt Vers 45)

Die soziale Pflichtabgabe (**Zakāh**):

Allah, der Erhabene sagte:

Nimm von ihrem Besitz ein Almosen, mit dem du sie rein machst und läuterst! (Sure 9 at-Tauba Vers 103)

Das wahre Wesen der sozialen Pflichtabgabe besteht nicht nur darin, dass der Muslim damit den Menschen Güte und Mitgefühl ausdrückt, sondern auch, dass er dadurch seine eigene Seele läutert und erzieht sowie sich von schlechten Charaktereigenschaften befreit.

Das Fasten:

Allah, der Erhabene sagte:

O die ihr glaubt, vorgeschrieben ist euch das Fasten, so wie es denjenigen vor euch vorgeschrieben war, auf dass ihr gottesfürchtig werden möget. (Sure 2 al-Baqara Vers 183)

Der Sinn vom Fasten besteht also darin, gottesfürchtig zu werden, indem man die Pflichten erfüllt und sich von den verbotenen Dingen fernhält. Dementsprechend sagte der Gesandte Allahs (Allahs Segen und Friede auf ihm): „Wer die falsche Aussage und das Handeln mit ihr nicht unterlässt, von dem hat Allah kein Bedürfnis, dass er sein Essen und Trinken lässt.“ (Buḫārī Hadith Nr. 1804)

Jemand, der fastet, aber bei dem das Fasten sich weder auf ihn selbst noch auf sein Verhalten gegenüber anderen Menschen positiv auswirkt, der hat sicherlich das Ziel des Fastens verfehlt.

> Das gute Benehmen zählt zu den vorzüglichsten Taten bei Allah. Ein Mensch, der gutes Benehmen hat, findet innere Ruhe und empfindet Freude.

4 Wer vorbildliche Charaktereigenschaften besitzt, für den hat Allah gewaltige Vorzüge und großen Lohn bereitet:

Hierüber sind in den Beweisquellen aus Koran und Sunna zahlreiche Belege zu finden, die darauf hindeuten. Dazu gehören Folgende:

- Das gute Benehmen ist die Tat, die am Tage der Auferstehung auf der Waage das größte Gewicht haben wird.

Der Prophet (Allahs Segen und Friede auf ihm) sagte: „Es gibt nichts, was auf die Waage gelegt werden wird, das schwerer wiegt als gutes Benehmen. Und wahrlich, derjenige, der gutes Benehmen hat, erreicht die Stellung eines (ununterbrochen) Fastenden und Betenden." (Tirmiḏī Hadith Nr. 2003)

- Das gute Benehmen gehört zu den gewaltigsten Gründen, um ins Paradies eintreten zu dürfen.

Der Prophet (Allahs Segen und Friede auf ihm) sagte: „Das meiste, wodurch die Menschen ins Paradies kommen werden, ist durch Furcht vor Allah und gutes Benehmen." (Tirmiḏī Hadith Nr. 2004 und Ibn Māǧah Hadith Nr. 4246)

- Derjenige, der eine gute Wesensart besitzt, wird zu den Menschen zählen, die am Tage der Auferstehung am nächsten zur Rangstufe des Gesandten Allahs (Allahs Segen und Friede auf ihm) sein werden.

Allahs Gesandter (Allahs Segen und Friede auf ihm) sagte: „Derjenige, der mir am liebsten ist, und derjenige, der mir am Tage der Auferstehung am nächsten sein wird, wird der mit dem besten Benehmen sein." (Tirmiḏī Hadith Nr. 2018)

- Wer gutes Benehmen hat, wird die höchste Rangstufe im Paradies erhalten. Das garantierte und bekräftigte der Gesandte Allahs (Allahs Segen und Friede auf ihm).

Der Prophet (Allahs Segen und Friede auf ihm) sagte: „Ich verbürge mich jemandem, der es unterlässt zu streiten, auch wenn er im Recht ist, für ein Haus im Randgebiet des Paradieses, und für ein Haus mitten im Paradies jemandem, der es unterlässt zu lügen, auch wenn er es nur im Spaß tut, und für ein Haus im höchsten Teil des Paradieses jemandem von guter Wesensart." (Abū Dāwūd Hadith Nr. 4800)

Besondere Merkmale der vorbildlichen Charaktereigenschaften im Islam

Was das gute Benehmen im Islam betrifft, so gibt es viele Eigenheiten und besondere Merkmale, die nur in dieser wunderschönen Religion vorzufinden sind. Dazu gehören:

1. Ein Muslim beschränkt nicht sein vorbildliches Verhalten auf bestimmte Menschen.

Allah hat die Menschen unterschiedlich und verschieden geschaffen: Er gab ihnen verschiedene Formen, Hautfarben und Sprachen. Aber auf der Waage Allahs sind alle gleichwertig. Niemand hat einen Vorzug vor einem anderen, außer durch seine Glaubensstärke, seine Gottesfurcht und seine Rechtschaffenheit.

Allah, der Majestätische und Höchste sagte:

O ihr Menschen, Wir haben euch ja von einem männlichen und einem weiblichen Wesen erschaffen, und Wir haben euch zu Völkern und Stämmen gemacht, damit ihr einander kennenlernt. Gewiss, der Geehrteste von euch bei Allah ist der Gottesfürchtigste von euch. (Sure 49 al-Ḥuǧurāt Vers 13)

Der Muslim zeichnet sich dadurch aus, dass er gegenüber allen Menschen gutes Benehmen zeigt. So macht ein Muslim keinen Unterschied zwischen Reichen und Armen, zwischen hoch Angesehenen und gering Geachteten, zwischen Schwarz und Weiß, zwischen Arabern und Nichtarabern.

> Der Muslim behandelt alle Menschen auf eine respektvolle und freundliche Weise, ganz gleich aus welchen Ländern sie kommen und welcher Religion sie angehören.

Vorbildliches Verhalten mit Nichtmuslimen:

Allah, der Mächtige und Majestätische befiehlt uns, allen Menschen mit einer höflichen Umgangsform zu begegnen. So zählen Gerechtigkeit, Güte und Barmherzigkeit zu den vorbildhaften Charaktereigenschaften eines Muslims, wann immer er mit Menschen umgeht und spricht, ganz gleich ob sie Muslime oder Ungläubige sind. Dabei sollte ein Muslim bestrebt sein, durch sein gutes Benehmen Nichtmuslime zu dieser wunderschönen Religion einzuladen.

Allah, der Erhabene sagte:

Allah verbietet euch nicht, gegenüber denjenigen, die nicht gegen euch der Religion wegen gekämpft und euch nicht aus euren Wohnstätten vertrieben haben, gütig zu sein und sie gerecht zu behandeln. Gewiss, Allah liebt die Gerechten. (Sure 60 al-Mumtaḥana Vers 8)

Allah verbot uns nur, ungläubige Menschen als Schutzherren zu nehmen sowie das zu lieben, was sie an Unglauben und Beigesellung betreiben.

Allah, der Erhabene sagte:

Er verbietet euch nur, diejenigen, die gegen euch der Religion wegen gekämpft und euch aus euren Wohnstätten vertrieben und zu eurer Vertreibung Beistand geleistet haben, zu Schutzherren zu nehmen. Diejenigen, die sie zu Schutzherren nehmen, das sind die Ungerechten. (Sure 60 al-Mumtaḥana Vers 9)

2. Ein Muslim behandelt nicht nur Menschen, sondern alle Geschöpfe Allahs mit einem vorbildlichen Verhalten.

Vorbildliches Verhalten gegenüber Tieren:

Der Gesandte (Allahs Segen und Friede auf ihm) berichtete uns über eine Frau, die wegen einer Katze ins Höllenfeuer kam, weil sie die Katze einsperrte, bis sie verhungerte. Im Gegenzug berichtete er uns über einen Mann, dem all seine Sünden vergeben wurden, weil er einem durstigen Hund zu trinken gab.

Allahs Gesandter (Allahs Segen und Friede auf ihm) sagte: „Eine Frau kam wegen einer Katze ins Feuer. Sie band sie solange an, bis sie starb. Sie hat ihr weder Futter gegeben noch hat sie sie freilaufen lassen, damit sie von den Tierchen der Erde hätte fressen können." (Buḫārī Hadith Nr. 3140 und Muslim Hadith Nr. 2619)

Der Prophet (Allahs Segen und Friede auf ihm) erzählte: „Während ein Mann einmal seines Weges ging, litt er großen Durst, weswegen er in einen Brunnen hinabstieg, um hieraus zu trinken. Als er hierauf wieder herausstieg, war dort ein Hund, der hechelte und vor Durst den feuchten Boden fraß. Der Mann sagte sich: „Dieser Hund hat ebenso großen Durst wie ich ihn hatte." Da stieg er wieder in den Brunnen hinunter und füllte seinen Schuh, fasste ihn mit dem Mund und stieg sodann wieder herauf, um dem Hund zu trinken zu geben. Deswegen dankte Allah ihm und vergab ihm seine Sünden." Die Anwesenden fragten: „O Allahs Gesandter, erhalten wir denn um der Hilfe für Tiere willen Lohn?" Der Prophet erwiderte: „Um jedes Lebewesen willen gibt es Lohn." (Buḫārī Hadith Nr. 5663 und Muslim Hadith Nr. 2244)

Vorbildliches Verhalten gegenüber der Umwelt:

Der Islam befiehlt uns, die Erde noch lebenswerter zu machen, d. h. wir sollen auf der Erde Arbeit leisten, zum Fortschritt und zur Produktivität beitragen sowie sie mit Leben und Zivilisation bereichern. Dabei müssen wir unsere Umwelt schützen, da sie eine Gnadengabe Allahs ist. Umweltverschmutzung ist genauso wie die Verschwendung und die rücksichtslose

Ausschöpfung der Naturressourcen islamisch verboten. Denn dadurch stiftet man Unheil, was verboten ist, ganz gleich ob sich das Unheil auf die Menschen, auf die Tiere oder auf die Pflanzen auswirkt. Solche schändlichen und Schaden bringenden Handlungen werden im Islam abgelehnt und sind von ihm verhasst. Allah lehnt das Unheil in allen Bereichen des Lebens ab.

Allah, der Erhabene sagte:

Aber Allah liebt nicht das Unheil. (Sure 2 al-Baqara Vers 205)

Die Fürsorge für die Umwelt erreicht im Islam ein solch großes Ausmaß, dass der Prophet (Allahs Segen und Friede auf ihm) den Muslimen empfiehlt, auch unter schwersten Bedingungen und in den letzten Momenten des Lebens, Gutes zu tun und eine Pflanze in die Erde zu setzen.

Der Gesandte (Allahs Segen und Friede auf ihm) sagte: „Wenn die Stunde einbricht und jemand von euch einen Palmschössling in seiner Hand hat – wenn er es schafft, ihn einzupflanzen, bevor die Auferstehung beginnt, dann soll er es tun." (Aḥmad Hadith Nr. 12981)

3. Vorzügliche Charaktereigenschaften in allen Bereichen des Lebens.

Die Familie:

Der Islam betont die Notwendigkeit, die Familie auf die beste Weise zu behandeln und jedem einzelnen Familienmitglied mit einer höflichen Umgangsform zu begegnen. Der

> Der Islam fordert die Menschen eindringlich auf, die Umwelt zu wahren und mehr für den Umweltschutz zu tun.

Gesandte Allahs (Allahs Segen und Friede auf ihm) sagte: „Der Beste unter euch ist derjenige, der seine Familienangehörigen am besten behandelt. Und ich bin derjenige, der seine Familienangehörigen am besten behandelt.“ (Tirmiḏī Hadith Nr. 3895)

■ Der Prophet (Allahs Segen und Friede auf ihm), welcher der beste und vorzüglichste aller Menschen ist, hat gewöhnlich bei den im Haushalt anfallenden Arbeiten mitgeholfen und hat seine Familie in jeder kleinen oder großen Tätigkeit unterstützt. Dies überlieferte uns seine Frau ʿĀʾiša (Allahs Wohlgefallen auf ihr) über ihn, als sie sagte: „Er pflegte im Dienst für seine Familienangehörigen zu sein.“ (Buḫārī Hadith Nr. 5048)

Das heißt: Der Prophet (Allahs Segen und Friede auf ihm) hat seine Familie im Haushalt unterstützt und bei der Verrichtung der Hausarbeit mitgeholfen.

■ Allahs Gesandter pflegte gerne mit seiner Familie zu spaßen und zu spielen. ʿĀʾiša (Allahs Wohlgefallen auf ihr) erzählte uns eine schöne Geschichte: „Ich begleitete eines Tages den Propheten (Allahs Segen und Friede auf ihm) auf einer seiner Reisen. Damals war ich noch jung. Ich hatte noch nicht an Gewicht zugenommen und war schlank. Der Gesandte Allahs (Allahs Segen und Friede auf ihm) sagte zu den Menschen: „Geht vor!“ Und sie gingen vor. Dann sagte er zu mir: „Komm, wir machen ein Wettrennen!“ Da lief ich mit ihm um die Wette und ich überholte ihn. Darüber schwieg er (einige Zeit), bis er einmal, als ich später an Gewicht zugenommen hatte, zu mir sagte: „Komm, wir machen ein Wettrennen!“ So lief ich mit ihm um die Wette und er überholte mich. Da lachte er und sagte: „Das war die Revanche für damals!“ (Aḥmad Hadith Nr. 26277)

Der Handel:

Es kommt vor, dass die Liebe zum Geld so stark im Herzen dominiert, dass die Grenzen des Erlaubten überschritten werden und man dadurch Verbotenes begeht. Dann bringt der Islam den Menschen zur Besinnung und erinnert ihn an die Notwendigkeit, sich zu beherrschen, zu kontrollieren und sich mit vorzüglichen Charaktereigenschaften zu schmücken. Einige Beispiele für die wichtigen Anweisungen, an die sich der Muslim halten muss, sind Folgende:

■ Der Islam verbietet jede Form von Betrug und Unrecht im Handel, indem beispielsweise die Waage manipuliert wird. Wer solch ein Verbrechen begeht, dem droht Allah mit schlimmster Strafe.

Allah, der Segensreiche und Erhabene sagte:

Wehe denjenigen, die das Maß verkürzen – die, wenn sie sich von den Leuten zumessen lassen, volles Maß verlangen. Und dann jedoch, wenn sie es ihnen ausmessen oder auswägen, verkürzen sie es. (Sure 83 al-Muṭaffifīn Vers 1-3)

- Der Islam fordert die Menschen auf, beim Kaufen und Verkaufen freundlich, herzlich und zuvorkommend miteinander umzugehen.

Allahs Gesandter (Allahs Segen und Friede auf ihm) sagte: „Allah möge Sich eines Mannes erbarmen, der mit den Menschen freundlich umgeht, wenn er verkauft, kauft oder eine Forderung stellt!" (Buḫārī Hadith Nr. 1970)

Das Handwerk:

Der Islam betont nachdrücklich, dass es für die Hersteller von Produkten enorm wichtig ist, sich an viele, wesentliche Charaktereigenschaften und Maßstäbe zu halten. Dazu gehören:

- Die Arbeit mit Perfektion erfüllen und qualitativ hochwertige Produkte hervorbringen.

Der Gesandte Allahs (Allahs Segen und Friede auf ihm) sagte: „Wahrlich, Allah liebt an jemandem, der etwas tut, dass er es auf die beste Weise tut." (Abū Yaʿlā Hadith Nr. 4386 und Baihaqī in seinem Werk „šuʿab al-īmān" Hadith Nr. 5312).

- Das Einhalten der Termine, die mit den Menschen vereinbart wurden.

Der Gesandte Allahs (Allahs Segen und Friede auf ihm) sagte: „Die Zeichen eines Heuchlers sind drei ..."

Darunter zählte er: „... wenn er ein Versprechen gibt, bricht er es." (Buḫārī Hadith Nr. 33)

4. Vorzügliche Charaktereigenschaften in allen Situationen.

Im Islam umfasst das gute Benehmen jeden Bereich des Lebens und es gibt nichts, was hiervon ausgenommen wurde. Der Muslim ist verpflichtet, sich an Allahs Gesetze zu halten und sich vorbildlich zu verhalten, selbst in Kriegen und unter schwierigsten Umständen. Denn das allgemeine Prinzip „Der Zweck heiligt die Mittel" betrachtet der Islam als falsch. Ein guter Zweck rechtfertigt niemals Taten, die falsch und böse sind, und darf sie weder verdecken noch ausgleichen.

Daher legte der Islam Grundsätze fest, in denen geregelt ist, wie sich ein Muslim in jeder Situation zu verhalten hat, selbst bei feindseligen und kriegerischen Auseinandersetzungen. Demzufolge wird die Lage nicht der blinden Wut und dem zerstörerischen Fanatismus überlassen, bei dem manche Menschen ihren von Grausamkeit, Egoismus erfüllten Neigungen nachgehen.

Einige vorbildliche Verhaltensweisen des Islams bei kriegerischen Auseinandersetzungen:

1- Der Islam befiehlt, die Feinde auch im Krieg gerecht und fair zu behandeln und verbietet es, ihnen Unrecht zuzufügen oder gegen sie grundlos gewalttätig oder aggressiv zu handeln.

Allah, der Erhabene sagte:

Und der Hass, den ihr gegen (bestimmte) Leute hegt, soll euch ja nicht dazu bringen, dass ihr nicht gerecht handelt. Handelt gerecht! Das kommt der Gottesfurcht näher. (Sure 5 al-Māʾida Vers 8)

Das heißt: Euer Hass auf eure Feinde soll euch nicht dazu verleiten, zu übertreiben und ungerecht zu sein. Vielmehr sollt ihr euch immer in euren Worten und Taten an die Gerechtigkeit halten.

2- Der Islam verbietet, gegenüber den Feinden verräterisch oder treulos zu handeln.

Verräterisch oder treulos zu handeln ist sogar gegenüber Feinden verboten.

Allah, der Erhabene sagte:

Gewiss, Allah liebt nicht die Verräter. (Sure 8 al-Anfāl Vers 58)

3- Der Islam verbietet Folter und Leichenverstümmelung.

Das Verstümmeln von Toten ist islamisch verboten. Der Prophet (Allahs Segen und Friede auf ihm) sagte: „Verstümmelt keine Leichen!" (Muslim Hadith Nr. 1731)

4- Der Islam verbietet das Töten von Zivilisten, die nicht am Krieg beteiligt sind. Außerdem ist es im Islam strengstens untersagt, Unheil im Land zu stiften und die Umwelt zu zerstören.

Der erste Kalif der Muslime und zugleich der beste aller Gefährten, Abū Bakr aṣ-Ṣiddīq (Allahs Wohlgefallen auf ihm) befahl seiner Armee unter der Führung von Usāma ibn Zaid, als sie nach Syrien und in die benachbarten Gebiete (aš-Šām) auszogen, folgende Ratschläge zu berücksichtigen: „... Und tötet keine Kinder, keine alten Menschen und keine Frauen! Vernichtet und verbrennt keine Dattelpalmen! Fällt keine nutzbringenden Bäume! Schlachtet kein Schaf, keine Kuh, kein Kamel, es sei denn zur Nahrung! Ihr werdet Menschen antreffen, die der Welt entsagt und sich in Klöstern dem Gottesdienst gewidmet haben; lasst sie in ihrer Andacht in Frieden! (Ibn ʿAsākir 2/50)

Einige leuchtende Beispiele aus dem Leben und den vorbildlichen Charaktereigenschaften des Propheten (Allahs Segen und Friede auf ihm)

Der Gesandte Allahs (Allahs Segen und Friede auf ihm) war das beste Vorbild für die edelsten Charaktereigenschaften, die Menschen jemals erwerben können. Deswegen beschrieb der Koran seine Wesensart als gewaltig. Und auch seine Ehefrau Āʾiša (Allahs Wohlgefallen auf ihr) fand keine bessere und genauere Beschreibung für den Charakter des Propheten als die Folgende:

Als ʿĀʾiša (Allahs Wohlgefallen auf ihr) nach dem Charakter des Propheten (Allahs Segen und Friede auf ihm) gefragt wurde, antwortete sie: „Sein Charakter war der Koran!" (Aḥmad Hadith Nr. 24601 und Muslim Hadith Nr. 746)

Das bedeutet: Er war ein praktisches und anschauliches Vorbild, der auf die beste Weise vorlebte, wie die Lehren und die vorbildlichen Verhaltensweisen des Korans in die Tat umgesetzt werden sollen.

> Der Prophet (Allahs Segen und Friede auf ihm) hatte die beste Wesensart.

Die Bescheidenheit:

- Allahs Gesandter (Allahs Segen und Friede auf ihm) mochte es nicht, dass irgendjemand aus Verehrung seiner Person für ihn aufstand. Er verbot es sogar seinen Gefährten. So sind seine Gefährten, obwohl sie ihn so sehr liebten, nicht für ihn aufgestanden, wenn sie ihn kommen gesehen haben, denn sie kannten sein Missfallen daran. (Aḥmad Hadith Nr. 12345 und Bazzār Hadith Nr. 6637)
- Ein Mann namens ʿAdī ibn Ḥātim (Allahs Wohlgefallen auf ihm), der zu den angesehenen Arabern gehörte, kam, bevor er Muslim wurde, zum Propheten (Allahs Segen und Friede auf ihm), weil er wissen wollte, was der wahre Kern des Islams ist, zu dem der Prophet die Menschen einlud. Er selbst erzählte: „Als ich ankam, sah ich, wie eine Frau mit einem oder mehreren Kindern ganz nah bei ihm stand und ihm vertraulich ihr Anliegen vortrug. Als ich das sah, erkannte ich, dass es sich bei ihm weder um einen König noch um einen Kaiser handeln kann!“ (Aḥmad Hadith Nr. 19381)
  Denn Bescheidenheit ist eine Charaktereigenschaft, mit denen alle Propheten ausgezeichnet wurden.
- Der Prophet (Allahs Segen und Friede auf ihm) saß gewöhnlich mit seinen Gefährten zusammen, als wäre er niemand Besonderes, sondern nur einer von ihnen. Er hatte keinen speziellen Sitz, der ihn von anderen abheben oder unterscheiden würde. So kam es gelegentlich vor, dass fremde Menschen den Propheten sprechen wollten. Da sie ihn nicht kannten, gingen sie zu einer Sitzung, in der er anwesend war. Als sie vor dem Sitzkreis standen, erkannten sie ihn aber nicht, weil sie ihn nicht von seinen Gefährten unterscheiden konnten. Deshalb fragten sie die Anwesenden: „Wer von euch ist Muḥammad?“ (Buḫārī Hadith Nr. 63)
- Anas (Allahs Wohlgefallen auf ihm) berichtete: „Es gab eine Sklavin aus Medina, die gewöhnlich den Gesandten Allahs (Allahs Segen und Friede auf ihm) bei der Hand nahm und ihn führte, wohin sie wollte.“ (Buḫārī Hadith Nr. 5724)

  Mit dem Ausdruck „bei der Hand nahm“ ist gemeint, dass sich der Prophet (Allahs Segen und Friede auf ihm) mild und barmherzig verhielt und bereitwillig mit Kindern und Schwachen mitging, wenn sie seine Hilfe brauchten. Aus diesem Beispiel wird ersichtlich, wie bescheiden Allahs Gesandter (Allahs Segen und Friede auf ihm) gewesen ist. Denn in dieser Geschichte wird nicht ein Mann, sondern eine Frau genannt und nicht eine Freie, sondern eine Sklavin. Sie führte ihn hin, wohin sie wollte, damit er ihr bei all ihren Angelegenheiten behilflich sein kann.
- Der Prophet (Allahs Segen und Friede auf ihm) sagte: „Wer in seinem Herzen auch nur im Maß eines Stäubchens Hochmut hat, wird nicht ins Paradies kommen.“ (Muslim Hadith Nr. 91)

Die Barmherzigkeit:

- Der Gesandte Allahs (Allahs Segen und Friede auf ihm) sagte: „Mit den Barmherzigen ist der Allbarmherzige barmherzig. Seid also barmherzig mit denjenigen, die auf der Erde sind, dann wird Derjenige, Der über dem Himmel ist, mit euch barmherzig sein.“ (Tirmiḏī Hadith Nr. 1924 und Abū Dāwūd Hadith Nr. 4941)

Wie barmherzig der Prophet (Allahs Segen und Friede auf ihm) gewesen ist, wird aus vielen Aspekten seines Lebens deutlich. Einige hiervon sind:

■ Seine Barmherzigkeit gegenüber den Kindern:

- Als einmal ein Wüstenaraber zum Propheten (Allahs Segen und Friede auf ihm) kam, fragte er: Küsst ihr etwa eure Kinder? Wir jedenfalls küssen sie nicht.“ Darauf sagte der Prophet

(Allahs Segen und Friede auf ihm): „Kann ich dir etwa helfen, wenn Allah die Barmherzigkeit von deinem Herzen weggenommen hat?" (Buḫārī Hadith Nr. 5652 und Muslim Hadith Nr. 2317)

Ein anderer Wüstenaraber sah, wie der Prophet (Allahs Segen und Friede auf ihm) Ḥasan, den Sohn von ʿAlī küsste. Da sagte er: „Ich habe zehn Kinder, aber niemals habe ich eines von ihnen geküsst!" Da sagte der Gesandte Allahs (Allahs Segen und Friede auf ihm): Wer anderen gegenüber nicht barmherzig ist, dem wird keine Barmherzigkeit erwiesen!" (Muslim Hadith Nr. 2318)

- Eines Tages betete der Prophet (Allahs Segen und Friede auf ihm), während er seine Enkelin Umāma, die Tochter von Zainab, in seinen Armen trug. Wenn er sich niederwarf, legte er sie hin, und wenn er wieder aufstand, trug er sie wieder. (Buḫārī Hadith Nr. 494 und Muslim Hadith Nr. 543)
- Wenn sich der Gesandte (Allahs Segen und Friede auf ihm) im Gebet befand und hörte, dass ein Kind weinte, verrichtete er das Gebet schneller und gestaltete es kürzer.

Abū Qatāda (Allahs Wohlgefallen auf ihm) berichtete, dass der Prophet (Allahs Segen und Friede auf ihm) sagte: „Wahrlich, ich stehe im Gebet mit der Absicht, dieses zu verlängern, dennoch kommt es vor, dass ich das Weinen eines Kindes höre und daraufhin mein Gebet kürzer fasse, um seiner Mutter jegliche Härte zu ersparen." (Buḫārī Hadith Nr. 675 und Muslim Hadith Nr. 470)

Seine Barmherzigkeit gegenüber den Frauen:

Der Prophet (Allahs Segen und Friede auf ihm) legte den Leuten ans Herz, sich um ihre Töchter fürsorglich zu kümmern und sie gütig zu behandeln. Er sagte: „Wer seine Töchter großzieht und gütig mit ihnen verfährt, dem werden sie ein Schutz vor dem Höllenfeuer sein." (Buḫārī Hadith Nr. 5649 und Muslim Hadith Nr. 2629)

Der Gesandte (Allahs Segen und Friede auf ihm) betonte eindringlich, dass die Männer die Rechte ihrer Frauen wahren, sich um ihre Angelegenheiten kümmern und ihre Umstände berücksichtigen sollen. Er befahl den Muslimen sogar, sich gegenseitig zur guten Behandlung der Frauen anzuhalten.

Der Prophet (Allahs Segen und Friede auf ihm) sagte: „Ermahnt euch gegenseitig zur guten Behandlung der Frauen!" (Buḫārī Hadith Nr. 4890)

Allahs Gesandter (Allahs Segen und Friede auf ihm) zeigte uns durch sein vorbildhaftes Verhalten das beste Beispiel, wie liebevoll man seine Frau behandeln soll. Eines Tages saß er bei seinem Kamel und seine Frau Ṣafiyya (Allahs

Wohlgefallen auf ihr) kam und wollte auf ihr Reittier steigen. Da hielt er ihr sein Knie hin und sie setzte ihren Fuß auf sein Knie, sodass sie auf das Kamel aufsitzen konnte." (Buḫārī Hadith Nr. 2120)

Und der Gesandte Allahs (Allahs Segen und Friede auf ihm) pflegte gewöhnlich, wenn seine Tochter Fāṭima (Allahs Wohlgefallen auf ihr) zu ihm kam, sie an der Hand zu nehmen, zu küssen und ihr seinen Sitzplatz zu geben, auf dem er gesessen hatte. (Abū Dāwūd Hadith Nr. 5217)

Seine Barmherzigkeit gegenüber den Schwachen:

- Der Prophet (Allahs Segen und Friede auf ihm) forderte die Menschen auf, sich um die Waisenkinder zu kümmern und für sie zu sorgen. Er pflegte zu sagen: „Ich und derjenige, der für eine Waise sorgt, werden im Paradies so sein." Und der Prophet zeigte dies mit dem Zeigefinger und dem Mittelfinger, indem er sie geringfügig voneinander spreizte. (Buḫārī Hadith Nr. 4998)

- Der Prophet (Allahs Segen und Friede auf ihm) räumte jemandem, der sich für die Witwe oder den Bedürftigen sorgt, den gleichen Stellenwert ein, wie jemand, der sich im Kampf auf Allahs Weg abmüht und wie jemand, der den ganzen Tag fastet und die ganze Nacht betet. (Buḫārī Hadith Nr. 5661 und Muslim Hadith Nr. 2982)

- Er erklärte, dass Mitleid mit den Schwachen und das Gewähren ihrer Rechte dazu führt, dass Allah die Menschen mit jeder Art von Versorgung überhäuft und ihnen zum Sieg über die Feinde verhilft.

Der Gesandte Allahs (Allahs Segen und Friede auf ihm) sagte: „Sucht mir nach den gesellschaftlich Schwachgestellten, denn euch wird nur wegen der Schwachen unter euch zum Sieg verholfen und Lebensunterhalt gewährt." (Abū Dāwūd Hadith Nr. 2594)

> Der Gesandte Allahs (Allahs Segen und Friede auf ihm) erklärte, dass derjenige, der für Witwen und Bedürftige sorgt, den gleichen Stellenwert hat wie jemand, der sich im Kampf auf Allahs Weg befindet.

Seine Barmherzigkeit gegenüber den Tieren:

- Er forderte gewöhnlich die Menschen auf, barmherzig und sanftmütig mit den Tieren umzugehen. Er verbot, dass man die Tiere schwere Lasten schleppen lässt, wozu sie nicht in der Lage sind. Ebenso verbot er, ihnen Schaden zuzufügen.

Der Gesandte (Allahs Segen und Friede auf ihm) sagte: „Allah hat vorgeschrieben, alles auf die beste Weise zu tun. Wenn ihr nun tötet, tötet auf die beste Weise, und wenn ihr schlachtet, schlachtet auf die beste Weise! So soll ein jeder von euch seine Klinge schärfen und sein Schlachttier zur Ruhe bringen." (Muslim Hadith Nr. 1955)

- Einer der Gefährten erzählte, dass der Gesandte (Allahs Segen und Friede auf ihm) einmal einen Ameisenbau sah, den wir verbrannt hatten. Er fragte: „Wer hat diesen verbrannt?"

Wir sagten, dass wir es gewesen sind. Da sagte er: „Es gehört sich für niemanden, mit Feuer zu strafen, außer für den Herrn des Feuers!" (Abū Dāwūd Hadith Nr. 2675)

> Als der Prophet (Allahs Segen und Friede auf ihm) eine Vogelmutter sah, die voller Kummer mit den Flügeln auf und ab schlug, weil ihr einige Gefährten ihre Jungen weggenommen hatten, sagte er: „Wer hat dieser Vogelmutter wegen ihrer Jungen Kummer zugefügt?! Gebt sie ihr zurück!"

Gerechtigkeit:

- Der Prophet (Allahs Segen und Friede auf ihm) war der gerechteste aller Menschen. Und er hielt sich immer an die Gebote Allahs und setzte sie um, selbst wenn es sich um einen seiner engsten Verwandten und Familienangehörigen handelte. Damit befolgte er den Befehl Allahs, Der sagte:

  O die ihr glaubt, seid Wahrer der Gerechtigkeit, Zeugen für Allah, auch wenn es gegen euch selbst oder die Eltern und nächsten Verwandten sein sollte! (Sure 4 an-Nisā' Vers 135)

- Einige Gefährten kamen eines Tages zum Propheten (Allahs Segen und Friede auf ihm), um Fürsprache für eine Frau einzulegen, die im Stamm eine hohe Stellung genoss. Diese Frau hatte gestohlen und die Gefährten wollten die für sie vorgesehene Strafe aufheben. Da sagte der Prophet (Allahs Segen und Friede auf ihm): „Ich schwöre bei Allah! Wenn Fāṭima, die Tochter Muḥammads, gestohlen hätte, so würde ich wahrlich ihre Hand abtrennen!" (Buḫārī Hadith Nr. 4053 und Muslim Hadith Nr. 1688)

- Als den Menschen der Zins verboten wurde, begann der Prophet (Allahs Segen und Friede auf ihm) zuerst bei denjenigen Menschen, die ihm am nächsten standen. Er erklärte alle Zinsen für unzulässig, die al-ʿAbbās, sein Onkel väterlicherseits, erhalten sollte.

  Der Gesandte Allahs (Allahs Segen und Friede auf ihm) sagte: „Die ersten Zinsen, die erlassen werden, sind die Zinsen, die al-ʿAbbās ibn ʿAbd al-Muṭṭalib zustehen; sie sind vollständig erlassen." (Muslim Hadith Nr. 1218)

- Der Prophet (Allahs Segen und Friede auf ihm) setzte den Maßstab für die Zivilisierung und den Aufstieg einer Nation fest, der erst dann erreicht ist, wenn der Schwache problemlos seine Rechte vom Starken verlangen kann, ohne dabei Angst haben oder zögern zu müssen.

  Der Gesandte Allahs (Allahs Segen und Friede auf ihm) sagte: „Allah segnet keine Gemeinschaft, in der nicht der Schwache ohne Scheu sein Recht vom Starken einfordern kann." (Ibn Māğah Hadith Nr. 2426)

Güte und Freigebigkeit:

- Der Prophet (Allahs Segen und Friede auf ihm) war der freigebigste der Menschen, und am freigebigsten war er im Monat Ramadan, wenn Gabriel (Allahs Friede auf ihm) ihm begegnete, der in jeder Nacht des Ramadan mit ihm zusammentreffen pflegte, um ihn den Koran zu lehren. Der Prophet (Allahs Segen und Friede auf ihm) war gewiss mit dem Guten freigebiger als der ungehindert wehende, regenbringende Wind." (Buḫārī Hadith Nr. 1803 und Muslim Hadith Nr. 2308)

- Der Prophet (Allahs Segen und Friede auf ihm) wurde um keine Sache gebeten, außer dass er sie dem Bittenden gab. Es kam ein Mann zu ihm und der Prophet gab ihm eine (große) Schafherde, die so zahlreich war, dass sie (das Tal) zwischen zwei Bergen ausfüllte. Als der Mann zu seinem Volk zurückkehrte, sagte er zu ihnen: O mein Volk, nehmt den Islam an, denn Muḥammad gibt (so viel) wie jemand, der die Armut nicht fürchtet!" (Muslim Hadith Nr. 2312)

- Eines Tages wurden dem Gesandten Allahs (Allahs Segen und Friede auf ihm) neunzigtausend Dirham gebracht. Er breitete sie auf eine Palmenmatte aus und verteilte alles, ohne einen, der bat, abzuweisen, bis nichts mehr übrig war. (Hākim Hadith Nr. 5423)

- Ein Mann kam zum Propheten (Allahs Segen und Friede auf ihm) und bat ihn, ihm etwas zu geben. Da sagte der Prophet (Allahs Segen und Friede auf ihm): „Ich habe nichts, aber kaufe auf meine Rechnung (was du benötigst), und wenn mir etwas zukommt, werde ich es bezahlen!" Da sagte ʿUmar: „Jetzt hast du ihm etwas gegeben, obwohl Allah dir nicht auferlegt hat, wozu du nicht in der Lage bist!" Diese Worte ʿUmars missfielen dem Propheten (Allahs Segen und Friede auf ihm) offensichtlich. Da sagte einer der Helfer aus Medina (Anṣār): „O Gesandter Allahs, gib ruhig, und fürchte nicht, dass der Herr des Thrones dir zu wenig geben wird!" Darauf lächelte der Prophet (Allahs Segen und Friede auf ihm) man konnte erkennen, wie sein Gesicht vor Freude strahlte. (Aus dem Werk: al-Aḥādīṯ al-Muḫtāra Nr. 88)

- Als der Gesandte Allahs (Allahs Segen und Friede auf ihm) auf dem Rückweg von der Schlacht von Ḥunain war, kamen einige Wüstenaraber und einige Männer zu ihm, die erst neu den Islam angenommen hatten, damit sie ihn um etwas von der Kriegsbeute bitten. Sie gingen so aufdringlich auf ihn zu, bis sie ihn an einen Dornenbaum drängten, sodass sein Obergewand am Baum hängenblieb. Darauf stand der Gesandte Allahs (Allahs Segen und Friede auf ihm) auf und sagte: „Gebt mir mein Obergewand! Hätte ich so viele Kamele, wie dieser Dornenbaum Blätter, so würde ich sie wahrlich unter euch verteilen, und hierauf würdet ihr mich nicht geizig finden noch für einen Lügner oder einen Feigling halten!" (Buḫārī Hadith Nr. 2979)

Der Prophet (Allahs Segen und Friede auf ihm) zeigte in allen Bereichen des Lebens das beste Verhalten und ist somit durch seine vorbildlichen Charaktereigenschaften für jeden ein leuchtendes Beispiel.

Dein neues Leben

12

Der Moment, an dem der Mensch zum Islam übertritt, ist der schönste Moment seines Lebens. Denn die Konvertierung zum Islam ist seine wahre Geburt, von der er anschließend erfährt, was der wahre Grund für seine Existenz in diesem Leben ist. Außerdem lernt er, wie er gemäß dem wahren und gnädigen islamischen Gesetz leben kann.

Inhaltsverzeichnis des Kapitels:

> Wie nimmt man den Islam an?

Der Mensch nimmt den Islam an, wenn er die zwei Glaubensbezeugnisse ausspricht. Dabei muss er ihre Bedeutung verstanden haben und davon überzeugt sein. Außerdem muss er den Inhalt dieses Zeugnisses verinnerlichen und im Leben befolgen. Der Wortlaut der beiden Glaubensbezeugnisse ist:

1. **Ašhadu an lā ilāha illallāh**

   Ich bezeuge, dass es keinen zu Recht anbetungswürdigen Gott gibt außer Allah.

   Das heißt: ich diene allein Ihm, Er hat keine Teilhaber, und ich geselle Ihm nichts und niemanden bei.

2. **Wa ašhadu anna muḥammadan rasūlullāh**

   Und ich bezeuge, dass Muḥammad der Gesandte Allahs ist.

   Das heißt: Ich bezeuge, dass Muḥammad der Gesandte Allahs ist, den Allah zu allen Menschen entsandt hat. Ich bin bereit, seinen Anweisungen Folge zu leisten und von seinen Verboten fernzubleiben. Auch diene ich Allah nur auf die Art, die uns der Gesandte zeigte und halte mich an seine Sunna. (Siehe Seite 32-37)

Die Ganzkörperwaschung für den neuen Muslim:

Der Moment, an dem der Mensch zum Islam übertritt, ist der schönste Moment seines Lebens. Denn die Konvertierung zum Islam ist seine wahre Geburt. Er erfährt durch sie im Verlaufe seines neuen Lebens, was der wahre Grund für seine Existenz in diesem Leben ist. Es ist erwünscht, dass man, nachdem man den Islam angenommen hat, eine Ganzkörperwaschung vollzieht, bei der man den gesamten Körper mit Wasser bedeckt. Genauso wie man sein Inneres von Beigesellung und Sünde gereinigt hat, so ist es erwünscht, ebenfalls sein Äußeres durch eine Ganzkörperwaschung mit Wasser zu säubern.

Als einer der Gefährten, der zu den angesehenen Anführern der Araber zählte, sich entschloss, den Islam anzunehmen, trug ihm der Prophet (Allahs Segen und Friede auf ihm) auf, eine Ganzkörperwaschung zu vollziehen. (Baihaqī Hadith Nr. 837)

> Die Reue

Reue bedeutet, wieder zu Allah zurückzukehren und sich Ihm wieder zuzuwenden. Jeder, der von Sünden oder Unglauben abkehrt und sich aufrichtig vom Herzen Allah zuwendet, der hat vor Allah bereut.

Der Muslim ist in allen Phasen seines Lebens darauf angewiesen, sich Allah reumütig zuzuwenden und Ihn um Vergebung zu bitten, weil jeder Mensch von seiner Natur aus Fehler macht. Und wann immer er einen Fehler macht, ist es ihm vorgeschrieben, Allah um Vergebung zu bitten und vor Ihm zu bereuen.

Was sind die Voraussetzungen einer richtigen Reue?

Für die Reue über die begangenen Sünden – hierzu gehören ebenfalls der Unglaube und die Beigesellung Gottes – müssen einige Voraussetzungen erfüllt werden, damit die Reue angenommen wird und gültig ist. Einige Voraussetzungen sind Folgende:

1 Das Aufgeben der Sünde:

Die Reue über die Sünde ist nicht gültig, wenn die Sünde immer noch begangen wird, während man sie ja eigentlich bereut. Wenn aber jemand, nachdem er die Sünde richtig bereut hat, trotzdem zur Sünde zurückkehrt, so ist seine vorangegangene Reue nicht ungültig. Jedoch muss er seine Reue erneuern; und wann immer er sündigt, soll er wieder seine Reue erneuern usw.

2 Das Bedauern der Sünden und der Ungehorsamkeiten:

Reue ist nur von einem Menschen vorstellbar, der die begangene Sünde zutiefst bedauert, der darüber traurig ist und dem es wirklich leidtut. Dagegen kann man nicht behaupten, die Sünden zu bedauern, wenn man die Sünde herumerzählt, mit ihr prahlt und stolz darauf ist.

Deswegen sagte der Gesandte Allahs (Allahs Segen und Friede auf ihm): „Bedauern ist (der wichtigste Bestandteil der) Reue.“ (Ibn Māğah Hadith Nr. 4252)

3 Entschlossenheit, dass Derartiges sich nicht wiederholen wird:

Die Reue ist nicht gültig, wenn ein Mensch insgeheim beabsichtigt, die Sünde nach der gezeigten Reue wieder zu begehen.

Wichtige Schritte, um ehrliche Entschlossenheit zu erreichen:

- Zunächst muss er sich fest vornehmen, nie wieder und unter keinen Umständen zu dieser Sünde zurückzukehren, ganz gleich in welcher schwierigen Situation man sich befindet und welche Konsequenzen damit verbunden wären.

  Der Gesandte (Allahs Segen und Friede auf ihm) sagte: „Wer dreierlei in sich vereint, der wird dadurch die Süße des Glaubens empfinden …“

  Darunter zählte er: „… und dass er es verabscheut zum Unglauben zurückzukehren, nachdem Allah ihn davon gerettet hat, so wie er es verabscheuen würde, in das Höllenfeuer geworfen zu werden.“ (Buḫārī Hadith Nr. 21 und Muslim Hadith Nr. 43)

- Sich von Personen und Plätzen fernzuhalten, die bewirken, dass der Glaube geschwächt wird und die den Bereuenden dazu verführen, wieder zur Sünde zurückzukehren.
- Häufig Bittgebete zu sprechen, indem der Bereuende Allah, den Mächtigen und Majestätischen inständig darum bittet, ihn bis zum Lebensende in der Religion zu festigen. Man kann das Bittgebet mit jedem beliebigen Wortlaut und in jeder Sprache sprechen. Es gibt viele empfehlenswerte Bittgebete aus dem Koran und der Sunna, mit denen man Allah anflehen kann. Dazu gehören Folgende:
  - Unser Herr, lasse unsere Herzen nicht abschweifen, nachdem Du uns rechtgeleitet hast! (Sure 3 Āl-i-ʿImrān Vers 8)
  - „O Wender der Herzen! Festige mein Herz in deiner Religion!“ (Tirmiḏī Hadith Nr. 2140)

Was folgt nach der Reue?

Wenn der Mensch bereut und sich Allah reumütig zuwendet, wird ihm Allah, der Majestätische und Höchste alle begangenen Sünden vergeben, ganz gleich wie groß und schwerwiegend diese Sünden auch sind. Denn Allahs Barmherzigkeit umfasst alles und kennt keine Grenzen.

Allah, der Erhabene sagte:

Sag: O Meine Diener, die ihr gegen euch selbst maßlos gewesen seid, verliert nicht die Hoffnung auf Allahs Barmherzigkeit! Gewiss, Allah vergibt die Sünden alle. Er ist ja der Allvergebende und Barmherzige. (Sure 39 az-Zumar Vers 53)

Nach der aufrichtigen Reue geht der Muslim sündenlos hervor. Aber das ist noch nicht alles! Allah belohnt Seine aufrichtigen Diener, die demütig sind, die ihre Sünden ehrlich und ernsthaft bedauern, mit einem gewaltigen Vorzug: Er verwandelt ihre Sünden in gute Taten!

Allah, Preis sei Ihm und Erhaben ist Er, sagte:

…außer demjenigen, der bereut, glaubt und rechtschaffene Werke tut; jenen wird Allah ihre bösen Taten gegen gute eintauschen; und Allah ist stets Allvergebend und Barmherzig. (Sure 25 al-Furqān Vers 70)

Wer sich in solch einer vorzüglichen Lage befindet, der sollte alles dafür tun, um nicht in den Fängen des Satans zu landen, was dazu führt, vom Weg der Wahrheit abzukommen und auf eine frühere Stufe zurückzufallen.

Die Süße des Glaubens:

Wer in seinem Herzen keine größere Liebe empfindet als die Liebe zu Allah und zu Seinem Gesandten … Wer die Menschen in dem Maße liebt, wie sie gottesfürchtig sind und Allahs Nähe erreicht haben … Wer tiefe Liebe für die Menschen empfindet, welche die richtige

Religion gewählt haben und den Islam richtig leben ... Und wer es so sehr hasst zum Unglauben, zur Beigesellung Allahs und zum Irrweg zurückzukehren, so wie er es hassen würde, im Höllenfeuer verbrannt zu werden ... Wer das alles in seinem Herzen verinnerlicht, der wird die Süße des Glaubens schmecken ... Der wird dadurch in seinem Herzen den Genuss finden, Allah nah zu sein ... Der wird ein Gefühl von Vertrautheit und innerer Ruhe wahrnehmen ... Der wird Freude über Allahs Gesetzgebung spüren ... Und der wird Glückseligkeit über die Rechtleitung erfahren, die Allah ihm zuteilwerden ließ ...

Der Prophet (Allahs Segen und Friede auf ihm) sagte: „Wer dreierlei in sich vereint, der wird dadurch die Süße des Glaubens empfinden: dass Allah und sein Gesandter ihm lieber sind als irgendetwas anderes; dass er eine Person allein um Allahs Willen liebt und dass er es verabscheut zum Unglauben zurückzukehren, nachdem Allah ihn davon gerettet hat, so wie er es verabscheuen würde, in das Höllenfeuer geworfen zu werden.“ (Buḫārī Hadith Nr. 21 und Muslim Hadith Nr. 43)

> Der Muslim wird die Süße des Glaubens empfinden, wenn er es verabscheut zum Unglauben zurückzukehren, so wie er es verabscheuen würde, in das Höllenfeuer geworfen zu werden.

> Sei dankbar für die Rechtleitung und die Reue!

Das Beste, was ein Muslim tun kann, um sich für die Rechtleitung und die Reue zu bedanken, ist:

1 Das Festhalten an der Religion und das Ertragen von Erschwernissen, die hierbei entstehen könnten.

Wer einen kostbaren Schatz besitzt, der wird alles tun, um ihn zu hüten, sodass er nicht in die Hände von Unfug treibenden oder Dieben gelangt, und der wird ihn ebenso vor allen Gefahren und Einflüssen schützen, die sich schädlich auf ihn auswirken könnten. Der Islam ist der größte Schatz und das beste Geschenk an die gesamte Menschheit. Der Islam ist nicht bloß eine Ideologie oder gar ein Hobby, dem der Mensch nachgehen kann, wann immer er will. Nein! Der Islam ist eine Religion, die alles im Leben eines Menschen regelt. Der Islam bestimmt jedes Detail, all sein Tun und Lassen. Dementsprechend befahl Allah Seinem Gesandten, am Islam und am Koran festzuhalten. Und Er verbot ihm, hierin Zugeständnisse zu machen, weil er sich auf dem geraden Weg befindet.

Allah, der Segensreiche und Erhabene sagte:

Halte also fest an dem, was dir (als Offenbarung) eingegeben worden ist; gewiss, du befindest dich auf einem geraden Weg! (Sure 43 az-Zuḫruf Vers 43)

Der Muslim sollte nicht traurig sein, wenn er, nachdem er den Islam angenommen hat, auf die Probe gestellt wird. Denn so ist das Gesetz und das Versprechen Allahs in Prüfungen. Diejenigen, die viel besser und gottesfürchtiger als wir sind, wurden viel härter geprüft als wir. Und sie waren geduldig und haben sich abgemüht. Schau dir an, wie es den Propheten ergangen ist! Allah berichtete uns über ihre Geschichten und Leidenswege. Er erzählte uns, dass sie auf verschiedene Arten geprüft wurden und dass diejenigen Menschen, die ihren Propheten

Schaden zufügten und schweren Prüfungen auferlegten, nicht etwa nur Fremde und Außenstehende waren, sondern vor allem ihre nahen Verwandten. Doch die Propheten gaben wegen der Heimsuchungen, die sie auf dem Weg Allahs erlitten, nicht auf. Sie haben sich nicht abbringen lassen und nichts in den Angelegenheiten der Religion verändert oder abgewandelt. Du sollst wissen, dass das, was dir zustößt, nur eine Prüfung von Allah ist, um zu sehen, wie aufrichtig dein Glaube und wie stark deine Überzeugung wirklich ist. Deshalb solltest du alles tun, um die Prüfung zu bestehen. Halte an dieser Religion fest! Bitte Allah um Standfestigkeit in der Religion, so wie es ebenfalls der Prophet (Allahs Segen und Friede auf ihm) zuvor tat. Der Prophet (Allahs Segen und Friede auf ihm) pflegte sich sehr häufig mit dem folgenden Bittgebet an Allah zu wenden: „O Wender der Herzen! Festige mein Herz in deiner Religion! (Tirmiḏī Hadith Nr. 2140)

Allah, der Segensreiche und Erhabene erwähnte genau diese Prüfungen in Seinem Buch. Er sagte:

Meinen die Menschen, dass sie in Ruhe gelassen werden, (nur) weil sie sagen: «Wir glauben», ohne dass sie geprüft werden? Wir haben bereits diejenigen vor ihnen geprüft. Allah wird ganz gewiss diejenigen kennen, die die Wahrheit sprechen, und Er wird ganz gewiss die Lügner kennen. (Sure 29 al-ʿAnkabūt Vers 2-3)

2 Mit vollem Einsatz die Menschen zu Allahs Religion einladen und dabei mit Weisheit und schöner Ermahnung vorgehen.

Das Rufen der Menschen zum Islam ist einer der besten Mittel, womit der Muslim seine Dankbarkeit gegenüber Allah ausdrückt. Die Dankbarkeit für die größte Gnadengabe, die Allah dem Muslim erwies; und das ist der Islam. Außerdem ist der Aufruf zum Islam einer der effektivsten Wege, um Standfestigkeit in Allahs Religion zu erlangen. Wenn jemand von einer schlimmen Krankheit geheilt wurde und sein Körper sich wieder erholt hat, nachdem er zuvor von einer unheilbaren Krankheit befallen gewesen ist, die ihn lange Zeit verfolgt, krankgemacht und ihm weder tags noch nachts Ruhe ließ... Wenn dieser Mensch dann ein wirkungsvolles Medikament findet, dann wird er sicherlich der ehrgeizigste Mensch auf der Welt sein, der dieses Medikament unter den Leuten verbreiten will. Vor allem würde er zuerst seine Familie, seine Verwandten und seine Liebsten mit diesem Medikament versorgen. Und auf die Verbreitung dieses Medikaments werden wir im Folgenden näher eingehen.

> Der Aufruf zum Islam

Die Vorzüglichkeit des Aufrufs zu Allah:

Der Aufruf zu Allah gehört zu den vorzüglichsten Taten und zu den besten gottesdienstlichen Handlungen, durch die man am leichtesten die Nähe Allahs erreichen kann. Der Aufruf zu Allah wurde im Koran und in der Sunna an vielen Stellen hoch gelobt, weil er sehr viele Vorzüge in sich vereint. Dazu gehören:

1 Der Aufruf zu Allah ist der richtige Weg, um im Diesseits und im Jenseits zu den Erfolgreichen und Gewinnern zu gehören.

Allah, der Erhabene sagte:

Und es soll aus euch eine Gemeinschaft werden, die zum Guten aufruft, das Rechte gebietet und das Verwerfliche verbietet. Jene sind es, denen es wohl ergeht. (Sure 3 Āl-i-ʿImrān Vers 104)

2 Die Worte, die der Aufrufer zum Islam spricht, sind bei Allah die liebsten Worte. Allah, der Erhabene lobte im Koran die Worte des Muslims, der die Menschen zum Islam einlädt.

Allah, der Erhabene sagte:

Und wer spricht bessere Worte als wer zu Allah ruft, rechtschaffen handelt und sagt: „Gewiss doch, ich gehöre zu den (Allah) Ergebenen.“? (Sure 3 Fuṣṣilat Vers 33)

So gibt es keine besseren Worte als die Worte, die ein Aufrufer zu Allah spricht. Denn er ruft die Menschen auf, einzig Allah zu dienen. Er zeigt ihnen den Weg zu Allah, ihrem Herrn und Schöpfer, Demjenigen, Der sie aus den Finsternissen der Beigesellung zum Licht des Glaubens herausführt.

3 Durch den Aufruf zum Islam erfüllt der Muslim die Pflicht, die Allah ihm auferlegte.

Allah, der Erhabene sagte:

Rufe zum Weg deines Herrn mit Weisheit und schöner Ermahnung, und streite mit ihnen in bester Weise! (Sure 16 an-Naḥl Vers 125)

Der Aufrufer ist verpflichtet, die Menschen mit Weisheit zum Islam einzuladen. Er muss jeder Angelegenheit genau den Wert beimessen, den sie verdient. Er muss die Lage derjenigen kennen, die er aufruft. Er sollte wissen, was gut für sie ist und welche Art von schöner und wirkungsvoller Ermahnung sie derzeit benötigen. Er sollte mit ihnen auf die beste und freundlichste Weise sprechen, die am ehesten zu ihrer Rechtleitung führt.

4 Der Aufruf zu Allah war die Aufgabe aller Gesandten, und allen voran war sie die Aufgabe unseres geliebten Gesandten Muḥammad (Allahs Segen und Friede auf ihm). Allah entsandte ihn, um Zeuge für oder gegen die Menschen zu sein; um den Gläubigen die frohe Botschaft vom Paradies und von der Belohnung Allahs zu verkünden; um die Ungläubigen und Sünder vor dem Höllenfeuer und der schmerzlichen Strafe zu warnen; um die Menschen zu Allah zu rufen, und um dieses göttliche Licht über die ganze Menschheit zu verbreiten.

Allah, der Erhabene sagte:

O Prophet, Wir haben dich gesandt als Zeugen, als Verkünder froher Botschaft und als Warner und als einen, der zu

Allah mit Seiner Erlaubnis ruft und als eine lichtspendende Leuchte. Und verkünde den Gläubigen, dass es für sie von Allah große Huld geben wird! (Sure 33 al-Aḥzāb Vers 45-47)

5 Der Aufruf zu Allah ist ein weit geöffnetes Tor des Guten, dessen Früchte und Belohnung nie zu Ende gehen. Wenn du also jemanden zu Allah rufst, er deinem Aufruf folgt und durch dich den Weg zur Rechtleitung findet, dann erhältst du einen gewaltigen Lohn: Wann immer diese Person ein Gebet oder irgendeinen Gottesdienst verrichtet oder anderen Menschen den Islam lehrt, so wird dir derselbe Lohn gutgeschrieben wie dieser Person, die diese guten Werke ausgeführt hat. Wie gewaltig doch Allahs Gnadengabe ist, die Er den Aufrufern zum Islam erwies!

Allahs Gesandter (Allahs Segen und Friede auf ihm) sagte: „Wer zu einer Rechtleitung aufruft, erhält an Lohn so viel wie diejenigen, die ihm folgen, ohne dass dies von ihrem Lohn verringert." (Muslim Hadith Nr. 2674)

6 Der Lohn des Aufrufers zu Allah ist besser als alle weltlichen Güter und diesseitigen Genüsse. Denn für den Lohn des Aufrufers sorgt allein Allah. Der Aufrufer wird seinen Lohn nicht von den Menschen erhalten, sondern einzig von Allah. Und es gibt keinen größeren und gewaltigeren Lohn als den Lohn von Allah. Denn Allah ist der überaus Großzügige und Er gewährt denjenigen, die Er liebt, nichts anderes als etwas, was enorm und unermesslich groß ist.

Allah, der Erhabene sagte:

Doch wenn ihr euch abkehrt, so habe ich von euch keinen Lohn verlangt. Mein Lohn obliegt nur Allah. Und mir ist befohlen worden, einer der (Allah) Ergebenen zu sein. (Sure 10 Yūnus Vers 72)

Der Prophet (Allahs Segen und Friede auf ihm) sagte: „Wenn Allah durch dich auch nur einen einzigen Menschen rechtleitet, ist dies für dich besser als rote Kamele zu besitzen." (Buḫārī Hadith Nr. 2847 und Muslim Hadith Nr. 2406)

Merkmale des richtigen Aufrufs:

Allah beschrieb den richtigen Aufruf mit Merkmalen, die sie über andere auszeichnen. Hierzu gehören:

1 Tiefe Einsicht und Wissen:

Der Aufrufer muss über die Inhalte, zu denen er aufruft, umfangreiches Wissen besitzen und sich mit dem, was er sagt, gut auskennen.

Allah, der Erhabene sagte:

Sag: Das ist mein Weg: Ich rufe zu Allah aufgrund eines sichtbaren Hinweises, ich und diejenigen, die mir folgen. (Sure 12 Yūsuf Vers 108)

Das heißt: O Prophet, sprich: Das ist mein Weg und meine Rechtleitung. Ich rufe zu Allah mit Wissen und Kenntnis. Und genau das ist der Weg der Aufrufer, die mir wirklich folgen.

Der Muslim muss nicht sonderlich viel Wissen besitzen, damit er zu Allah rufen kann. Vielmehr ist es so, dass er, sobald er eine Vorschrift im Islam lernt, andere dazu aufrufen muss. Wenn er also lernt, dass jeder verpflichtet ist, die Anbetung einzig und allein Allah zu widmen, so muss er dies den Menschen übermitteln. Und wenn er Angelegenheiten lernt, die die Schönheit des Islams verdeutlichen, so muss er dies ebenfalls an die Menschen weitergeben. Selbst wenn er nur einen einzigen Koranvers gelernt hat, soll er das verbreiten.

Der Gesandte Allahs (Allahs Segen und Friede auf ihm) sagte: „Übermittelt von mir, und sei es auch nur ein Koranvers!“ (Buḫārī Hadith Nr. 3274).

So jedenfalls verhielten sich die Prophetengefährten (Allahs Wohlgefallen auf ihnen allen). Sobald sie in der Gegenwart von Allahs Gesandten (Allahs Segen und Friede auf ihm) den Islam annahmen und innerhalb von wenigen Tagen die Grundlagen und Fundamente der Religion lernten, gingen sie zu ihrem Volk zurück und riefen sie zum Islam. Sie erweckten in ihnen den Wunsch, den Islam anzunehmen. Das effektivste Mittel aber, was die Menschen dazu verleitete, den Islam annehmen zu wollen, war das vorbildhafte Benehmen der Prophetengefährten.

2 Weisheit:

Allah, der Erhabene sagte:

Rufe zum Weg deines Herrn mit Weisheit und schöner Ermahnung, und streite mit ihnen in bester Weise! (Sure 16 an-Naḥl Vers 125)

Weisheit bedeutet: Das, was getan werden muss, auf die richtige Weise zu tun und dazu die rechte Zeit und den rechten Ort zu wählen.

Die Menschen unterscheiden sich in ihrem Wesen. Jeder hat einen unterschiedlichen Schlüssel, der ihm sein Herz öffnen kann. Alle Menschen besitzen eine unterschiedliche Auffassungsgabe und Fähigkeit, zu begreifen und zu verstehen. Der Aufrufer muss das für sie geeignete Mittel wählen. Er sollte die Gelegenheiten nutzen, die sich am eindrucksvollsten auf ihr Leben auswirken.

Dabei muss er mit denjenigen, die er zum Islam ruft, auf eine sanfte Weise umgehen, mit schöner Ermahnung zu ihnen sprechen sowie sie mit Milde und Barmherzigkeit behandeln. Er sollte ebenfalls mit ihnen einen friedlichen und ausgewogenen Dialog führen, ohne dabei Streit und Aufregung oder Hassgefühle und Abneigung zu verursachen. Aus diesem Grund erinnerte Allah, der Erhabene Seinen Gesandten daran, dass er durch Allahs Gnade zu allen Menschen sanftmütig und einfühlsam ist. Und Allah wies ihn darauf hin, dass sich die Menschen gewiss von ihm abgewendet hätten, wenn er schroff, unfreundlich und hartherzig mit ihnen gewesen wäre.

Allah, der Erhabene sagte:

Durch Erbarmen von Allah bist du mild zu ihnen gewesen; wärst du aber schroff und hartherzig, so würden sie wahrlich rings um dich auseinandergelaufen. (Sure 3 Āl-i-ʿImrān Vers 159)

Die Familie zum Islam einladen:

Wem Allah die Gnadengabe erwies, indem Er ihn zum Islam rechtleitete, der sollte jede Anstrengung unternehmen, um seine eigene Familie und Verwandten zum Islam aufzurufen. Denn sie sind doch die Menschen, die ihm am nächsten stehen und die er sehr liebt. Außerdem sollte der neue Muslim all das geduldig ertragen, was sie ihm an Leid zufügen. Um ihnen den Islam näher zu bringen, sollte man alle weisen und geeigneten Mittel einsetzen.

Allah, der Erhabene sagte:

Und befiehl deinen Angehörigen, das Gebet (zu verrichten), und sei beharrlich darin! (Sure 20 Ṭā-Hā Vers 132)

Es kann sein, dass manche Aufrufer zu Allah beim Aufruf von fremden Menschen erfolgreich sind und von ihnen Akzeptanz erfahren, während die eigene Familie und die ihm nahestehenden Personen ihn und seinen Aufruf ablehnen. Das tut ihm natürlich weh und macht ihn traurig. Doch der erfolgreiche Aufrufer muss versuchen, alle ihm zur Verfügung stehenden Mittel einzusetzen, neue und unterschiedliche Wege und Strategien des Aufrufs auszuprobieren, den Aufruf variabel zu gestalten und meisterhaft zu beherrschen. Vor allem sollte er sich an Allah wenden und um Rechtleitung für sie beten. Man darf nicht verzweifeln, selbst wenn man sich in schwierigen Situationen befindet.

Dabei ist uns der Gesandte Allahs (Allahs Segen und Friede auf ihm) im Aufruf seines Onkels Abū Ṭālib das beste Beispiel. Abū Ṭālib war der Onkel väterlicherseits des Propheten. Er hatte den Propheten (Allahs Segen und Friede auf ihm) unterstützt, ihn vor dem Stamm Quraisch verteidigt und geschützt, war aber selbst nicht Muslim geworden. Der Prophet fuhr unermüdlich fort, ihn zum Islam einzuladen. Sogar in den letzten Momenten im Leben von Abū Ṭālib, als er im Sterben lag, rief ihn der Prophet zum Islam auf.

Der Gesandte Allahs (Allahs Segen und Friede auf ihm) sprach zu ihm: „O mein Onkel, sag: „Es gibt keinen zu Recht anbetungswürdigen Gott außer Allah", diesen (einen) Satz, damit ich für dich bei Allah eine Rechtfertigung bringen kann!" (Buḫārī Hadith Nr. 3671 und Muslim Hadith Nr. 24)

Doch Abū Ṭālib folgte seinem Aufruf nicht und starb im Unglauben.

Darauf offenbarte Allah, der Erhabene folgende Verse:

Gewiss, du kannst nicht rechtleiten, wen du gern (rechtgeleitet sehen) möchtest. Allah aber leitet recht, wen Er will. Er kennt sehr wohl die Rechtgeleiteten. (Sure 28 al-Qaṣaṣ Vers 56)

Der Aufrufer zu Allah sollte also alles tun, was in seiner Macht steht. Er soll den Islam verbreiten und die Menschen auf das Gute hinweisen. Doch er soll wissen, dass die Rechtleitung der Herzen nur in den Händen Allahs liegt. Denn Allah leitet wen Er will zu einem geraden Weg.

Deine Umgebung und deine Familie

Der neue Muslim sollte schon ab dem ersten Augenblick, an dem er den Islam angenommen hat, seine Beziehungen zu all seinen Mitmenschen festigen sowie sein Verhalten und sein Benehmen gegenüber all seinen Bekannten und Verwandten verbessern, gleich ob diese Muslime oder Nichtmuslime sind. Denn der Islam ruft nicht zur Verschlossenheit und zur Isolation auf.

Das Beste, was man tun kann, um andere über diese Religion zu informieren, ist, gut zu den Menschen zu sein und ihnen mit vorbildlichen Charaktereigenschaften und höflichen Umgangsformen zu begegnen. Schließlich wurde der Gesandte unserer Religion zu den Menschen entsandt, um die edlen Charaktereigenschaften zu vervollkommnen.

Die Familie und die Angehörigen sind die ersten Personen, bei denen wir unser gutes Benehmen und unseren freundlichen, liebevollen Umgang unter Beweis stellen sollen (siehe Seite 258).

Wenn Kinder zum Islam konvertieren:

Jeder Mensch wurde mit der natürlichen Veranlagung und dem Islam geschaffen, den er in seinem Inneren trägt. Andere Glaubensrichtungen entwickeln sich nur aus dem Grund, weil die Eltern ihren Kindern Irrlehren unterrichten und sie danach erziehen.

Der Gesandte Allahs (Allahs Segen und Friede auf ihm) sagte: „Jedes Neugeborene wird mit der natürlichen Veranlagung geboren. Erst seine Eltern machen dann aus ihm einen Juden, Christen oder Feueranbeter.“ (Buḫārī Hadith Nr. 1292 und Muslim Hadith Nr. 2658)

Wenn jedoch ein Kind stirbt, dessen Eltern ungläubig sind, so verfahren wir mit ihm nach den islamischen Vorschriften, die für ungläubige Menschen im Diesseits gelten. Doch allein Allah, der Mächtige und Majestätische weiß das Geheime und was noch verborgener ist. Und dein Herr tut niemandem Unrecht. Dementsprechend wird Allah sie am Tage der Auferstehung einer Prüfung unterziehen. Wer von ihnen Allah gehorsam ist, der wird ins Paradies eingehen und wer sich Ihm widersetzt, der kommt in das Feuer der Hölle.

Als der Gesandte Allahs (Allahs Segen und Friede auf ihm) über die Kinder der Götzendiener gefragt wurde, sagte er: „Allah, Der sie erschaffen hat, weiß besser, was sie getan hätten (wenn sie gelebt hätten).“ (Buḫārī Hadith Nr. 1317)

In welchen Fällen aber werden die Kinder von ungläubigen Eltern im Diesseits als Muslime betrachtet?

In folgenden Fällen ist der Beweis erbracht, dass ein Kind zur islamischen Religion gehört:

1. Wenn die Eltern oder einer der Eltern den Islam angenommen haben. Das Kind wird demjenigen Elternteil zugerechnet, der die bessere Religion hat.

2. Wenn das Kind, das bereits Unterscheidungsfähigkeit (tamyīz) besitzt, aber noch nicht die Geschlechtsreife (bulūġ) erlangt hat, zum Islam konvertiert, dann ist es trotzdem ein Muslim, selbst wenn die Eltern nicht den Islam angenommen haben. Der Beleg hierfür ist folgende Begebenheit:

   Als ein jüdischer Junge erkrankte, der dem Propheten (Allahs Segen und Friede auf ihm) gedient hatte, begab sich der Prophet zu ihm, um ihm einen Krankenbesuch abzustatten. Er setzte sich neben seinen Kopf und sagte zu ihm: „Nimm den Islam an!" Da sah der Junge zu seinem Vater hin, der bei ihm war, und der sagte zu ihm: „Gehorche Abū l-Qāsim (Allahs Segen und Friede auf ihm!)", worauf der Junge den Islam annahm. Als der Prophet (Allahs Segen und Friede auf ihm) hinausging, sagte er: „Alles Lob gebührt Allah, Der ihn vor dem Höllenfeuer errettet hat." (Buḫārī Hadith Nr. 1290)

Sind beide Eltern oder einer der Eltern zum Islam konvertiert?

Ja → Das Kind wird als dem Islam zugehörig erkannt. Man verfährt mit ihm nach den islamischen Vorschriften, die nur für Muslime gelten.

Nein ↓

Ist das Kind alleine zum Islam konvertiert, ohne seine Familie?

Ja → Nach richtiger Ansicht wird das Kind als dem Islam zugehörig erkannt, wenn es Unterscheidungsfähigkeit (tamyīz) besitzt, d.h. es weiß und versteht, was es sagt. Und dass es den Islam angenommen hat, wird dem Kind im Jenseits nützen und bedeutet seine Rettung. Hierüber sind sich alle Gelehrten des Islams einig.

Nein ↓

Wenn Kinder von ungläubigen Menschen sterben, so verfahren wir mit ihnen nach den islamischen Vorschriften, die für ungläubige Menschen im Diesseits gelten. Doch allein Allah, der Mächtige und Majestätische weiß das Geheime und was noch verborgener ist. Und dein Herr tut niemandem Unrecht. Demzufolge wird Allah sie am Tage der Auferstehung einer Prüfung unterziehen. Wer von ihnen Allah gehorsam ist, der wird ins Paradies eingehen und wer sich Ihm widersetzt, der kommt in das Feuer der Hölle.

> Ist es islamisch empfohlen, den Namen zu ändern, nachdem man zum Islam konvertiert ist?

Grundsätzlich behält der Muslim, nachdem er den Islam angenommen hat, seinen Namen bei, ohne ihn zu ändern. Eine Namensänderung war zu Lebzeiten der Gefährten (Allahs Wohlgefallen auf ihnen allen) nicht bekannt. Viele Menschen nahmen damals den Islam an und behielten ihre nicht-arabischen Namen, außer wenn ihre Namen abscheuliche Bedeutungen hatten. In diesem Fall änderten sie ihre Namen wegen seiner abscheulichen Bedeutung.

In folgenden Fällen muss man seinen Namen ändern:

1 **Wenn der Name eine Dienerschaft gegenüber einem anderen außer Allah enthält oder wenn der Name eine Bedeutung beinhaltet, die den Grundlehren des islamischen Glaubens widerspricht.**

Beispiele hierfür sind folgende Namen:

ʿAbd al-Masīḥ (Diener des Messias), ʿAbd an-Nabīy (Diener des Propheten) und ähnliche Namen, die solche Bedeutungen haben.

Namen, die im Widerspruch zum islamischen Glauben stehen: Ein Beispiel ist „Schenuda", was „Sohn Gottes" bedeutet.

Preis sei Allah! Überaus hoch Erhaben ist Er über das, was sie sagen!

Außerdem gehören hierzu Namen, die göttliche Eigenheiten oder göttliche Eigenschaften beinhalten, die aber einzig Allah, dem Erhabenen vorbehalten sind:

Das sind Namen, bei denen Menschen eine oder mehrere Eigenschaften zugeschrieben werden, die einzig Allah, dem Mächtigen und Majestätischen gebühren. Beispiele hierfür sind König der Könige usw.

2 **Wenn der Name abstoßende und schlechte Bedeutungen beinhaltet, was von jedem Menschen mit einer gesunden, natürlichen Veranlagung verabscheut wird.**

Allah, der Erhabene hat uns jede Form von schändlichen Dingen verboten, bei Speisen, Getränken und bei jeglichen Angelegenheiten des Lebens. Deshalb darf der Muslim, nachdem er den Islam angenommen hat, keinen schändlichen Namen haben und auch nicht einen Namen tragen, der abstoßende und schlechte Bedeutungen beinhaltet.

Allah, der Erhabene sagte:

Schlimm ist die Bezeichnung der Sündhaftigkeit, nachdem man den Glauben (angenommen) hat. (Sure 49 al-Ḥuǧurāt Vers 11)

Die Namensänderung ist islamisch empfohlen:

Wenn es sich beim neu gewählten Namen um einen Namen handelt, den Allah liebt. Dann ist die Namensänderung erwünscht. Dies ist der Fall, wenn der Name beispielsweise in folgende Namen geändert wird: Abdullah (Diener Allahs), Abdurrahman (Diener des Allbarmherzigen) oder jeder beliebige Name, in dem eine Dienerschaft gegenüber Allah, dem Mächtigen und Majestätischen zum Ausdruck gebracht wird. Diese Namen sind zwar islamisch empfohlen, jedoch haben sie nichts mit der Konvertierung zum Islam zu tun.

- Demnach ist es einem Muslim erlaubt, seinen Namen auch ohne einen triftigen Grund zu ändern. Beispielsweise kann er seinen nicht-arabischen Namen in einen arabischen Namen ändern. Allerdings allgemein gesehen, ist die Namensänderung an sich weder islamisch empfohlen noch ist sie mit der Annahme des Islams verknüpft.

Steht die Bedeutung vom Namen im Widerspruch zum Islam und zur Glaubensüberzeugung?

Nein | Ja

Ja: Es ist Pflicht, den Namen zu ändern und einen anderen Namen zu wählen, der eine derartige Bedeutung nicht enthält.

Nein ↓

Hat dieser Name einen religiösen Charakter und ist er ein religiöses Merkmal bei den Nichtmuslimen, oder ist der Name bei streng religiösen Nichtmuslimen weit verbreitet?

Nein | Ja

Ja: Man sollte den Namen ändern, um Versuchungen (fitnah) zu vermeiden und sich von ihnen abzuwenden. Außerdem hält man sich durch die Namensänderung von der Nachahmung der Ungläubigen fern.

Nein ↓

Steckt im Namen eine schlechte Bedeutung, die von den Menschen als verabscheuungswürdig angesehen wird?

Nein | Ja

Ja: Es ist islamisch empfohlen, den Namen zu ändern und einen schönen Namen zu wählen, der genau auf die Person passt, die neu zum Islam konvertiert ist.

Nein ↓

Wenn im Namen keine der erwähnten schlechten Bedeutungen enthalten sind, so ist es auch keine Pflicht, den Namen zu ändern. Viele Muslime behielten seit Beginn der Ausbreitung des Islams ihre Namen, obwohl sie nicht-arabische Namen hatten und sie änderten ihre Namen nicht. Allerdings ist es allgemein erlaubt, seinen Namen zu ändern, auch ohne triftigen Grund. Es ist sogar erwünscht, wenn man mit der Namensänderung einen Namen annimmt, den Allah liebt, wie z.B. Abdullah oder Abdurrahman.

> Auf die natürliche Veranlagung bezogene Handlungen

> Der Islam wünscht sich von einem Muslim ein schönes und gepflegtes Äußeres.

Was ist mit „auf die natürliche Veranlagung bezogene Handlungen“ gemeint?

Mit „auf die natürliche Veranlagung bezogene Handlungen“ sind Eigenschaften gemeint, womit Allah die Menschen veranlagte. Der Muslim, der sich diese Eigenschaften aneignet bzw. sie praktiziert, erreicht dadurch eine noch vollkommenere Stufe. Er gewinnt hiermit eine vorzügliche Wesensart und ein schönes Aussehen. Der Islam legt sehr wohl Wert auf die äußere Schönheit. Sie ergänzt und macht den Muslim noch vollkommener, sodass er sowohl innere als auch äußere Schönheit in sich vereint.

Der Prophet (Allahs Segen und Friede auf ihm) sagte: „Die natürlichen Veranlagungen sind fünf Eingriffe am Körper: die Beschneidung, das Abrasieren der Schamhaare, das Kürzen des Oberlippenbarts, das Schneiden der Nägel und das Auszupfen der Haare in den Achselhöhlen.“ (Buḫārī Hadith Nr. 5552 und Muslim Hadith Nr. 257)

Die Beschneidung: Es handelt sich hierbei um die Entfernung der Vorhaut der Eichel bei männlichen Personen. Gewöhnlich wird die Beschneidung in den ersten Tagen nach der Geburt vorgenommen.

Die Beschneidung ist für männliche Personen eine wichtige Handlung, die zur natürlichen Veranlagung des Mannes gehört. Die Beschneidung hat vielfältige medizinische und gesundheitliche Vorteile. Sie ist aber keine Voraussetzung für die Annahme des Islams! Der Muslim begeht keine Sünde, wenn er sich nicht beschneiden lässt, weil er Angst vor der Beschneidung hat oder weil es andere Gründe dagegen gibt.

Das Abrasieren der Schamhaare: Es handelt sich hierbei um die Entfernung der groben Schamhaare, entweder durch Rasieren oder durch irgendeine andere Weise.

Das Kürzen des Oberlippenbarts: Den Schnurrbart unberührt zu lassen, ist zwar erlaubt, jedoch nicht islamisch empfohlen. Allerdings sollte der Muslim, falls er den Oberlippenbart stehen lässt, darauf achten, ihn nicht zu lang wachsen zu lassen, sondern ihn regelmäßig schneiden und kürzen.

Den Bart lang wachsen lassen: Der Islam empfiehlt dem muslimischen Mann eindringlich, sich einen Vollbart wachsen zu lassen. Unter Bart werden die wachsenden Haare im Gesichts- und Kinnbereich verstanden.

Mit „Bart wachsen lassen" ist gemeint, dem vorbildhaften Beispiel des Propheten (Allahs Segen und Friede auf ihm) zu folgen und den Vollbart wachsen und stehen zu lassen, und ihn nicht zu entfernen.

Das Schneiden der Nägel: Der Muslim sollte auf seine Nägel achtgeben und sie regelmäßig kürzen. Durch diese Nagelpflege soll vermieden werden, dass sich unter den Nägeln Schmutz und Dreck sammeln.

Das Auszupfen der Haare in den Achselhöhlen: Der Muslim sollte seine Achselhaare entfernen. Entweder geschieht das durch Auszupfen, Rasur oder andere Weisen. Durch das Entfernen der Achselhaare wird das Austreten unangenehmer Gerüche vermieden.

Schlusswort:

Was ist der nächste Schritt?

Mit dem Lesen dieses Buches hast du den ersten Schritt geschafft und die wichtigsten religiösen Vorschriften, die du in deinem Leben brauchst, gelernt. Nun bleibt, dass du dieses Wissen, das du dir angeeignet hast, in die Tat umsetzen solltest. Praktiziere dieses Wissen in deinem Leben! Denn du sollst wissen, dass derjenige, der Wissen besitzt, aber nicht danach handelt und das Wissen nicht praktiziert, es am Tage der Auferstehung gewiss bereuen wird.

Bemühe dich ebenfalls darum, die islamischen Angelegenheiten zu lernen, die du in deinem Leben brauchst, aber nicht in diesem Buch gefunden hast! Hierfür solltest du auf vertrauenswürdige Bücher und Wissensquellen zurückgreifen.

Jeder Muslim, gleich welche Glaubensstärke er auch erreicht, benötigt immer die Rechtleitung Allahs. Deshalb ist in der Sure al-Fātiḥa ein wichtiges Bittgebet enthalten. Die Sure al-Fātiḥa ist die gewaltigste Sure im gesamten Koran und sie wird von jedem Muslim mehrmals am Tag in seinen Gebeten rezitiert. In dieser gewaltigen Sure finden wir folgendes Bittgebet:

Leite uns den geraden Weg! (Sure 1 al-Fātiḥa Vers 6)

Daher fürchtet Allah soweit ihr könnt!

Du wirst weder in diesem noch in einem anderen Buch eine detaillierte Antwort auf alle Situationen und Umstände finden, die bei dir auftreten werden. Deshalb solltest du muslimische Gelehrte fragen und dich bemühen, Allah zu fürchten. Handle gottesfürchtig, so gut es geht, sei es bei neuen Ereignissen und Entwicklungen oder bei den zahlreichen, täglich auftretenden Problemen, bei denen du auf keinen Gelehrten zurückgreifen kannst! So gebietet es dir Allah im edlen Koran.

Allah, der Erhabene sagte:

So fürchtet Allah, soviel ihr nur könnt! (Sure 64 at-Taġābun Vers 16)

Halte dich an deine Geschwister im Islam und bleib in ihrer Nähe!

Sei nah bei deinen muslimischen Geschwistern und besuche oft die islamischen Zentren! Lebe und erlebe mit ihnen ihre fröhlichen, aber auch ihre traurigen Anlässe! Allah, der Erhabene befahl dem

Propheten (Allahs Segen und Friede auf ihm), und der Prophet ist zweifelsohne der Mensch mit dem stärksten Glauben, dass er mit den Gläubigen geduldig umgehen und sich rechtschaffene Menschen zu Freunden nehmen soll.

Allah, der Erhabene sagte:

Halte dich geduldig zurück zusammen mit denen, die ihren Herrn morgens und abends anrufen, im Begehren nach Seinem Angesicht! (Sure 18 al-Kahf Vers 28)

Der Prophet (Allahs Segen und Friede auf ihm) warnte davor, sich von der Gemeinschaft der Muslime zu entfernen. Denn das Fernbleiben von der muslimischen Gemeinschaft führt dazu, dass man vom richtigen Weg abirrt und abweicht. Genauso befindet sich das Schaf, das sich von der Herde entfernt, in einer viel größeren Gefahr, vom Wolf gepackt zu werden.

Der Gesandte Allahs (Allahs Segen und Friede auf ihm) sagte: „Haltet euch an die Gemeinschaft; denn der Wolf frisst nur das Schaf, das sich (von der Herde) entfernt hat!" (Hākim in seinem Sammelwerk „al-Mustadrak" Hadith Nr. 567)

Wenn der Muslim also die Nähe zu seinen Glaubensgeschwistern sucht und bei ihnen ist, so gehört das zu den wichtigsten Ursachen, wodurch er Gutes, Rechtleitung und Standhaftigkeit in der Religion erlangen kann.

Wie steht es dann erst um jemanden, der noch am Anfang seines Weges steht und der jemanden braucht, dem er sich anvertrauen kann, der ihm die Hand reicht und mit ihm den Weg der Rechtleitung geht?!

Ich bitte Allah, dir Erfolg zu verleihen, dir Standfestigkeit in Seiner Religion zu schenken und dich mit Seinen äußerlichen und innerlichen Gnadengaben zu überhäufen ...

دليل المسلم الجديد

The New Muslim **Guide**

Guide du converti musulman

ለአዲስ ሰለምቴዎች መመሪያ

Ang Gabay Para sa Bagong Muslim

Vodič novom muslimanu

新改宗者のためのガイドブック

La guida del nuovo musulmano

새내기 무슬림을 위한 지침서

Handbuch für den neuen Muslim

नव मुस्लिम मार्गदर्शिका

Guia para o novo muçulmano

新穆斯林指南

Руководство для принявшего ислам

Guía para el Nuevo Musulmán

U.K -Birmingham
B11 1AR
Tel : +441214399144

www.newmuslim-guide.com
www.guide-muslim.com
info@modern-guide.com